모두공인 공인중개사
슈퍼리멤버

1차 | 부동산학개론 · 민법 및 민사특별법

이현 · 깨알연구소 편저

1. OX 문제와 해설을 통해 명확한 개념 확인 및 오답 최소화
2. 시험에 출제되는 용어 그대로 반복 훈련
3. 슈퍼리멤버 APP과 100% 연동으로 언제 어디서든 간편한 복습

2023 최신개정판

동영상강의·무료강의·해설강의·다양한 학습자료 | www.modooland.com

신조사 × 모두공인

머|리|말

1. 너를 꼭 기억할게!

공인중개사 시험은 민법과 부동산학개론을 기초로 하여 전 과목이 모두 하나로 연결되어 있습니다. 비슷한 내용들이 머릿속에서 소용돌이 치며 내 것이 되지 못합니다. 모든 시험이 그렇듯이 합격은 암기에 달려 있습니다. 어제 이해한 내용도 오늘은 다른 것과 뒤섞여 혼돈 속에 빠집니다. 이런 현상이 반복되다 보면 결국에는 자포자기하게 됩니다.

암기는 머리로 하는 게 아니라 맷집으로 합니다. 한 번, 두 번, 세 번 그래도 안 되면 열 번을 반복하다 보면 어느 새 내용이 이해되지 않아도 오답임을 알 수 있습니다. 「슈퍼리멤버」는 합격에 필요한 지문만을 선별하였으므로 자투리 시간에 무한 반복하시면 저절로 암기되는 기적을 보실 수 있습니다.

2. 기출은 합격이다!

「슈퍼리멤버」는 기출 OX 지문으로 구성되어 있습니다. 다시 〈핵.기.총〉을 찾아보지 않아도 해결될 수 있도록 친절한 해설을 실었습니다. 절대평가제 시험인 공인중개사 시험에서는 변형된 지문보다는 실제 출제된 지문이 일정 분량 이상 반복됩니다. 따라서 기출 지문만 익숙하게 되면 합격점수인 60점은 충분히 넘길 수 있습니다. 어려운 걸 맞추기 보다는 쉬운 걸 실수하지 않는 것이 합격하기에 가장 쉬운 방법입니다.

3. 강의와 교재의 크로스 체크!

강의만 계속 듣거나 교재만 계속 본다고 내용이 저절로 정리되지는 않습니다. 밥만 굶는다고 살이 빠지는 것이 아니라 운동을 병행해야 하듯이 강의를 들으면 반드시 교재로 확인을 하셔야 합니다. 자투리 시간을 최대한 활용하여 인강을 듣고 자기 전에 또는 아침에 눈을 뜨자마자 30분 정도는 책으로 확인을 하셔야 합니다. 교재 확인 작업은 늦어도 1주일 안에 하셔야 하고, 그 시간이 지나면 강의 내용이 가물가물해져서 책을 봐도 무슨 말인지 모르고, 졸리기만 합니다. 이 과정을 계속 반복하다보면 어느 순간 아무 생각 없이 강의만 들어도 책 내용이 머릿속에 그려지고, 문제의 정답이 자동으로 보이기 시작합니다.

4. 오늘의 고통은 내일의 추억이다!

오늘의 힘든 하루를 버티면 내일은 아름다운 추억입니다. 부디 나 자신에게 부끄럽지 않게 열심히 하셔서 꼭 합격하시기를 기원합니다.

부동산 민법 및 공시법 강사

이현 드림

공인중개사 자격증,
좀 더 쉽게 공부하고 빠르게 합격할 수 없을까요?

기존의 40-50대 인기 자격증이던 공인중개사 시험이 최근 20-30대 수험생들에게까지 인기를 끌고 있어요. 많은 사람들이 빠르게 자격증 취득을 원하고 원하고 있지만, 현재 공인중개사 학원과 인강 사이트에서는 1년 내내 강의만 들어도 버거울 정도로 불필요하게 많은 컨텐츠를 제공하고 있어 단기간에 자격증을 취득하기 힘들어 보입니다. 게다가 우리가 평소에 흔하게 접하지 못한 법 과목이 많아 처음 공부하는 사람들에겐 더욱 생소하고 어렵게 느껴질 수 밖에 없어요. 온전히 공인중개사 시험에만 시간을 투자하지 못하는 대학생, 직장인은 물론 주부까지도 조금 더 쉽게 공부하고 빠르게 합격할 수 있는 방법은 없을까요?

3단계 커리큘럼
이것만 공부해도 합격은 충분해요!

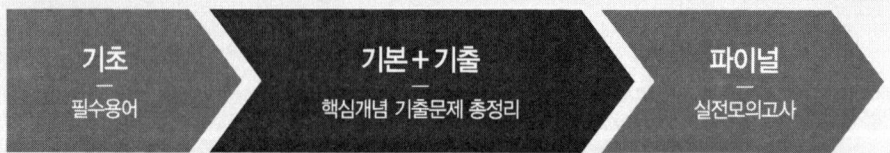

기초 - 기본 - 심화 - 기출 - 요약 - 모의고사까지 빈틈없이 꽉 짜여진 커리큘럼.
1년 내내 강의만 듣기에도 버거운 양인데 강의만 들으면 합격할 수 있을까요? 어떤 공부든 수강한 내용을 혼자 복습하는 시간을 가져야 온전히 내 것이 됩니다. 대부분의 단기 합격생들도 핵심개념과 기출 중심으로 반복 학습했다는 점을 합격 비법으로 뽑았어요.
모두공인에서는 단기 합격생의 비법에서 착안한 핵심개념과 기출 중심의 3단계 커리큘럼으로 강의는 최소화하고 혼공 시간을 확보해 드려요. 또한, 핵심개념과 기출을 한 번에 학습하는 〈핵.기.총〉 강의와 교재는 단권화 반복 학습에 최적화되어 있어요.

3·4·3 공부법
어려운 건 과감히 버려야 합격해요!

열심히 공부해도 맞히기 어려운 30%의 상급 난이도 내용은 과감하게 버리세요.

누구나 공부만 하면 쉽게 맞힐 수 있는 나머지 70%에 집중한다면 합격 점수는 충분하고, 학습양은 줄어듭니다. 과목당 40문제를 풀어야 하는 실제 시험은 시간 싸움입니다. 3·4·3 공부법에 맞춰 어려운 문제는 지문만 빠르게 읽어 찍고 넘어간다면 내가 공부한 70%의 문제 풀이에 집중할 수 있어 공부한 부분은 확실하게 맞고 합격할 수 있어요.

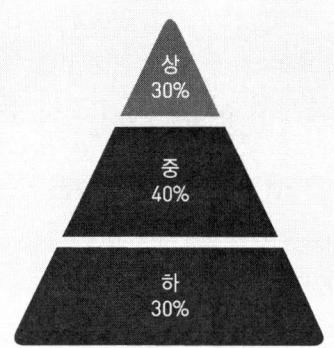

공인중개사 시험 문제 난이도 구성

과목별 다른 목표 점수
평균 70점을 목표로 공부해요!

공인중개사 시험은 평균 60점 이상이면 합격하는 절대평가 시험이에요. 고득점을 맞는다고 실무를 더 잘하게 되는 것은 아니기 때문에, 우리는 100점이 아닌 '합격'을 목표로 공부해야 해요.

모두공인은 빠른 합격이라는 목표를 달성하기 위해 과목 난이도에 따라 목표 점수를 다르게 설정합니다. 공인중개사 6과목의 난이도는 모두 다르기 때문에, 쉬운 과목에서 고득점을 하고 어려운 과목은 목표 점수를 낮게 잡아 평균 70점이 나오도록 전략적으로 공부하세요.

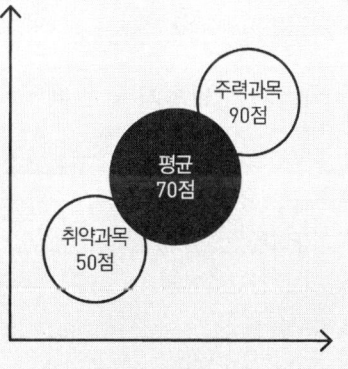

평균 70점 완성 전략

차 례

공인중개사 시험 1차 1교시 부동산학개론

CHAPTER 01 부동산학 총론 … 3

01 부동산학과 부동산의 개념 · 4
02 부동산의 특성 · 9
03 토지의 분류 · 13
04 주택의 분류 · 16

CHAPTER 02 부동산 경제론 … 17

05 부동산의 수요 · 18
06 부동산의 공급 · 22
07 수요와 공급의 균형 · 24
08 수요와 공급의 탄력성 · 26
09 거미집이론 · 30
10 부동산 경기변동과 경기순환 · 31

CHAPTER 03 부동산 시장론 … 35

11 주택시장 · 36
12 부동산시장과 효율적 시장 · 38
13 지대이론 · 42
14 도시공간구조이론 · 46
15 입지이론 · 49

CHAPTER 04 부동산 정책론 … 55

- 16 부동산 시장실패와 정부의 시장개입 … 56
- 17 토지정책 … 59
- 18 주택정책 … 67
- 19 조세정책 … 74

CHAPTER 05 부동산 투자론 … 79

- 20 부동산 투자이론 … 80
- 21 포트폴리오 이론 … 86
- 22 화폐의 시간가치 … 90
- 23 현금흐름의 측정 … 94
- 24 할인현금흐름분석법(DCF) … 97
- 25 비할인분석법 … 102

CHAPTER 06 부동산 금융론 … 107

- 26 부동산 금융 … 108
- 27 주택금융 … 111
- 28 대출의 상환방식 … 113
- 29 한국주택금융공사와 주택연금 … 116
- 30 부동산개발금융 … 118
- 31 자산유동화제도 … 124

CHAPTER 07 부동산 개발 및 관리론 ··· 129

32 부동산 이용과 개발 ·· 130
33 부동산 개발방식 ··· 135
34 부동산 관리 ·· 142
35 부동산 마케팅 ·· 147

CHAPTER 08 감정평가론 및 부동산가격공시제도 ··· 153

36 감정평가 기초이론 ·· 154
37 부동산의 가격원칙 ·· 158
38 지역분석과 개별분석 ··· 162
39 감정평가 3방식 ·· 164
40 물건별 감정평가 ··· 173
41 부동산가격공시제도 ·· 175

공인중개사 시험 1차 1교시 민법 및 민사특별법

CHAPTER 01 총칙 ··· 187

01 법률행위의 종류 ··· 188
02 의사표시 ·· 196
03 대리 ··· 205
04 무효와 취소 ·· 217
05 조건과 기한 ·· 224

CHAPTER 02 물권법 ··· 229

- 06 물권법 총론 ········· 230
- 07 물권의 변동 ········· 236
- 08 점유권 ········· 244
- 09 소유권 ········· 251
- 10 공동소유 ········· 263
- 11 용익물권 ········· 271
- 12 담보물권 ········· 285

CHAPTER 03 계약법 ··· 297

- 13 계약법 총론 ········· 298
- 14 매매와 교환 ········· 312
- 15 임대차 ········· 325

CHAPTER 04 민사특별법 ··· 335

- 16 주택임대차보호법 ········· 336
- 17 상가건물 임대차보호법 ········· 342
- 18 집합건물의 소유 및 관리에 관한 법률 ········· 346
- 19 가등기 담보 등에 관한 법률 ········· 351
- 20 부동산 실권리자 명의 등기에 관한 법률 ········· 356

공인중개사 시험 1차 1교시
부동산학개론

깨알연구소

CHAPTER 01

부동산학 총론

2014년	2015년	2016년	2017년	2018년	2019년	2020년	2021년	2022년
4문	3문	3문	4문	3문	3문	3문	3문	4문

핵심테마 01 | 부동산학과 부동산의 개념
핵심테마 02 | 부동산의 특성
핵심테마 03 | 토지의 분류
핵심테마 04 | 주택의 분류

부동산학과 부동산의 개념

1 부동산학과 부동산의 개념

01 | 공인중개사 2015년

부동산학은 다양한 학문과 연계되어 있다는 점에서 종합학문적 성격을 지닌다. ( )

02 | 공인중개사 2015년

부동산학의 접근방법 중 종합식 접근방법은 부동산을 기술적·경제적·법률적 측면 등의 복합개념으로 이해하여, 이를 종합해서 이론을 구축하는 방법이다. ( )

03 | 공인중개사 2015년

부동산학의 연구대상은 부동산 활동 및 부동산 현상을 포함한다. ( )

04 | 공인중개사 2015년

부동산학의 일반원칙으로서 안전성의 원칙은 소유활동에 있어서 최유효이용을 지도원리로 삼고 있다. ( )

05 | 공인중개사 2016년

토지와 건물이 각각 독립된 거래의 객체이면서도 마치 하나의 결합된 상태로 다루어져 부동산활동의 대상으로 인식될 때 이를 복합부동산이라 한다. ( )

---

04 (×) 안전성의 원칙(×), 능률성의 원칙(○), 부동산학의 일반원칙으로서 능률성의 원칙은 소유활동에 있어서 최유효이용을 지도원리로 삼고 있다.
　참고 부동산 활동의 일반원칙은 다음과 같다.
　① 능률성의 원칙 : 부동산 소유활동에 있어서 최유효이용을 지도원리로 삼고 있다.
　② 안정성의 원칙 : 사고 없이 안전하게 부동산활동을 해야 한다.
　③ 경제성의 원칙 : 최소의 비용으로 최대의 효과를 올리려는 것
　④ 공정성의 원칙 : 부동산 활동은 공정하게 이루어져야 한다.

정답 01 (○), 02 (○), 03 (○), 04 (×), 05 (○)

2 복합개념의 부동산

06 | 공인중개사 2016년

복합개념의 부동산이란 부동산을 법률적·경제적·기술적 측면 등이 복합된 개념으로 이해하는 것을 말한다. ( )

07 | 공인중개사 2016년

기술적 개념의 부동산은 생산요소, 자산, 공간, 자연 등을 의미한다. ( )

08 | 공인중개사 2019년

생산요소는 경제적 개념의 부동산에 해당한다. ( )

09 | 공인중개사 2022년

토지는 생산요소와 자본의 성격을 가지고 있지만, 소비재의 성격은 가지고 있지 않다. ( )

10 | 공인중개사 2016·2018년

민법상 부동산은 토지 및 그 정착물을 말한다. ( )

11 | 공인중개사 2018년

토지소유자는 법률의 범위 내에서 토지를 사용, 수익, 처분할 권리가 있다. ( )

12 | 공인중개사 2018년

토지의 소유권 공시방법은 등기이다. ( )

13 | 공인중개사 2018년

토지의 소유권은 정당한 이익이 있는 범위 내에서 토지의 상하에 미친다. ( )

---

07 (×) 기술적 개념의 부동산은 공간, 자연, 환경, 위치 등을 의미한다. 생산요소와 자산은 경제적 개념에 해당한다.
- **복합개념의 부동산**
  ① 기술적 개념의 부동산 : 자연, 환경, 위치, 공간 등
  ② 경제적 개념의 부동산 : 자산, 자본, 생산재, 소비재, 상품 등
  ③ 법률적 개념의 부동산 : 토지 및 그 정착물, 독립정착물과 종속정착물, 준부동산 등

09 (×) 토지는 생산요소와 자본의 성격을 가지고 있으며, 동시에 소비재의 성격도 가지고 있다.

정답 06 (○), 07 (×), 08 (○), 09 (×), 10 (○), 11 (○), 12 (○), 13 (○)

14 | 공인중개사 2018년

토지의 정착물 중 토지와 독립된 물건으로 취급되는 것은 없다.   ( )

15 | 공인중개사 2014년

건물은 토지의 정착물 중 토지와 독립한 것에 해당한다.   ( )

16 | 공인중개사 2014년

구거는 토지의 정착물 중 토지와 독립한 것에 해당한다.   ( )

17 | 공인중개사 2022년

다년생 식물은 토지의 정착물에 해당한다.   ( )

18 | 공인중개사 2014년

명인방법을 구비한 수목은 토지의 정착물 중 토지와 독립한 것에 해당한다.   ( )

19 | 공인중개사 2014년

권원에 의하여 타인의 토지에서 재배되고 있는 농작물은 토지의 정착물 중 토지와 독립한 것에 해당한다.   ( )

20 | 공인중개사 2014년

소유권보존등기된 입목은 토지의 정착물 중 토지와 독립한 것에 해당한다.   ( )

---

14 (×) 토지정착물은 토지로부터 독립된 정착물(건물, 명인방법에 의한 입목 등)과 토지에 종속되어 있는 정착물(돌담, 구거 등)로 구분할 수 있다.

16 (×) 구거, 돌담 등은 토지에 종속된 것에 해당한다.

- **독립정착물**
① 아파트, 빌딩 등의 건물
② 소유권 보존 등기된 입목, 명인방법에 의한 수목의 집단
③ 정당한 권원에 의하여 타인의 토지에서 재배되고 있는 농작물 등
- **종속정착물**
① 도로, 교량, 축대, 다리, 돌담, 구거 등
② 다년생 식물 등

정답 14 (×), 15 (○), 16 (×), 17 (○), 18 (○), 19 (○), 20 (○)

21 | 공인중개사 2022년

가식 중인 수목은 토지의 정착물에 해당한다. ( )

22 | 공인중개사 2016년

준부동산은 등기·등록의 공시방법을 갖춤으로써 부동산에 준하여 취급되는 특정의 동산 등을 말한다. ( )

3 표준산업분류에 따른 부동산업

23 | 공인중개사 2013년

한국표준산업분류상 부동산 투자 및 금융업은 부동산업에 해당한다. ( )

<한국표준산업분류에 따른 부동산업>

대분류	중분류	소분류	세분류	세세분류
부동산업	부동산업	부동산 임대 및 공급업	부동산 임대업	주거용 건물임대업
				비주거용 건물임대업
				기타 부동산임대업
			부동산개발 및 공급업	주거용 건물개발 및 공급업
				비주거용 건물개발 및 공급업
				기타 부동산개발 및 공급업
		부동산 관련 서비스업	부동산 관리업	주거용 부동산관리업
				비주거용 부동산관리업
			부동산중개, 자문 및 감정평가업	부동산중개 및 대리업
				부동산투자 자문업
				부동산 감정평가업

---

21 (×) 토지에 계속적으로 부착된 상태에 있지 않고, 이동이 가능한 물건은 부동산 정착물로 판단하지 않는다(예, 컨테이너박스, 판잣집, 가식 중의 수목).

22 (○) 준부동산은 등기·등록의 공시방법을 갖춤으로써 부동산에 준하여 취급되는 특정의 동산 등을 말한다. 공장재단, 광업재단(광업권), 어업권, 입목, 선박(20톤 이상), 항공기, 자동차, 건설기계 등이 준부동산에 해당한다.

23 (×) 한국표준산업분류상 부동산투자 자문업은 부동사업에 해당하나 부동산 투자 및 금융업은 부동산업에 해당하지 않는다.

정답 21 (×), 22 (○), 23 (×)

24 | 공인중개사 2013년

한국표준산업분류상 주거용 건물 개발 및 공급업은 부동산업에 해당한다. ( )

25 | 공인중개사 2013년

한국표준산업분류상 부동산 자문 및 중개업은 부동산업에 해당한다. ( )

26 | 공인중개사 2013년

한국표준산업분류상 기타 부동산 임대업은 부동산업에 해당한다. ( )

27 | 공인중개사 2017년

한국표준산업분류상 비주거용 부동산 관리는 부동산 관리업의 분류체계 또는 세부예시에 해당한다. ( )

28 | 공인중개사 2017년

한국표준산업분류상 사무용 건물 관리는 부동산 관리업의 분류체계 또는 세부예시에 해당한다. ( )

29 | 공인중개사 2017년

한국표준산업분류상 사업시설 유지·관리는 부동산 관리업의 분류체계 또는 세부예시에 해당한다. ( )

30 | 공인중개사 2020년

한국표준산업분류상 부동산개발 및 공급업은 부동산관련 서비스업에 해당한다. ( )

29 (×) 한국표준산업분류상 주거용 부동산관리업과 비주거용 부동산관리업은 부동산 관리업의 분류체계 또는 세부예시에 해당하나 사업시설 유지·관리는 해당하지 않는다.

30 (×) 한국표준산업분류상 부동산개발 및 공급업은 부동산 관련 서비스업이 아닌 부동산임대 및 공급업에 해당한다.

정답 24 (○), 25 (○), 26 (○), 27 (○), 28 (○), 29 (×), 30 (×)

02 부동산의 특성

1 토지의 자연적 특성 : 부동성

01 | 공인중개사 2013·2022년
토지는 물리적 위치가 고정되어 있어 부동산시장이 국지화 된다. ( )

02 | 공인중개사 2015·2020·2021년
부동성으로 인해 임장활동과 지역분석을 필요로 한다. ( )

03 | 공인중개사 2017년
토지의 부동성은 지방자치단체 운영을 위한 부동산조세수입의 근거가 될 수 있다. ( )

04 | 공인중개사 2021년
부증성으로 인해 동산과 부동산이 구분되고, 일반재화와 부동산재화의 특성이 다르게 나타난다. ( )

2 토지의 자연적 특성 : 부증성

05 | 공인중개사 2013·2015·2018·2020년
토지의 부증성은 토지의 집약적 이용과 토지 부족 문제의 근거가 된다. ( )

06 | 공인중개사 2018년
토지의 부증성은 토지의 공급조절을 곤란하게 한다. ( )

07 | 공인중개사 2018년
토지의 부증성은 토지의 소유 욕구를 증대시킨다. ( )

---

04 (×) 부증성(×), 부동성(○), 부동성으로 인해 동산과 부동산으로 구분되고, 일반재화와 부동산재화의 특성이 다르게 나타난다.

정답 01 (○), 02 (○), 03 (○), 04 (×), 05 (○), 06 (○), 07 (○)

08 | 공인중개사 2017년

토지의 부증성은 지대 또는 지가를 발생시키며, 최유효이용의 근거가 된다. ( )

09 | 공인중개사 2022년

토지의 부증성으로 인해 토지공급은 특정 용도의 토지에 대해서도 장·단기적으로 완전비탄력적이다. ( )

3 토지의 자연적 특성 : 영속성

10 | 공인중개사 2020·2022년

영속성은 부동산활동에서 감가상각 필요성의 근거가 된다. ( )

11 | 공인중개사 2013·2015년

토지의 영속성으로 인해 소모를 전제로 하는 재생산이론과 감가상각이론이 적용되지 않는다. ( )

12 | 공인중개사 2016·2019년

토지를 소유함으로써 생기는 자본이익과 이용하여 생기는 운용이익을 발생시킨다. ( )

13 | 공인중개사 2016년

토지는 가격이 하락해도 소모되지 않기 때문에 차후에 가격상승을 기대하여 매각을 미룰 수 있다. ( )

14 | 공인중개사 2015·2019년

토지의 영속성은 부동산활동을 장기배려하게 하며, 토지의 가치보존력을 우수하게 한다. ( )

15 | 공인중개사 2016·2019년

토지의 영속성은 부동산관리의 중요성을 강조하게 한다. ( )

---

09 (×) 토지의 부증성으로 인해 토지공급은 특정 용도의 토지에 대해서 단기적으로는 (공급이 불가능하므로) 완전비탄력적이다. 하지만 장기적으로는 (공급이 가능하므로) 탄력적이다.

10 (×) 토지의 특성 중 영속성은 사용이나 시간의 흐름에 의해서 소모와 마멸이 되지 않는다는 특성으로 토지에 물리적 감가상각의 적용을 배제시키는 근거가 된다.

정답 08 (○), 09 (×), 10 (×), 11 (○), 12 (○), 13 (○), 14 (○), 15 (○)

16 | 공인중개사 2017년

토지의 영속성은 미래의 수익을 가정하고 가치를 평가하는 직접환원법의 적용을 가능하게 한다. ( )

4 토지의 자연적 특성 : 개별성

17 | 공인중개사 2017년

토지의 개별성은 부동산활동과 현상을 개별화시킨다. ( )

18 | 공인중개사 2015·2021년

개별성으로 인해 일물일가 법칙의 적용이 배제되어 토지시장에서 물건 간 완전한 대체관계가 제약된다. ( )

19 | 공인중개사 2020년

개별성은 토지시장을 불완전경쟁시장으로 만드는 요인이다. ( )

5 토지의 자연적 특성 : 인접성

20 | 공인중개사 2013년

인접성으로 인해 부(-)의 외부효과가 발생한다. ( )

21 | 공인중개사 2021년

인접성으로 인해 부동산의 수급이 불균형하여 균형가격의 형성이 어렵다. ( )

6 토지의 인문적 특성

22 | 공인중개사 2017·2022년

토지의 부증성으로 인해 이용전환을 통한 토지의 용도적 공급을 더 이상 늘릴 수 없다. ( )

---

21 (×) 인접성(×), 부증성(○), 부증성으로 인해 부동산의 수급이 불균형하여 균형가격의 형성이 어렵다.

22 (×) 토지의 부증성으로 인해 물리적 공급은 불가능하나, 이용전환을 통한 용도적 공급(경제적 공급)은 가능하다.

정답 16 (○), 17 (○), 18 (○), 19 (○), 20 (○), 21 (×), 22 (×)

23 | 공인중개사 2013년

토지는 이용주체의 목적에 따라 인위적으로 분할 또는 합병하여 이용할 수 있다.　　(　)

정답　23 (○)

03 토지의 분류

1 토지의 분류

01 | 공인중개사 2017년
부지(敷地)는 도로부지, 하천부지와 같이 일정한 용도로 이용되는 토지를 말한다. ( )

02 | 공인중개사 2018년
택지는 주거·상업·공업용지 등의 용도로 이용되고 있거나 해당 용도로 이용할 목적으로 조성된 토지를 말한다. ( )

03 | 공인중개사 2021년
필지는 하나의 지번이 부여된 토지의 등록단위이다. ( )

04 | 공인중개사 2019년
대지(垈地)는 공간정보의 구축 및 관리 등에 관한 법령과 부동산등기법령에서 정한 하나의 등록단위로 표시하는 토지를 말한다. ( )

05 | 공인중개사 2013·2020·2021년
획지는 인위적·자연적·행정적 조건에 따라 다른 토지와 구별되는 가격수준이 비슷한 일단의 토지를 말한다. ( )

06 | 공인중개사 20년14
건부지는 건물 등이 부지의 최유효이용에 적합하지 못하는 경우, 나지에 비해 최유효이용의 기대가능성이 낮다. ( )

---

04 (×) 공간정보의 구축 및 관리 등에 관한 법령과 부동산등기법령에서 정한 하나의 등록단위로 표시하는 토지는 필지(筆地)이다.

정답 01 (○), 02 (○), 03 (○), 04 (×), 05 (○), 06 (○)

07 | 공인중개사 2014·2020년
나지(裸地)는 토지 위에 정착물이 없고 공법상 및 사법상의 제한이 없는 토지를 말한다.
( )

08 | 공인중개사 2019·2021년
나지는 건부지 중 건폐율·용적률의 제한으로 건물을 짓지 않고 남겨둔 토지를 말한다.
( )

09 | 공인중개사 2013년
공지(空地)는 지력회복을 위해 정상적으로 쉬게 하는 토지를 말한다. ( )

10 | 공인중개사 2019·2020년
소지(素地)는 대지 등으로 개발되기 이전의 자연 상태로서의 토지를 말한다. ( )

11 | 공인중개사 2013·2017·2021년
맹지(盲地)는 타인의 토지에 둘러싸여 도로와 접하고 있지 않은 토지를 말한다. ( )

12 | 공인중개사 2013년
법지(法地)는 소유권은 인정되지만 이용실익이 없거나 적은 토지를 말한다. ( )

13 | 공인중개사 2022년
토지와 도로 등 경계사이의 경사진 부분의 토지를 법지(法地)라 한다. ( )

14 | 공인중개사 2019·2022년
포락지(浦落地)는 소유권이 인정되지 않는 바다와 육지 사이의 해변토지를 말한다. ( )

15 | 공인중개사 2022년
고압송전선로 아래의 토지를 선하지(線下地)라 한다. ( )

---

07 (×) 공법상 및 사법상의 제한이 없는(×), 사법상의 제한이 없는(○), 나지(裸地)는 토지에 건물이나 그 밖의 정착물이 없고 지상권 등 토지의 사용·수익을 제한하는 사법상의 권리가 설정되어 있지 아니한 토지를 말한다.

08 (×) 건부지 중 건폐율·용적률의 제한으로 건물을 짓지 않고 남겨둔 토지는 공지이다.

09 (×) 지력회복을 위해 정상적으로 쉬게 하는 토지는 휴한지이다.

14 (×) 포락지(浦落地)는 지적공부에 등록된 토지가 물에 침식되어 수면 밑으로 잠긴 토지를 말한다. 소유권이 인정되지 않는 바다와 육지 사이의 해변 토지는 빈지이다.

정답 07 (×), 08 (×), 09 (×), 10 (○), 11 (○), 12 (○), 13 (○), 14 (×), 15 (○)

16 | 공인중개사 **2017년**

선하지(線下地)는 고압선 아래의 토지로 이용 및 거래의 제한을 받는 경우가 많다. ( )

17 | 공인중개사 **2018년**

표준지는 지가의 공시를 위해 가치형성요인이 같거나 유사하다고 인정되는 일단의 토지 중에서 선정한 토지를 말한다. ( )

18 | 공인중개사 **2013·2016·2017·2018년**

후보지(候補地)는 임지지역, 농지지역, 택지지역 상호간에 다른 지역으로 전환되고 있는 지역의 토지를 말한다. ( )

19 | 공인중개사 **2021년**

택지지역 내에서 주거지역이 상업지역으로 용도변경이 진행되고 있는 토지를 이행지라 한다. ( )

정답 16 (○), 17 (○), 18 (○), 19 (○)

04 주택의 분류

1 주택의 분류

01 | 공인중개사 2014·2017·2021년

다중주택은 학생 또는 직장인 등 다수인이 장기간 거주할 수 있는 구조로서, 독립된 주거형태가 아니며 연면적이 660㎡ 이하이고, 층수가 3개 층 이하인 주택이다. (   )

02 | 공인중개사 2014년

다가구주택은 주택으로 쓰는 층수(지하층은 제외)가 3개 층 이하이며, 1개 동의 바닥면적(부설주차장 면적 제외)이 330㎡ 이하인 공동주택이다. (   )

03 | 공인중개사 2014년

연립주택은 주택으로 쓰는 1개 동의 바닥면적 합계가 660㎡ 이하이고, 층수가 4개 층 이하인 주택이다. (   )

04 | 공인중개사 2021년

학교 또는 공장 등의 학생 또는 종업원 등을 위하여 쓰는 것으로서 1개 동의 공동취사시설 이용 세대 수가 전체의 50퍼센트 이상인 것은 기숙사이다. (   )

05 | 공인중개사 2014년

도시형생활주택은 300세대 미만의 국민주택규모로 대통령령으로 정하는 주택으로 단지형 연립주택·단지형다세대주택·원룸형 주택 등이 있다. (   )

06 | 공인중개사 2016년

주택법령상 도시형생활주택은 주택 외의 건축물과 그 부속토지로서 주거시설로 이용가능한 시설 등을 말한다. (   )

---

02 (×) 330㎡ 이하(×), 660㎡ 이하(○), 공동주택(×), 단독주택(○), 다가구주택은 주택으로 쓰이는 층수(지하층 제외)가 3개 층 이하이며, 1개 동의 주택으로 쓰이는 바닥면적(부설주차장 면적 제외)이 660㎡ 이하인 단독주택이다.

03 (×) 660㎡ 이하(×), 660㎡ 초과(○), 연립주택은 주택으로 쓰이는 1개 동의 바닥면적의 합계가 660㎡를 초과하고, 층수가 4개 층 이하인 주택이다.

06 (×) 주택법령상 주택 외의 건축물과 그 부속토지로서 주거시설로 이용가능한 시설 등을 준주택이라고 한다.

정답 01 (○), 02 (×), 03 (×), 04 (○), 05 (○), 06 (×)

CHAPTER 02

부동산 경제론

2014년	2015년	2016년	2017년	2018년	2019년	2020년	2021년	2022년
5문	5문	5문	5문	6문	4문	6문	6문	5문

핵심테마 05 | 부동산의 수요
핵심테마 06 | 부동산의 공급
핵심테마 07 | 수요와 공급의 균형
핵심테마 08 | 수요와 공급의 탄력성
핵심테마 09 | 거미집이론
핵심테마 10 | 부동산 경기변동과 경기순환

부동산의 수요

1 수요

01 | 공인중개사 2019년
수요량은 일정기간에 실제로 구매한 수량이다. ( )

02 | 공인중개사 2017년
부동산 수요곡선상 수요량은 주어진 가격수준에서 부동산 구매 의사와 구매 능력이 있는 수요자가 구매하고자 하는 최대수량이다. ( )

2 유량과 저량

03 | 공인중개사 2013년
주택재고는 저량에 해당한다. ( )

04 | 공인중개사 2013년
건물 임대료 수입은 저량에 해당한다. ( )

05 | 공인중개사 2013·2020년
가계의 자산은 저량에 해당한다. ( )

06 | 공인중개사 2013·2020년
근로자의 임금은 유량에 해당한다. ( )

---

01 (×) 수요량은 일정기간에 실제로 구매한 수량이 아니라 구매하고자 하는 양을 말한다. 즉, 사전적 개념이다.
04 (×) 건물 임대료 수입은 유량에 해당한다.
 • 유량과 저량
  ① 유량 : 임대료, 주택거래량, 신규주택공급량, 소득, 소비량, 매출액, 당기순이익, 연간이자비용 등
  ② 저량 : 재고, 자산, 가치, 부채, 인구, 통화량 등

정답 01 (×), 02 (○), 03 (○), 04 (×), 05 (○), 06 (○)

07 | 공인중개사 2013년

도시인구 규모는 저량에 해당한다. ( )

08 | 공인중개사 2013·2020년

신규주택 공급량은 저량에 해당한다. ( )

09 | 공인중개사 2020년

가계 소비는 저량에 해당한다. ( )

10 | 공인중개사 2020년

통화량은 저량에 해당한다. ( )

11 | 공인중개사 2020년

자본총량은 저량에 해당한다. ( )

3 수요량의 변화와 수요의 변화

12 | 공인중개사 2018년

해당 주택가격 변화에 대한 수요량의 변화는 동일한 수요곡선상의 이동으로 나타난다.
( )

13 | 공인중개사 2019년

가격 이외의 다른 요인이 수요량을 변화시키면 수요곡선이 좌측 또는 우측으로 이동한다.
( )

14 | 공인중개사 2014년

아파트 가격의 하락은 아파트시장의 수요곡선을 좌측으로 이동시키는 요인이다. ( )

---

08 (×) 신규주택 공급량은 유량에 해당한다.
09 (×) 가계 소비는 유량에 해당한다.
14 (×) 아파트 가격의 하락으로 수요량이 증가하며, 수요량의 변화는 수요곡선상의 이동으로 나타난다.

정답 07 (○), 08 (×), 09 (×), 10 (○), 11 (○), 12 (○), 13 (○), 14 (×)

4 수요의 변화요인

15 | 공인중개사 2014·2018년
수요자의 실질소득 증가는 아파트시장의 수요곡선을 좌측으로 이동시키는 요인이다.
( )

16 | 공인중개사 2013년
A부동산의 가격이 5% 상승할 때, B부동산의 수요는 10% 증가하였다. A와 B의 관계는 대체재 관계이다. ( )

17 | 공인중개사 2013년
A부동산의 가격이 5% 상승할 때, C부동산의 수요는 5% 감소하였다. A와 C 간의 관계는 보완재 관계이다. ( )

18 | 공인중개사 2018년
대체재인 단독주택의 가격이 상승하면 아파트의 수요곡선은 우상향으로 이동하게 된다.
( )

19 | 공인중개사 2015년
아파트와 단독주택의 관계가 대체재라고 가정할 때 아파트의 가격이 상승하면, 단독주택의 수요가 증가하고 단독주택의 가격은 상승한다. ( )

20 | 공인중개사 2015·2020년
부동산 가격상승 기대는 수요를 감소시키는 요인이다. ( )

21 | 공인중개사 2018년
아파트가격 하락이 예상되면 수요량의 변화로 동일한 수요곡선 상에서 하향으로 이동하게 된다. ( )

---

15 (×) 실질소득이 증가하면 수요가 증가하므로 수요곡선은 우측으로 이동한다.
20 (×) 부동산 가격상승 기대는 수요를 증가시키는 요인이다.
21 (×) 아파트가격 하락이 예상되면 수요의 감소로 수요곡선은 좌측으로 이동한다.

정답 15 (×), 16 (○), 17 (○), 18 (○), 19 (○), 20 (×), 21 (×)

22 | 공인중개사 2015·2020년

시장금리 하락은 수요를 감소시키는 요인이다. ( )

23 | 공인중개사 2018년

아파트 담보대출 금리가 하락하면 수요량의 변화로 동일한 수요곡선상에서 상향으로 이동하게 된다. ( )

24 | 공인중개사 2015·2020년

부동산 거래세율 인상은 수요를 감소시키는 요인이다. ( )

25 | 공인중개사 2180년

아파트 거래세가 인상되면 수요곡선은 우상향으로 이동하게 된다. ( )

26 | 공인중개사 2014년

아파트 선호도 감소는 아파트시장의 수요곡선을 좌측으로 이동시키는 요인이다. ( )

27 | 공인중개사 2015·2020년

인구 감소는 수요를 감소시키는 요인이다. ( )

28 | 공인중개사 2014년

사회적 인구감소는 아파트시장의 수요곡선을 좌측으로 이동시키는 요인이다. ( )

---

22 (×) 시장금리 하락은 수요를 증가시키는 요인이다.
23 (×) 아파트 담보대출 금리가 하락하면 수요가 증가하므로 수요곡선 자체가 우측으로 이동한다.
25 (×) 아파트 거래세가 인상되면 수요가 감소하므로 수요곡선은 좌측으로 이동한다.

정답 22 (×), 23 (×), 24 (○), 25 (×), 26 (○), 27 (○), 28 (○)

부동산의 공급

1 공급

01 | 공인중개사 2019년
공급량은 주어진 가격수준에서 실제로 매도한 수량이다. ( )

02 | 공인중개사 2016년
공급량은 주어진 가격수준에서 공급자가 공급하고자 하는 최대수량이다. ( )

2 공급량의 변화와 공급의 변화

03 | 공인중개사 2019년
부동산의 가격이 상승하면 공급량이 감소한다. ( )

04 | 공인중개사 2016년
해당 부동산 가격 변화에 의한 공급량의 변화는 다른 조건이 불변일 때 동일한 공급곡선 상에서 점의 이동으로 나타난다. ( )

05 | 공인중개사 2013·2022년
주택건설용 토지가격의 하락은 주택의 공급곡선을 우측으로 이동시킨다. ( )

06 | 공인중개사 2013·2014년
건축원자재 가격의 하락은 아파트시장의 공급곡선을 좌측으로 이동시키는 요인이다. ( )

---

01 (×) 공급량은 주어진 가격수준에서 실제로 매도한 수량이 아니라 공급하고자 하는 수량이다. 즉, 사전적 개념이다.
03 (×) 부동산의 가격이 상승하면 공급량이 증가한다.
06 (×) 건축원자재 가격의 하락하면 공급이 증가하여 아파트시장의 공급곡선을 우측으로 이동시킨다.

정답 01 (×), 02 (○), 03 (×), 04 (○), 05 (○), 06 (×)

07 | 공인중개사 2015년

건축기자재 가격이 상승하더라도 주택가격이 변하지 않는다면 주택공급은 감소할 것이다. ( )

08 | 공인중개사 2019년

건설종사자들의 임금상승은 부동산가격을 하락시킨다. ( )

09 | 공인중개사 2013년

주택담보대출 이자율의 상승은 주택의 공급곡선을 우측으로 이동시킨다. ( )

10 | 공인중개사 2015년

주택가격이 상승하면 주거용지의 공급이 감소한다. ( )

11 | 공인중개사 2013·2022년

새로운 건설기술의 개발에 따른 원가절감은 주택의 공급곡선을 우측으로 이동시킨다. ( )

12 | 공인중개사 2013·2022년

주택건설업체 수의 증가는 주택의 공급곡선을 우측으로 이동시킨다. ( )

13 | 공인중개사 2022년

주택건설에 대한 정부 보조금 축소는 주택시장의 공급을 감소시키는 요인이다. ( )

14 | 공인중개사 2022년

신규주택의 경우, 주택가격의 하락 기대는 공급을 감소시키는 요인이다. ( )

---

08 (×) 건설종사자들의 임금이 상승하면 부동산 공급이 감소하여 부동산가격은 상승한다.

09 (×) 주택담보대출 이자율이 상승하면 공급이 감소하여 주택의 공급곡선을 좌측으로 이동시킨다.

10 (×) 주택가격이 상승하면 (주택공급자 입장에서는 이익이 커지기 때문에) 주택공급이 증가한다. 주택공급의 증가로 주택용지의 수요가 증가하고 주택용지의 가격이 상승한다. 따라서 (주택용지 공급자 입장에서는 이익이 커지기 때문에) 주택용지의 공급이 증가한다.

정답 07 (○), 08 (×), 09 (×), 10 (×), 11 (○), 12 (○), 13 (○), 14 (○)

07 수요와 공급의 균형

1 균형가격과 균형거래량의 변화

01 | 공인중개사 2014년
공급이 불변이고 수요가 감소하는 경우, 균형가격은 상승하고 균형거래량은 감소한다. ( )

02 | 공인중개사 2022년
공급이 불변이고 수요가 증가하는 경우, 균형가격은 상승하고 균형거래량도 증가한다. ( )

03 | 공인중개사 2014·2022년
수요가 불변이고 공급이 증가하는 경우, 균형가격은 하락하고 균형거래량은 증가한다. ( )

04 | 공인중개사 2018년
주택의 수요와 공급이 모두 증가하게 되면 균형거래량은 증가한다. ( )

05 | 공인중개사 2017년
수요와 공급이 모두 증가하는 경우, 균형가격의 상승여부는 수요와 공급의 증가폭에 의해 결정되고 균형량은 증가한다. ( )

06 | 공인중개사 2014·2021년
수요와 공급이 증가하는 경우, 수요의 증가폭이 공급의 증가폭보다 크다면 균형가격은 상승하고 균형량은 감소한다. ( )

---

01 (×) 공급이 불변이고 수요가 감소하는 경우, 균형가격은 하락하고 균형거래량도 감소한다.
06 (×) 수요의 증가폭이 공급의 증가폭보다 크다면 균형가격은 상승하고 균형량도 증가한다.
   보충 변화의 크기가 주어진 경우, 수요와 공급 중에 변화의 크기가 더 큰 경우만 고려한다. 수요의 증가폭이 더 크므로 수요가 증가한 경우만 고려하면 균형가격은 상승하고 균형량도 증가한다.

정답 01 (×), 02 (○), 03 (○), 04 (○), 05 (○), 06 (×)

07 | 공인중개사 2022년

수요와 공급이 증가하는 경우, 공급의 증가폭이 수요의 증가폭보다 더 큰 경우, 균형가격은 상승하고 균형량은 증가한다. ( )

08 | 공인중개사 2021년

수요와 공급이 감소하는 경우, 수요의 감소폭이 공급의 감소폭보다 작다면 균형가격은 상승하고 균형량은 증가한다. ( )

09 | 공인중개사 2014·2022년

수요와 공급이 동시에 감소하고 수요의 감소가 공급의 감소보다 큰 경우, 균형가격은 하락하고 균형거래량도 감소한다. ( )

10 | 공인중개사 2021년

수요와 공급이 감소하는 경우, 수요의 감소폭과 공급의 감소폭이 같다면 균형가격은 불변이고 균형량은 증가한다. ( )

---

07 (×) 공급의 증가폭이 수요의 증가폭보다 더 큰 경우이므로 (변화의 크기가 더 큰 경우만 고려하여, 공급의 증가만 고려하면) 균형가격은 하락하고 균형량은 증가한다.

08 (×) 수요의 감소폭이 공급의 감소폭보다 작으므로 (변화의 크기가 더 큰 경우만 고려하여, 공급의 감소만 고려하면) 균형가격은 상승하고 균형량은 감소한다.

10 (×) 수요의 감소폭과 공급의 감소폭이 같다면 균형가격은 불변이고 균형량은 감소한다.

정답 07 (×), 08 (×), 09 (○), 10 (×)

수요와 공급의 탄력성

1 수요의 가격탄력성

01 | 공인중개사 2021년
오피스텔 가격이 4% 인상되었고, 오피스텔 수요의 가격탄력성이 2.0이라면, 오피스텔 수요량의 변화는 8% 증가이다. ( )

02 | 공인중개사 2018년
수요곡선이 수직선이면 수요의 가격탄력성은 완전비탄력적이다. ( )

03 | 공인중개사 2016·2018년
수요의 가격탄력성이 비탄력적이면 가격의 변화율보다 수요량의 변화율이 더 작다. ( )

04 | 공인중개사 2018년
수요의 가격탄력성이 완전탄력적이면 가격의 변화와는 상관없이 수요량이 고정된다. ( )

05 | 공인중개사 2016년
미세한 가격변화에 수요량이 무한히 크게 변화하는 경우 완전탄력적이다. ( )

2 수요의 가격탄력성 결정요인

06 | 공인중개사 2017년
대체재가 있는 경우 수요의 가격탄력성은 대체재가 없는 경우보다 비탄력적이 된다. ( )

---

01 (×) 8% 증가(×), 8% 감소(○), 오피스텔 가격이 4% 인상되었고, 오피스텔 수요의 가격탄력성이 2.0이라면, 오피스텔 수요량의 변화는 8% 감소이다.
04 (×) 수요의 가격탄력성이 완전탄력적이면 미세한 가격변화에 수요량이 무한히 크게 변화한다. 가격의 변화와는 상관없이 수요량이 고정되는 경우는 수요의 가격탄력성이 완전비탄력적인 경우이다.
06 (×) 대체재가 있는 경우 수요의 가격탄력성은 대체재가 없는 경우보다 탄력적이 된다.

정답 01 (×), 02 (○), 03 (○), 04 (×), 05 (○), 06 (×)

07 | 공인중개사 2019년

오피스텔에 대한 대체재가 감소함에 따라 오피스텔 수요의 가격탄력성이 작아진다. ( )

08 | 공인중개사 2016년

일반적으로 재화의 용도가 다양할수록 수요의 가격탄력성은 커진다. ( )

09 | 공인중개사 2017년

부동산의 용도전환이 용이할수록 수요의 가격탄력성은 작아진다. ( )

10 | 공인중개사 2017년

일반적으로 부동산 수요의 가격탄력성은 단기에서 장기로 갈수록 더 비탄력적이 된다.
( )

3 수요의 가격탄력성과 임대료 총수입

11 | 공인중개사 2017년

수요의 가격탄력성이 1보다 작을 경우 전체 수입은 임대료가 상승함에 따라 감소한다.
( )

12 | 공인중개사 2019년

임대주택 수요의 가격탄력성이 1인 경우 임대주택의 임대료가 하락하더라도 전체 임대료 수입은 변하지 않는다. ( )

4 공급의 가격탄력성

13 | 공인중개사 2018년

공급의 가격탄력성이 '0'이면 완전비탄력적이다. ( )

---

09 (×) 부동산의 용도전환이 용이할수록 수요의 가격탄력성은 커진다.

10 (×) 일반적으로 부동산수요의 가격탄력성은 단기에서 장기로 갈수록 더 탄력적이 된다.

11 (×) 수요의 가격탄력성이 1보다 작을 경우 비탄력적이다. 따라서 가격에 덜 민감하기 때문에 임대료가 상승하더라도 수요의 감소폭이 작아 공급자 입장에서 전체수입은 증가한다. 이렇게 수요의 가격탄력성이 비탄력적이면 공급자는 고가정책을 펼치는 것이 유리하다.

정답 07 (○), 08 (○), 09 (×), 10 (×), 11 (×), 12 (○), 13 (○)

14 | 공인중개사 2016년

물리적 토지공급량이 불변이라면 토지의 물리적 공급은 토지가격 변화에 대해 완전비탄력적이다. ( )

15 | 공인중개사 2018년

공급의 가격탄력성이 탄력적이면 가격의 변화율보다 공급량의 변화율이 더 크다. ( )

5 공급의 가격탄력성 결정요인

16 | 공인중개사 2018년

주택공급의 가격탄력성은 단기에 비해 장기에 더 크게 나타난다. ( )

17 | 공인중개사 2019년

일반적으로 임대주택을 건축하여 공급하는 기간이 짧을수록 공급의 가격탄력성은 커진다. ( )

18 | 공인중개사 2013·2016·2017년

용도변경을 제한하는 법규가 강화될수록, 공급은 이전에 비해 비탄력적이 된다. ( )

6 공급의 가격탄력성과 부동산시장의 특징

19 | 공인중개사 2013년

토지는 용도의 다양성으로 인해 우하향하는 공급곡선을 가진다. ( )

20 | 공인중개사 2015년

부동산의 물리적인 공급은 단기적으로 비탄력적이라 할 수 있다. ( )

21 | 공인중개사 2013년

주택의 단기 공급곡선은 가용생산요소의 제약으로 장기 공급곡선에 비해 더 비탄력적이다. ( )

---

19 (×) 토지는 용도의 다양성으로 인해 우상향하는 공급곡선을 가진다.

정답 14 (○), 15 (○), 16 (○), 17 (○), 18 (○), 19 (×), 20 (○), 21 (○)

7 가격탄력성과 균형가격·균형거래량의 변화

22 | 공인중개사 2016·2018년

부동산 수요가 증가할 때 부동산 공급곡선이 탄력적일수록 부동산가격은 더 크게 상승한다. ( )

23 | 공인중개사 2013·2017년

부동산 수요가 증가하면, 부동산공급곡선이 비탄력적일수록 시장균형가격이 더 크게 상승한다. ( )

24 | 공인중개사 2017년

부동산시장에서 기술의 개발로 부동산 공급이 증가하는 경우, 수요의 가격탄력성이 작을수록 균형가격의 하락폭은 커진다. ( )

25 | 공인중개사 2018년

주택수요의 가격탄력성이 완전탄력적인 경우에 공급이 증가하면 균형가격은 변하지 않고 균형거래량은 증가한다. ( )

---

22 (×) 부동산 수요가 증가할 때 부동산 공급곡선이 탄력적일수록 부동산 가격은 '덜' 상승한다. 부동산 수요가 증가하면 균형가격은 상승하는데, 탄력적이면 가격은 덜 상승하고 비탄력적이면 가격은 더 상승한다. **보충** 부동산 수요가 증가하면 균형가격은 상승하는데, 공급이 탄력적이면 가격은 덜 상승하고 비탄력적이면 가격은 더 상승한다.

정답 22 (×), 23 (○), 24 (○), 25 (○)

09 거미집이론

1 거미집이론의 모형

01 | 공인중개사 2020년
수요의 가격탄력성의 절대값이 공급의 가격탄력성의 절대값보다 크면 수렴형이다. ( )

02 | 공인중개사 2020년
수요곡선의 기울기의 절대값이 공급곡선의 기울기의 절대값보다 크면 발산형이다. ( )

03 | 공인중개사 모의문제
공급의 가격탄력성의 절대값이 수요의 가격탄력성의 절대값보다 크면 발산형이다. ( )

04 | 공인중개사 모의문제
공급곡선의 기울기의 절대값이 수요곡선의 기울기의 절대값보다 크면 수렴형이다. ( )

05 | 공인중개사 모의문제
공급의 가격탄력성의 절대값이 수요의 가격탄력성의 절대값과 같으면 순환형이다. ( )

정답 01 (○), 02 (○), 03 (○), 04 (○), 05 (○)

부동산 경기변동과 경기순환

1 부동산 경기변동

01 | 공인중개사 2016년
부동산시장에 영향을 미치는 요인 중 하나로, 불황과 물가상승이 동시에 나타나는 현상은 스태그플레이션이다. ( )

02 | 공인중개사 2020년
부동산 경기변동이란 부동산시장이 일반경기변동처럼 상승과 하강 국면이 반복되는 현상을 말한다. ( )

03 | 공인중개사 2014년
부동산경기는 일반경기와 마찬가지로 회복국면, 상향국면, 후퇴국면, 하향국면 등의 순환적 경기변동을 나타낸다. ( )

04 | 공인중개사 2015년
부동산 경기변동은 순환적 변동, 계절적 변동, 무작위적(불규칙, 우발적) 변동 등의 모습이 나타난다. ( )

05 | 공인중개사 2015년
부동산 경기변동 국면은 공실률, 건축허가건수, 거래량 등으로 확인할 수 있다. ( )

06 | 공인중개사 2018년
부동산 경기변동은 건축착공량, 거래량 등으로 확인할 수 있다. ( )

07 | 공인중개사 2018년
업무용 부동산의 경우, 부동산경기의 하강국면이 장기화되면 공실률이 증가하는 경향이 있다. ( )

08 | 공인중개사 2020년
부동산경기는 부동산의 특성에 의해 일반경기보다 주기가 더 길 수 있다. ( )

정답 01 (○), 02 (○), 03 (○), 04 (○), 05 (○), 06 (○), 07 (○), 08 (○)

09 | 공인중개사 2018·2020년

부동산경기는 일반경기와 같이 일정한 주기와 동일한 진폭으로 규칙적이고 안정적으로 반복되며 순환된다. ( )

10 | 공인중개사 2020년

부동산경기변동은 일반경기변동에 비해 저점이 깊고 정점이 높은 경향이 있다. ( )

11 | 공인중개사 2018년

부동산경기는 지역별로 다르게 변동할 수 있으며 같은 지역에서도 부분시장에 따라 다른 변동양상을 보일 수 있다. ( )

2 부동산시장 순환국면

12 | 공인중개사 2014·2020·2022년

부동산 경기변동에서 회복국면은 매도자가 중시되고, 과거의 거래사례가격은 새로운 거래의 기준가격이 되거나 하한이 되는 경향이 있다. ( )

13 | 공인중개사 2022년

회복시장 국면에서는 매수자가 주도하는 시장에서 매도자가 주도하는 시장으로 바뀌는 경향이 있다. ( )

14 | 공인중개사 2014·2015·2018년

부동산경기가 상승국면일 경우, 직전에 거래된 거래사례가격은 현재 시점에서 새로운 거래가격의 하한이 되는 경향이 있다. ( )

15 | 공인중개사 2014년

부동산 경기변동에서 하향국면은 매수자가 중시되고, 과거의 거래사례가격은 새로운 거래가격의 상한이 되는 경향이 있다. ( )

16 | 공인중개사 2022년

하향시장 국면에서는 건축허가신청이 지속적으로 증가한다. ( )

---

09 (×) 부동산경기는 일반경기에 비해 주기가 불규칙적이고 진폭은 더 크고, 순환국면이 명백하지 않다.
16 (×) 하향시장 국면에서는 건축허가신청이 지속적으로 감소한다.

정답 09 (×), 10 (○), 11 (○), 12 (○), 13 (○), 14 (○), 15 (○), 16 (×)

17 | 공인중개사 **2015년**

부동산시장은 일반 경기변동과 같은 회복·상향·후퇴·하향의 4가지 국면 외에 안정시장이라는 국면이 있다. ( )

정답 17 (○)

CHAPTER 03

부동산 시장론

2014년	2015년	2016년	2017년	2018년	2019년	2020년	2021년	2022년
3문	3문	4문	4문	5문	4문	4문	4문	7문

핵심테마11 | 주택시장
핵심테마12 | 부동산시장과 효율적 시장
핵심테마13 | 지대이론
핵심테마14 | 도시공간구조이론
핵심테마15 | 입지이론

# 핵심테마 11 주택시장

1 주택시장의 여과과정

01 | 공인중개사 2019년
주택여과과정은 주택의 질적 변화와 가구의 이동과의 관계를 설명해 준다. ( )

02 | 공인중개사 2019년
상위계층에서 사용되는 기존주택이 하위계층에서 사용되는 것을 상향여과라 한다. ( )

03 | 공인중개사 2019·2020년
저급주택이 수선되거나 재개발되어 상위계층에서 사용되는 것을 하향여과라 한다. ( )

04 | 공인중개사 2020년
주택의 개량비용이 개량 후 주택가치의 상승분보다 크다면 하향여과과정이 발생하기 쉽다. ( )

05 | 공인중개사 2016년
고소득층 주거지와 저소득층 주거지가 인접한 지역에서는 침입과 천이 현상이 발생할 수 있다. ( )

06 | 공인중개사 2020년
주택의 하향여과과정이 원활하게 작동하면 저급주택의 공급량이 감소한다. ( )

07 | 공인중개사 2019년
공가(空家)의 발생은 주거지 이동과는 관계가 없다. ( )

---

02 (×) 상위계층에서 사용되는 기존주택이 하위계층에서 사용되는 것을 하향여과라 한다.
03 (×) 저급주택이 수선되거나 재개발되어 상위계층에서 사용되는 것을 상향여과라 한다.
06 (×) 주택의 하향여과과정이 원활하게 작동하면 저급주택의 공급량이 증가한다.
07 (×) 빈집이 생겨야 가구이동이 발생한다. 따라서 가구의 이동과 공가(空家)의 발생은 밀접한 관련이 있다.

정답 01 (○), 02 (×), 03 (×), 04 (○), 05 (○), 06 (×), 07 (×)

2 주거분리

08 | 공인중개사 2016년
주거분리란 고소득층 주거지와 저소득층 주거지가 서로 분리되는 현상을 의미한다. ( )

09 | 공인중개사 2016년
주거분리는 도시 전체에서 뿐만 아니라 지리적으로 인접한 근린지역에서도 발생할 수 있다. ( )

10 | 공인중개사 2019년
주거분리는 소득과 무관하게 주거지역이 지리적으로 나뉘는 현상이다. ( )

11 | 공인중개사 2016·2020년
저소득층은 다른 요인이 동일할 경우 정(+)의 외부효과를 누리고자 고소득층 주거지에 가까이 거주하려 한다. ( )

12 | 공인중개사 2016년
고소득층 주거지와 저소득층 주거지가 인접한 경우, 경계지역 부근의 저소득층 주택은 할인되어 거래되고 고소득층 주택은 할증되어 거래된다. ( )

---

10 (×) 주거분리란 소득의 차이로 고소득층의 주거지역과 저소득층의 주거지역이 분리되어 나타나는 현상을 말한다. 따라서 소득과 밀접한 관련이 있다.

12 (×) 고소득층 주거지와 저소득층 주거지가 인접한 경우, 경계지역 부근의 저소득층 주택은 할증되어 거래되고 고소득층 주택은 할인되어 거래된다.

정답 08 (○), 09 (○), 10 (×), 11 (○), 12 (×)

부동산시장과 효율적 시장

1 완전경쟁시장과 불완전경쟁시장

01 | 공인중개사 2018년
진입장벽의 존재는 부동산시장을 불완전하게 만드는 원인이다. ( )

02 | 공인중개사 2015년
부동산 거래비용의 증가는 부동산 수요자와 공급자의 시장 진출입에 제약을 줄 수 있어 불완전경쟁시장의 요인이 될 수 있다. ( )

2 부동산시장의 특성

03 | 공인중개사 2015년
부동산시장에서는 어떤 특정한 지역에 국한되는 시장의 지역성 혹은 지역시장성이 존재한다. ( )

04 | 공인중개사 2018년
부동산시장의 분화현상은 경우에 따라 부분시장(sub-market)별로 시장의 불균형을 초래하기도 한다. ( )

05 | 공인중개사 2020·2022년
부동산시장은 부동산의 유형, 규모, 품질 등에 따라 구별되는 하위시장이 존재한다. ( )

06 | 공인중개사 2017년
부동산은 다양한 공·사적 제한이 존재하며, 이는 부동산가격 변동에 영향을 미칠 수 있다. ( )

07 | 공인중개사 2018년
부동산에 가해지는 다양한 공적 제한은 부동산시장의 기능을 왜곡할 수 있다. ( )

> **정답** 01 (○), 02 (○), 03 (○), 04 (○), 05 (○), 06 (○), 07 (○)

08 | 공인중개사 2022년

부동산시장은 장기보다 단기에서 공급의 가격탄력성이 크므로 단기 수급조절이 용이하다. ( )

09 | 공인중개사 2015년

개별성의 특성은 부동산상품의 표준화를 어렵게 할 뿐만 아니라 부동산시장을 복잡하고 다양하게 한다. ( )

10 | 공인중개사 2020년

부동산은 대체가 불가능한 재화이기에 부동산시장에서 공매(short selling)가 빈번하게 발생한다. ( )

11 | 공인중개사 2015·2017·2022년

부동산시장에서는 정보의 비대칭성으로 인해 부동산 가격의 왜곡현상이 나타나기도 한다. ( )

12 | 공인중개사 2010년

부동산시장의 주요한 기능 중 하나는 경제주체의 지대지불능력에 따라 토지이용의 유형을 결정하는 것이다. ( )

3 효율적 시장

13 | 공인중개사 2016년

약성 효율적 시장에서는 현재가치에 대한 과거의 역사적 자료를 분석하여 정상이윤을 초과하는 이윤을 획득할 수 있다. ( )

---

08 (×) 부동산시장은 단기보다 장기에서 공급의 가격탄력성이 크므로 단기보다는 장기에서 수급조절이 용이하다.

10 (×) 주식시장에서는 똑같은 주식을 살 수 있기 때문에 공매가 가능하지만 부동산시장에서는 똑같은 부동산을 되사기 어렵기 때문에 공매가 불가능하다.

13 (×) 약성 효율적 시장에서는 과거의 정보가 이미 반영되어 있으므로 현재가치에 대한 과거의 역사적 자료를 분석하여 정상이윤을 초과하는 이윤을 획득할 수 없다.

정답 08 (×), 09 (○), 10 (×), 11 (○), 12 (○), 13 (×)

14 | 공인중개사 2020년

부동산시장이 준강성 효율적 시장일 때 새로운 정보는 공개되는 즉시 시장에 반영된다.
( )

15 | 공인중개사 2017년

준강성 효율적 시장은 공표된 것이건 그렇지 않은 것이건 어떠한 정보도 이미 가치에 반영되어 있는 시장이다.
( )

16 | 공인중개사 2016년

준강성 효율적 시장은 과거의 추세적 정보뿐만 아니라 현재 새로 공표되는 정보가 지체 없이 시장가치에 반영되므로 공식적으로 이용가능한 정보를 기초로 기본적 분석을 하여 투자해도 초과이윤을 얻을 수 없다.
( )

17 | 공인중개사 2016년

강성 효율적 시장은 공표된 정보는 물론이고 아직 공표되지 않은 정보까지도 시장가치에 반영되어 있는 시장이므로 이를 통해 초과이윤을 얻을 수 없다.
( )

18 | 공인중개사 2018·2020년

강성 효율적 시장에서도 정보를 이용하여 초과이윤을 얻을 수 있다.
( )

19 | 공인중개사 2016년

강성 효율적 시장은 완전경쟁시장의 가정에 가장 근접하게 부합되는 시장이다.
( )

---

15 (×) 준강성 효율적 시장은 과거의 정보와 현재의 정보가 반영된 시장이다. 즉 공개된 정보가 부동산가격에 반영되는 시장을 말한다. 이와 달리 어떠한 정보도 이미 가치에 반영되어 있는 시장은 미래의 정보도 포함되므로 이는 강성 효율적 시장에 해당한다.

18 (×) 강성 효율적 시장에서는 과거, 현재, 미래의 정보 모두가 이미 시장가치에 반영되고 있으므로 초과 이윤을 얻을 수 없다.

정답 14 (○), 15 (×), 16 (○), 17 (○), 18 (×), 19 (○)

4 할당 효율적 시장

20 | 공인중개사 2015년

할당 효율적 시장에서는 부동산 거래의 은밀성으로 인해 부동산가격의 과소평가 또는 과대평가 등 왜곡가능성이 높아진다. ( )

21 | 공인중개사 2018·2020·2022년

부동산시장은 불완전경쟁시장이더라도 할당 효율적 시장이 될 수 있다. ( )

---

20 (×) 할당 효율적 시장이란 자원과 정보의 할당이 효율적으로 이루어지는 시장으로 정보가치와 정보비용이 같아서 초과이윤이 영(0)이 되는 시장을 의미한다. 따라서 할당 효율적 시장에서는 과소평가나 과대평가 등의 왜곡가능성은 낮아지거나 그 가능성이 없는 상태가 된다.

정답 20 (×), 21 (○)

지대이론

<지대이론>

구분	내용
리카도의 차액지대설	비옥도, 수확체감 법칙이 지대발생 원인, 지대를 잉여로 간주
마르크스의 절대지대설	토지의 사유화로 인해 지대 발생
튀넨의 위치지대설	수송비 때문에 지대는 위치에 따라 달라진다.
알론소의 입찰지대설	최대지불능력을 가진 사람이 토지를 차지한다.
헤이그의 마찰비용이론	마찰비용은 교통비와 지대의 합
파레토의 경제지대설	총소득 = 전용수입 + 경제지대
마샬의 준지대설	기계나 설비 등으로부터 발생하는 일시적인 소득

1 리카도의 차액지대설

01 | 공인중개사 2013·2015·2017년

리카도(D. Ricardo)는 비옥도의 차이, 비옥한 토지량의 제한, 수확체감 법칙의 작동을 지대발생의 원인으로 보았다.   (   )

02 | 공인중개사 2018년

차액지대는 토지의 위치를 중요시하고 비옥도와는 무관하다.   (   )

03 | 공인중개사 2013년

조방적 한계의 토지에는 지대가 발생하지 않으므로 무지대(無地代) 토지가 된다.   (   )

---

02 (×) 리카도의 차액지대설에서 지대는 비옥도의 차이, 비옥한 토지량의 제한, 수확체감법칙의 작동 등과 밀접한 관련이 있다.

정답 01 (○), 02 (×), 03 (○)

04 | 공인중개사 2013년

지대는 잉여이기에 토지생산물의 가격이 높아지면 지대가 높아지고 토지생산물의 가격이 낮아지면 지대도 낮아진다. ( )

05 | 공인중개사 2013년

차액지대설에 따르면 지대는 경제적 잉여가 아니고 생산비이다. ( )

2 마르크스의 절대지대설

06 | 공인중개사 2016년

지대는 토지소유자가 토지를 소유하고 있다는 독점적 지위 때문에 받는 수입이므로 최열등지에서도 발생하며, 지대는 토지의 사유화로 인해 발생한다는 이론은 마르크스의 절대지대설이다. ( )

07 | 공인중개사 2013·2018년

절대지대는 토지의 생산성과 무관하게 토지가 개인에 의해 배타적으로 소유되는 것으로부터 발생한다. ( )

3 튀넨의 위치지대설

08 | 공인중개사 2019년

튀넨(J. H. von Thunen)은 완전히 단절된 고립국을 가정하여 이곳의 작물재배활동은 생산비와 수송비를 반영하여 공간적으로 분화된다고 보았다. ( )

09 | 공인중개사 2017년

튀넨(J. H. von Thunen)은 도시로부터 거리에 따라 농작물의 재배형태가 달라진다는 점에 착안하여, 수송비의 차이가 지대의 차이를 가져온다고 보았다. ( )

10 | 공인중개사 2013년

위치지대설에 따르면 다른 조건이 동일한 경우, 지대는 중심지에서 거리가 멀어질수록 하락한다. ( )

---

05 (×) 차액지대설에 따르면 지대는 토지소유자에게 귀속되는 경제적 잉여이다.

정답 04 (○), 05 (×), 06 (○), 07 (○), 08 (○), 09 (○), 10 (○)

11 | 공인중개사 2022년

중심지에 가까울수록 집약농업이 입지하고, 교외로 갈수록 조방농업이 입지하는 것은 튀넨의 위치지대설에 해당한다. ( )

4 알론소의 입찰지대설

12 | 공인중개사 2020년

알론소(W. Alonso)는 단일도심도시의 토지이용형태를 설명함에 있어 입찰지대의 개념을 적용하였다. ( )

13 | 공인중개사 2013년

입찰지대설에 따르면 토지이용은 최고의 지대지불의사가 있는 용도에 할당된다. ( )

14 | 공인중개사 2021년

알론소(W. Alonso)의 입찰지대곡선은 도심에서 외곽으로 나감에 따라 가장 높은 지대를 지불할 수 있는 각 산업의 지대곡선들을 연결한 것이다. ( )

5 헤이그의 마찰비용이론

15 | 공인중개사 2015·2021년

헤이그(R. Haig)의 마찰비용이론에 따르면 마찰비용은 교통비와 지대로 구성된다. ( )

16 | 공인중개사 모의문제

헤이그(R. Haig)의 마찰비용이론에 따르면 중심지에 가까울수록 교통비는 감소하고 지대는 증가한다. ( )

정답 11 (○), 12 (○), 13 (○), 14 (○), 15 (○), 16 (○)

6 마샬의 준지대설

17 | 공인중개사 2015년

마샬(A. Marshall)은 일시적으로 토지의 성격을 가지는 기계, 기구 등의 생산요소에 대한 대가를 파레토지대로 정의하였다. ( )

18 | 공인중개사 2013년

준지대는 생산을 위하여 사람이 만든 기계나 기구들로부터 얻는 소득이다. ( )

19 | 공인중개사 2017년

마샬(A. Marshall)은 일시적으로 토지와 유사한 성격을 가지는 생산요소에 귀속되는 소득을 준지대로 설명하고, 단기적으로 공급량이 일정한 생산요소에 지급되는 소득으로 보았다. ( )

20 | 공인중개사 2013년

토지에 대한 개량공사로 인해 추가적으로 발생하는 일시적인 소득은 준지대에 속한다. ( )

21 | 공인중개사 2013·2018년

준지대는 토지사용에 있어서 지대의 성질에 준하는 잉여로 영구적 성격을 가지고 있다. ( )

7 파레토의 경제지대설

22 | 공인중개사 2018년

경제지대는 어떤 생산요소가 다른 용도로 전용되지 않고 현재의 용도에 그대로 사용되도록 지급하는 최소한의 지급액이다. ( )

---

17 (×) 마샬(A. Marshall)은 일시적으로 토지의 성격을 가지는 기계, 기구 등의 생산요소에 대한 대가를 준지대로 정의하였다.

21 (×) 마샬의 준지대론에서 준지대는 토지 이외의 고정생산요소에 귀속되는 소득으로 일시적으로 발생한다.

22 (×) 경제지대는 공급이 제한된 생산요소에 의해 발생하는 추가적인 수입으로 전용수입을 초과하여 발생하는 초과수입을 말한다. **비교** 전용수입은 어떤 생산요소가 다른 용도로 전용되지 않고 현재의 용도에 그대로 사용되도록 지급하는 최소한의 지급액이다.

정답 17 (×), 18 (○), 19 (○), 20 (○), 21 (×), 22 (×)

도시공간구조이론

<도시공간구조이론 주요이론>

구분	내용
버제스의 동심원이론	• 소득변화에 따라 도시는 침입·경쟁·천이 등의 과정을 통해 원형으로 형성 • 튀넨의 이론을 도시에 적용 • 중심 - 점이지대 - 저소득층 지역 - 고소득층 지역 - 통근자 지역
호이트의 선형이론	• 도시는 교통망을 따라 부채꼴(쐐기형) 모양으로 성장 • 고급주택은 교통망(간선도로)에 가까이 입지 • 저급주택은 고급주택의 반대편에 입지
해리스·울만의 다핵심이론	• 도시는 여러 개의 핵을 형성 • 동종활동의 집적이익 추구 • 이종활동의 비양립성, 분산입지

1 버제스의 동심원이론

01 | 공인중개사 2019년

버제스의 동심원이론은 토지이용이 도시를 중심으로 지대지불능력에 따라 달라진다는 튀넨(J. H. von Thünen)의 이론을 도시 내부에 적용하였다. ( )

02 | 공인중개사 2013년

동심원이론은 도시의 공간구조를 도시생태학적 관점에서 접근하였다. ( )

03 | 공인중개사 2014년

도시 내부 기능지역이 침입, 경쟁, 천이과정을 거쳐 중심업무지구, 점이지대, 주거지역 등으로 분화하는 이론은 동심원이론이다. ( )

04 | 공인중개사 2017년

호이트(H. Hoye)는 도시의 공간구조형성을 침입, 경쟁, 천이 등의 과정으로 나타난다고 보았다. ( )

04 (×) 도시의 공간구조형성을 침입, 경쟁, 천이 등의 과정으로 나타난다고 본 학자는 버제스(E. Burgess)이다.

정답 01 (○), 02 (○), 03 (○), 04 (×)

05 | 공인중개사 2017년

도시공간구조의 변화를 야기하는 요인은 교통의 발달이지 소득의 증가와는 관계가 없다.
( )

06 | 공인중개사 2013년

동심원이론에 따르면 저소득층일수록 고용기회가 적은 부도심과 접근성이 양호하지 않은 지역에 주거를 선정하는 경향이 있다.
( )

07 | 공인중개사 2013·2017년

동심원이론에 의하면 점이지대는 고급주택지구보다 도심으로부터 원거리에 위치한다.
( )

08 | 공인중개사 2021년

버제스(E. Burgess)의 동심원이론에 따르면 중심업무지구와 저소득층 주거지대 사이에 점이지대가 위치한다.
( )

2 호이트의 선형이론

09 | 공인중개사 2014·2021년

도시공간구조가 교통망을 따라 확장되어 부채꼴 모양으로 성장하고, 교통 축에의 접근성이 지가에 영향을 주며 형성되는 이론은 선형이론이다.
( )

10 | 공인중개사 2017년

버제스(E. Burgess)는 도시의 성장과 분화가 주요 교통망에 따라 확대되면서 나타난다고 보았다.
( )

---

05 (×) 도시공간구조의 변화를 야기하는 요인은 교통의 발달뿐만 소득의 증가와도 밀접한 관계가 있다.

06 (×) 동심원이론에 따르면 저소득층일수록 고용기회가 많은 도심과 직장의 접근성이 좋은 지역에 주거를 선정하는 경향이 있다.

07 (×) 동심원이론에 의하면 점이지대는 고급주택지구보다 도심으로부터 근거리에 위치한다.

보충 중심업무지구 - 점이지대 - 저소득층 지역 - 고소득층 지역 - 통근자 지역

10 (×) 도시의 성장과 분화가 주요 교통망에 따라 확대되면서 나타난다고 본 학자는 호이트(H. Hoyt)이다.

정답 05 (×), 06 (×), 07 (×), 08 (○), 09 (○), 10 (×)

11 | 공인중개사 2013년

선형이론에 의하면 고소득층의 주거지는 주요 교통노선을 축으로 하여 접근성이 양호한 지역에 입지하는 경향이 있다. ( )

12 | 공인중개사 2020년

호이트(H. Hoyt)는 저소득층의 주거지가 형성되는 요인으로 도심과 부도심 사이의 도로, 고지대의 구릉지, 주요 간선도로의 근접성을 제시하였다. ( )

3 해리스와 울만의 다핵심이론

13 | 공인중개사 2013·2014년

도시공간구조는 하나의 중심이 아니라 몇 개의 분리된 중심이 점진적으로 성장되면서 전체적인 도시가 형성되는 이론은 다핵심이론이다. ( )

14 | 공인중개사 2017년

다핵심이론의 핵심요소에는 공업, 소매, 고급주택 등이 있으며, 도시성장에 맞춰 핵심의 수가 증가하고 특화될 수 있다. ( )

15 | 공인중개사 2021년

해리스(C. Harris)와 울만(E. Ullman)의 다핵심이론에 교통축을 적용하여 개선한 이론이 호이트의 선형이론이다. ( )

16 | 공인중개사 2015년

해리스(C.Harris)와 울만(E.Ullman)의 다핵이론에서는 상호편익을 가져다주는 활동(들)의 집적지향성(집적이익)을 다핵입지 발생 요인 중 하나로 본다. ( )

17 | 공인중개사 2015년

헤리스(C. Harris)와 울만(E. Ullman)의 다핵심이론은 단일의 중심업무지구를 핵으로 하여 발달하는 것이 아니라, 몇 개의 분리된 핵이 점진적으로 통합됨에 따라 전체적인 도시구조가 형성된다는 것이다. ( )

---

12 (×) 호이트(H. Hoyt)는 고소득층의 주거지가 형성되는 요인으로 기존의 교통로나 상업중심지와 같은 도시주변부의 도로, 주요 간선도로의 근접성 등을 제시하였다.

15 (×) 버제스의 동심원이론에 교통축을 적용하여 개선한 이론이 호이트의 선형이론이며, 호이트의 선형이론에 여러 개의 핵을 결합한 이론이 해리스와 울만의 다핵심이론이다.

정답 11 (○), 12 (×), 13 (○), 14 (○), 15 (×), 16 (○), 17 (○),

# 핵심테마 15 입지이론

1 공업입지론

<공업입지론 주요이론>

구분	내용
베버의 최소비용이론	운송비, 노동비, 집적이익을 종합적으로 고려하여 비용이 최소화되는 지점이 공장의 최적입지
뢰쉬의 최대수요이론	수요가 커질 수 있는 입지, 시장확대 가능성이 가장 큰 지점이 공장의 최적입지

01 | 공인중개사 2013년

베버의 최소비용이론에서 기업은 수송비, 인건비, 집적이익의 순으로 각 요인이 최소가 되는 지점에 입지한다. ( )

02 | 공인중개사 2013·2018·2021·2022년

최소운송비 지점, 최소노동비 지점, 집적이익이 발생하는 구역을 종합적으로 고려해서 최소비용지점을 결정하는 것은 베버의 최소비용이론이다. ( )

03 | 공인중개사 2013·2021년

베버의 공업입지론에서 등비용선(isodapane)은 최소수송비 지점으로부터 기업이 입지를 바꿀 경우, 이에 따른 추가적인 수송비의 부담액이 동일한 지점을 연결한 곡선을 의미한다. ( )

04 | 공인중개사 2019년

뢰시(A. Losch)는 수요측면의 입장에서 기업은 시장확대 가능성이 가장 높은 지점에 위치해야 한다고 보았다. ( )

---

01 (×) 베버는 운송비, 노동비, 집적이익을 종합적으로 고려하여 비용이 최소화되는 지점이 공장의 최적입지가 된다고 주장하였다. 수송비와 노동비가 작을수록 좋은 공장입지이고 집적이익은 클수록 좋은 공장입지이다.

정답 01 (×), 02 (○), 03 (○), 04 (○)

05 | 공인중개사 2022년

뢰시(A. Losch)는 최대수요이론은 장소에 따라 수요가 차별적이라는 전제하에 수요측면에서 경제활동의 공간조직과 상권조직을 파악한 것이다.   ( )

<상업입지론 주요이론>

구분	내용
크리스탈러의 중심지이론	• 중심지의 개념으로 재화의 도달거리와 최소요구치의 관계를 통해 도시 분포의 규칙성과 계층구조를 설명 • 최소요구치는 중심지가 유지될 수 있는 최소한의 수요 • 재화의 도달범위는 수요가 '0'이 되는 한계범위
레일리의 소매인력법칙	• 두 도시의 상권이 미치는 범위는 두 도시의 크기(인구수)에 비례하며, 거리의 제곱에 반비례한다.
컨버스의 분기점모형	• 두 도시 간의 상권의 경계지점(분기점)을 설명하는 모형
허프의 확률모형	• 소비자가 특정 상점에 갈 확률은 상점까지의 거리, 상점의 크기, 경쟁상점의 수에 의해 결정된다. • 상권의 규모 또는 매출액을 추정할 수 있다. • 교통조건이 나쁠 경우, 일상용품의 경우 마찰계수는 커진다.
넬슨의 소매입지이론	• 최대 이익을 얻을 수 있는 입지선정원칙

2 상업입지론 : 크리스탈러의 중심지이론

06 | 공인중개사 2019년

크리스탈러의 중심지이론은 공간적 중심지 규모의 크기에 따라 상권의 규모가 달라진다는 것을 실증하였다.   ( )

07 | 공인중개사 2018년

크리스탈러(W. Christaller)는 재화와 서비스에 따라 중심지가 계층화되며 서로 다른 크기의 도달범위와 최소요구범위를 가진다고 보았다.   ( )

08 | 공인중개사 2013년

크리스탈러의 중심지이론에서 중심지는 각종 재화와 서비스 공급기능이 집중되어 배후지에 재화와 서비스를 공급하는 중심지역을 의미한다.   ( )

정답 05 (○), 06 (○), 07 (○), 08 (○)

09 | 공인중개사 2013년

크리스탈러의 중심지이론에서 도달범위는 중심지 활동이 제공되는 공간적 한계로 중심지로부터 어느 기능에 대한 수요가 '1'이 되는 지점까지의 거리를 의미한다. ( )

10 | 공인중개사 2013년

크리스탈러의 중심지이론에서 최소요구치는 중심지 기능이 유지되기 위한 최소한의 수요 요구 규모를 의미한다. ( )

11 | 공인중개사 2013년

크리스탈러의 중심지이론에서 최소요구범위는 판매자가 정상이윤을 얻는 만큼의 충분한 소비자를 포함하는 경계까지의 거리를 의미한다. ( )

12 | 공인중개사 2022년

크리스탈러의 중심지이론은 재화의 도달거리와 최소요구치와의 관계를 설명하며, 최소요구치가 재화의 도달범위 내에 있을 때 판매자의 존속을 위한 최소한의 상권범위가 된다. ( )

3 상업입지론 : 레일리의 소매인력법칙과 컨버스의 분기점모형

13 | 공인중개사 2014년

두 개 도시의 상거래흡인력은 두 도시의 인구에 비례하고, 두 도시의 분기점으로부터 거리의 제곱에 반비례하는 이론은 소매인력법칙이다. ( )

14 | 공인중개사 2018년

레일리(W. Reilly)는 두 중심지가 소비자에게 미치는 영향력의 크기는 두 중심지의 크기에 반비례하고 거리의 제곱에 비례한다고 보았다. ( )

15 | 공인중개사 2018년

컨버스(P. Converse)는 경쟁관계에 있는 두 소매시장간 상권의 경계지점을 확인할 수 있도록 소매중력모형을 수정하였다. ( )

---

09 (×) 크리스탈러의 중심지이론에서 도달범위는 중심지 활동이 제공되는 공간적 한계로 중심지로부터 어느 기능에 대한 수요가 '0'이 되는 지점까지의 거리를 의미한다.

14 (×) 레일리(W. Reilly)는 두 중심지가 소비자에게 미치는 영향력의 크기는 두 중심지의 크기에 비례하고 거리의 제곱에 반비례한다고 보았다.

정답 09 (×), 10 (○), 11 (○), 12 (○), 13 (○), 14 (×), 15 (○)

4 상업입지론 : 허프의 확률모형

16 | 공인중개사 2018년

허프(D. Huff)는 소비자가 특정 점포를 이용할 확률은 소비자와 점포와의 거리, 경쟁점포의 수와 면적에 의해서 결정된다고 보았다. ( )

17 | 공인중개사 2019년

허프 모형에서는 중력모형을 활용하여 상권의 규모 또는 매장의 매출액을 추정할 수 있다. ( )

18 | 공인중개사 2019년

허프 모형에서 모형의 공간(거리)마찰계수는 시장의 교통조건과 쇼핑물건의 특성에 따라 달라지는 값이다. ( )

19 | 공인중개사 2019년

허프 모형에서 모형을 적용하기 전에 공간(거리)마찰계수가 먼저 정해져야 한다. ( )

20 | 공인중개사 2019년

허프 모형에서 교통조건이 나쁠 경우, 공간(거리)마찰계수가 커지게 된다. ( )

21 | 공인중개사 2019년

허프 모형에서 전문품점의 경우 일상용품점보다 공간(거리)마찰계수가 크다. ( )

22 | 공인중개사 2020년

컨버스(P. Converse)는 소비자들의 특정 상점의 구매를 설명할 때 실측거리, 시간거리, 매장규모와 같은 공간요인뿐만 아니라 효용이라는 비공간요인도 고려하였다. ( )

---

21 (×) 전문품점은 일상용품점보다 마찰계수가 작다. 전문품점은 교통이나 거리를 크게 고려하지 않기 때문에 소비자의 거리에 대한 저항이 작다.

22 (×) 컨버스(P. Converse)가 아닌 허프(D. Huff)의 확률모형에 대한 설명이다. 컨버스는 상점간의 물리적인 거리만을 계산하여 근접성을 고려한 반면, 허프는 물리적인 거리에 마찰계수를 활용하여 소비자의 기호와 소득수준, 교통의 편의성 등 비공간요인도 고려하였다.

정답 16 (○), 17 (○), 18 (○), 19 (○), 20 (○), 21 (×), 22 (×)

5 상업입지론 : 넬슨의 소비입지이론

23 | 공인중개사 2019·2020·2022년

넬슨(R. Nelson)은 특정 점포가 최대 이익을 얻을 수 있는 매출액을 확보하기 위해서 어떤 장소에 입지하여야 하는지를 제시하였다. ( )

24 | 공인중개사 모의문제

넬슨의 소매집지이론의 입지선정원칙으로는 상권의 잠재력, 접근가능성, 성장가능성, 양립성 등이 있다. ( )

6 상점의 종류와 입지

25 | 공인중개사 2009년

잡화점, 세탁소 등과 같은 업종은 가구점, 공구상 등과 같은 업종에 비해서 한 곳에 모여 있는 경향이 있다. ( )

26 | 공인중개사 2011년

잡화점, 세탁소는 산재성 점포이고 백화점, 귀금속점은 집재성 점포이다. ( )

---

25 (×) 잡화점, 세탁소 등과 같은 업종은 배후지의 크기가 한정되어 있으므로 상점이 분산입지한다. 비교 가구점, 공구상 등은 동일한 업종의 상점이 한 곳에 모여 있는 것이 유리한 상점으로 이러한 상점을 집재성 상점이라 한다.

26 (×) 잡화점, 세탁소 등과 같은 업종은 배후지의 크기가 한정되어 있으므로 상점이 분산입지한다. 이를 산재성 상점이라 한다. 백화점, 귀금속점은 배후지의 중심부에 입지하는 것이 유리한 상점으로 집심성 상점이라 한다.

정답 23 (○), 24 (○), 25 (×), 26 (×)

MEMO

CHAPTER 04

부동산 정책론

2014년	2015년	2016년	2017년	2018년	2019년	2020년	2021년	2022년
3문	5문	4문	5문	5문	6문	7문	4문	4문

핵심테마 16 | 부동산 시장실패와 정부의 시장개입
핵심테마 17 | 토지정책
핵심테마 18 | 주택정책
핵심테마 19 | 조세정책

 부동산 시장실패와 정부의 시장개입

1 시장실패의 원인 : 공공재

01 | 공인중개사 2019년
공공재는 소비의 비경합적 특성이 있다. ( )

02 | 공인중개사 2019년
공공재는 무임승차 문제와 같은 시장실패가 발생한다. ( )

03 | 공인중개사 2019년
공공재는 생산을 시장기구에 맡기면 과소생산되는 경향이 있다. ( )

04 | 공인중개사 2019년
공공재는 비배제성에 의해 비용을 부담하지 않은 사람도 소비할 수 있다. ( )

05 | 공인중개사 2019년
공공재는 비내구재이기 때문에 정부만 생산비용을 부담한다. ( )

2 시장실패의 원인 : 외부효과

06 | 공인중개사 2013·2015년
외부효과란 어떤 경제활동과 관련하여 거래당사자가 아닌 제3자에게 의도하지 않은 혜택이나 손해를 가져다주면서도 이에 대한 대가를 받지도 지불하지도 않는 상태를 말한다. ( )

07 | 공인중개사 2015년
인근지역에 쇼핑몰이 개발됨에 따라 주변 아파트 가격이 상승하는 경우, 정(+)의 외부효과가 나타난 것으로 볼 수 있다. ( )

> 05 (×) 공공재(철도, 항만, 도로, 공원 등)는 일반적으로 정부가 공급하는 경우가 많다. 하지만 반드시 정부만 생산비용을 부담하는 것은 아니고 비내구재도 아니다.
>
> **정답** 01 (○), 02 (○), 03 (○), 04 (○), 05 (×), 06 (○), 07 (○)

08 | 공인중개사 2013년

새로 조성된 공원이 쾌적성이라는 정(+)의 외부효과를 발생시키면, 공원 주변 주택에 대한 수요곡선이 좌측으로 이동하게 된다. ( )

09 | 공인중개사 2015년

정(+)의 외부효과가 발생하면 님비(NIMBY) 현상이 발생한다. ( )

10 | 공인중개사 2013년

매연을 배출하는 석탄공장에 대한 규제가 전혀 없다면, 그 주변 주민들에게 부(-)의 외부효과가 발생하게 된다. ( )

11 | 공인중개사 2015년

여러 용도가 혼재되어 있어 인접지역 간 토지이용의 상충으로 인하여 토지시장의 효율적인 작동을 저해하는 경우, 부(-)의 외부효과가 발생할 수 있다. ( )

12 | 공인중개사 2015·2017년

부(-)의 외부효과는 사회가 부담하는 비용을 감소시킨다. ( )

13 | 공인중개사 2013년

부(-)의 외부효과가 발생하게 되면 법적 비용, 진상조사의 어려움 등으로 인해 당사자간 해결이 곤란한 경우가 많다. ( )

3 정부의 시장개입

14 | 공인중개사 2015·2016년

시장에서 어떤 원인으로 인해 자원의 효율적 배분에 실패하는 현상을 시장의 실패라 하는데, 이는 정부가 시장에 개입하는 근거가 된다. ( )

---

08 (×) 새로 조성된 공원이 쾌적성이라는 정(+)의 외부효과를 발생시키면, 공원 주변 주택에 대한 (수요가 증가하여) 수요곡선이 우측으로 이동하게 된다.

09 (×) 정(+)의 외부효과가 발생하면 핌피(PIMFY, 개발유치) 현상이 발생하며, 부(-)의 외부효과가 발생하면 님비(NIMBY, 개발기피) 현상이 발생한다.

12 (×) 부(-)의 외부효과는 외부효과를 제거하기 위한 사회적 비용을 증가시킨다. 부(-)의 외부효과는 사적 시장에서 자체적으로 해결하기가 곤란하므로 정부는 공해방지법과 같은 법적 규제를 통해 시장에 개입하게 된다.

정답 08 (×), 09 (×), 10 (○), 11 (○), 12 (×), 13 (○), 14 (○)

15 | 공인중개사 **2017년**

공공재 또는 외부효과의 존재는 정부의 시장개입근거가 된다. ( )

16 | 공인중개사 **2014년**

난개발에 의한 기반시설의 부족은 정부가 부동산시장에 개입할 수 있는 근거에 해당한다.
( )

17 | 공인중개사 **2014년**

토지자원배분의 비효율성은 정부가 부동산시장에 개입할 수 있는 근거에 해당한다. ( )

18 | 공인중개사 **2014년**

부동산 투기는 정부가 부동산시장에 개입할 수 있는 근거에 해당한다. ( )

19 | 공인중개사 **2014년**

저소득층 주거문제는 정부가 부동산시장에 개입할 수 있는 근거에 해당한다. ( )

20 | 공인중개사 **2016년**

공공임대주택의 공급은 소득재분배 효과를 기대할 수 있다. ( )

4 정부의 시장개입의 실패

21 | 공인중개사 **2015년**

정부의 시장개입은 사회적 후생손실을 발생시킬 수 있다. ( )

22 | 공인중개사 **2013년**

부(-)의 외부효과를 발생시키는 공장에 대해서 부담금을 부과하면, 생산비가 증가하여 이 공장에서 생산되는 제품의 공급이 감소하게 된다. ( )

23 | 공인중개사 **2016년**

정부가 주택가격 안정을 목적으로 신규주택의 분양가를 규제할 경우, 신규주택 공급량이 감소하면서 사회적 후생손실이 발생할 수 있다. ( )

정답 15 (O), 16 (O), 17 (O), 18 (O), 19 (O), 20 (O), 21 (O), 22 (O), 23 (O)

핵심테마 17 토지정책

1 토지정책의 직접개입방법과 간접개입방법

01 | 공인중개사 2015·2016년

부동산에 대한 부담금제도나 보조금제도는 정부의 부동산시장에 대한 직접개입방식이다. ( )

02 | 공인중개사 2017년

토지정책수단 중 도시개발사업, 토지수용, 금융지원, 보조금 지급은 직접개입방식이다. ( )

03 | 공인중개사 2013년

취득세, 종합부동산세, 개발부담금, 대부비율(LTV)은 정부의 부동산시장에 대한 간접개입 수단이다. ( )

04 | 공인중개사 2016년

개발부담금 부과 제도는 정부의 직접적 시장개입수단이다. ( )

05 | 공인중개사 2015년

토지이용규제를 통해, 토지이용에 수반되는 부(-)의 외부효과를 제거 또는 감소시킬 수 있다. ( )

---

01 (×) 직접개입방식(×), 간접개입방식(○), 부동산에 대한 부담금제도나 보조금제도는 정부의 부동산시장에 대한 간접개입방식이다.

02 (×) 토지정책수단 중 도시개발사업, 토지수용은 직접개입방식에 해당하고 금융지원, 보조금 지급은 간접개입방식에 해당한다.

04 (×) 직접개입방식(×), 간접개입방식(○), 개발부담금 부과제도는 정부의 간접개입방식이다.

정답 01 (×), 02 (×), 03 (○), 04 (×), 05 (○)

2 토지비축제도(토지은행제도)

06 | 공인중개사 2013년

공공토지비축제도는 정부가 토지를 매입한 후 보유하고 있다가 적절한 때에 이를 매각하거나 공공용으로 사용하는 제도를 말한다. ( )

07 | 공인중개사 2017·2018·2022년

토지비축제도는 정부가 직접적으로 부동산시장에 개입하는 정책수단이다. ( )

08 | 공인중개사 2017년

토지비축제도의 필요성은 토지의 공적 기능이 확대됨에 따라 커질 수 있다. ( )

09 | 공인중개사 2015·2017년

토지비축사업은 토지를 사전에 비축하여 장래 공익사업의 원활한 시행과 토지시장의 안정에 기여할 수 있다. ( )

10 | 공인중개사 2017년

토지비축제도는 사적 토지소유의 편중현상으로 인해 발생 가능한 토지보상비 등의 고비용 문제를 완화시킬 수 있다. ( )

11 | 공인중개사 2017년

공공토지의 비축에 관한 법령상 비축토지는 각 지방자치단체에서 직접 관리하기 때문에 관리의 효율성을 기대할 수 있다. ( )

12 | 공인중개사 2019년

정부는 한국토지주택공사를 통하여 토지비축업무를 수행할 수 있다. ( )

---

11 (×) 지방자치단체(×), 한국토지주택공사(LH)(○), 우리나라는 한국토지주택공사가 토지비축을 법적 업무로 부여받아 수행하고 있으며, 토지비축제도의 단점으로는 한국토지주택공사(LH)가 매입한 토지를 관리해야 하는 어려움이 있다.

정답 06 (○), 07 (○), 08 (○), 09 (○), 10 (○), 11 (×), 12 (○)

3 토지수용과 토지구획정리사업(환지)

13 | 공인중개사 2013·2016년

부동산개발에서 토지수용방식의 문제점 중 하나는 토지매입과 보상과정에서 발생하는 사업시행자와 피수용자 사이의 갈등이다. ( )

14 | 공인중개사 2016년

토지수용과 같은 시장개입수단에서는 토지매입과 보상과정에서 사업시행자와 피수용자 간에 갈등이 발생하기도 한다. ( )

15 | 공인중개사 모의문제

토지수용은 사업주체의 초기사업비 부담이 크고, 토지소유권 침해 가능성이 크다. ( )

16 | 공인중개사 2017년

토지적성평가제는 미개발 토지를 토지이용계획에 따라 구획정리하고 기반시설을 갖춤으로써 이용가치가 높은 토지로 전환시키는 제도다. ( )

17 | 공인중개사 모의문제

토지구획정리사업은 소유권이 침해되지 않으며 사업주체의 초기사업비 부담이 작다. ( )

18 | 공인중개사 모의문제

토지구획정리사업은 공공용지 확보가 어렵고, 개발이익환수가 미흡하며, 불공정한 환지가 이루어질 수 있다. ( )

4 용도지역·용도지구·용도구역, 지구단위계획

19 | 공인중개사 2015·2018년

용도지역·지구제는 토지이용계획의 내용을 구현하는 법적·행정적 수단 중 하나다. ( )

---

16 (×) 토지적성평가제도(×), 토지구획정리사업(○), 토지구획정리사업은 미개발 토지를 토지이용계획에 따라 구획정리하고 기반시설을 갖춤으로써 이용가치가 높은 토지로 전환시키는 제도이다. **비교** 토지적성평가제도는 토지에 대한 개발과 보전의 문제가 발생했을 때 이를 합리적으로 조정하는 제도이다.

정답 13 (○), 14 (○), 15 (○), 16 (×), 17 (○), 18 (○), 19 (○)

20 | 공인중개사 2016년

용도지역·지구제는 사적 시장이 외부효과에 대한 효율적인 해결책을 제시하지 못할 때, 정부에 의해 채택되는 부동산정책의 한 수단이다. ( )

21 | 공인중개사 2019년

토지를 경제적·효율적으로 이용하고 공공복리의 증진을 도모하기 위하여 용도지역제를 실시하고 있다. ( )

22 | 공인중개사 2016년

국토의 계획 및 이용에 관한 법령상 국토는 토지의 이용실태 및 특성 등을 고려하여 도시지역, 관리지역, 농림지역, 자연환경보전지역과 같은 용도지역으로 구분한다. ( )

23 | 공인중개사 2022년

국토의 계획 및 이용에 관한 법령상 녹지지역과 산업지역은 용도지역으로서 도시지역에 속한다. ( )

24 | 공인중개사 2016년

국토의 계획 및 이용에 관한 법령상 제2종일반주거지역은 공동주택 중심의 양호한 주거환경을 보호하기 위해 필요한 지역이다. ( )

25 | 공인중개사 2016년

용도지구는 하나의 대지에 중복지정될 수 없다. ( )

---

23 (×) 산업지역(×), 주거지역, 상업지역, 공업지역과 녹지지역(○) 국토의 계획 및 이용에 관한 법령상 주거지역, 상업지역, 공업지역과 녹지지역은 용도지역으로서 도시지역에 속한다.

24 (×) 제2종일반주거지역은 중층주택 중심의 편리한 주거환경을 조성하기 위하여 필요한 지역이다.
   비교 공동주택 중심의 양호한 주거환경을 보호하기 위한 지역은 제2종 전용주거지역이다.

- 전용주거지역(양호한)
  ① 제1종 전용주거지역 : 단독주택 중심의 양호한 주거환경을 보호하기 위하여 필요한 지역
  ② 제2종 전용주거지역 : 공동주택 중심의 양호한 주거환경을 보호하기 위하여 필요한 지역
- 일반주거지역(편리한)
  ① 제1종 일반주거지역 : 저층주택(4층 이하) 중심의 편리한 주거환경을 조성하기 위하여 필요한 지역
  ② 제2종 일반주거지역 : 중층주택 중심의 편리한 주거환경을 조성하기 위하여 필요한 지역
  ③ 제3종 일반주거지역 : 중·고층주택 중심의 편리한 주거환경을 조성하기 위하여 필요한 지역

25 (×) 용도지구는 하나의 대지에 중복지정될 수 있다. **비교** 용도지역은 하나의 대지에 중복지정될 수 없다.

정답 20 (○), 21 (○), 22 (○), 23 (×), 24 (×), 25 (×)

26 | 공인중개사 2015년

지구단위계획을 통해, 토지이용을 합리화하고 그 기능을 증진시키며 미관을 개선하고 양호한 환경을 확보할 수 있다. ( )

27 | 공인중개사 2015·2019년

국토교통부장관은 도시의 무질서한 확산을 방지하고 도시주변의 자연환경을 보전하여 도시민의 건전한 생활환경을 확보하기 위하여 개발제한구역을 지정할 수 있다. ( )

28 | 공인중개사 2016년

용도지역·지구제는 토지이용에 수반되는 부(-)의 외부효과를 제거하거나 감소시킬 수 있다. ( )

29 | 공인중개사 2013년

토지이용에 있어서 용도지역·지구는 사회적 후생손실을 완화하기 위해 지정된다. ( )

30 | 공인중개사 2015년

용도지역·지구제는 토지이용을 제한하여 지역에 따라 지가의 상승 또는 하락을 야기할 수도 있다. ( )

5 개발권양도제도

31 | 공인중개사 2018년

개발권양도제(TDR)는 개발이 제한되는 지역의 토지 소유권에서 개발권을 분리하여 개발이 필요한 다른 지역에 개발권을 양도할 수 있도록 하는 제도이다. ( )

32 | 공인중개사 2013년

개발권양도제도(TDR)란 개발제한으로 인해 규제되는 보전지역에서 발생하는 토지소유자의 손실을 보전하기 위한 제도이다. ( )

정답 26 (○), 27 (○), 28 (○), 29 (○), 30 (○), 31 (○), 32 (○)

33 | 공인중개사 2017년

개발권양도제는 개발사업의 시행으로 이익을 얻은 사업시행자로부터 불로소득적 증가분의 일정액을 환수하는 제도다. ( )

34 | 공인중개사 모의문제

개발권양도제는 현재 정부가 시행중인 부동산 정책이다. ( )

6 토지공개념과 개발이익환수

35 | 공인중개사 모의문제

토지공개념이란 토지이용에 있어서 공공복리를 우선하는 토지 정책적 개념을 말한다. ( )

36 | 공인중개사 2019·2022년

도시계획구역안의 택지에 한하여 가구별 소유상한을 초과하는 해당 택지에 대하여는 초과소유부담금을 부과하는 택지소유상한제는 현재 정부가 시행중인 부동산 정책이다. ( )

37 | 공인중개사 2018년

개발부담금제는 개발사업의 시행으로 이익을 얻은 사업시행자로부터 개발이익의 일정액을 환수하는 제도이다. ( )

---

33 (×) 개발권양도제도(TDR)란 토지의 소유권과 개발권을 분리하여 개발권을 개인 간에 매매할 수 있도록 하는 제도이다. **비교** 개발사업의 시행으로 이익을 얻은 사업시행자로부터 불로소득적 증가분의 일정액을 환수하는 제도는 개발부담금제이다.

34 (×) 개발권양도제는 현실적으로 적용하기 어려운 문제로 우리나라에서는 실시되지 않은 제도이다.

36 (×) 택지소유상한제는 사유재산권 침해 이유로 폐지되었다.

- 우리나라에서 시행하고 있지 않는 제도
  ① 개발권양도제(TDR)
  ② 택지소유상한제
  ③ 토지초과이득세제

정답 33 (×), 34 (×), 35 (○), 36 (×), 37 (○)

38 | 공인중개사 2019년

개발손실보상제는 토지이용계획의 결정 등으로 종래의 용도규제가 완화됨으로 인해 발생한 손실을 보상하는 제도로 대표적인 것 중에 개발부담금제도가 있다. ( )

39 | 공인중개사 2019년

개발이익환수제에서 개발이익은 개발사업의 시행에 의해 물가상승분을 초과해 개발사업을 시행하는 자에게 귀속되는 사업이윤의 증가분이다. ( )

7 토지거래허가제도와 토지선매

40 | 공인중개사 2013년

토지거래계약에 관한 허가구역은 토지의 투기적인 거래가 성행하거나 지가가 급격히 상승하는 지역을 대상으로 지정될 수 있다. ( )

41 | 공인중개사 2021년

토지거래허가구역으로 지정된 지역에서 토지거래계약을 체결할 경우 시장·군수 또는 구청장의 허가를 받아야 한다. ( )

42 | 공인중개사 2017년

토지선매란 토지거래허가구역내에서 토지거래계약의 허가신청이 있을 때 공익목적을 위하여 사적 거래에 우선하여 국가·지방자치단체·한국토지주택공사 등이 그 토지를 매수할 수 있는 제도다. ( )

---

38 (×) 완화(×), 강화(○), 개발부담금제도(×), 개발권양도제도(○), 개발손실보상제는 토지이용계획의 결정 등으로 종래의 용도규제가 강화됨으로 인해 발행한 손실을 보상하는 제도로 대표적인 것 중에 개발권양도제도가 있다. **비교** 개발부담금제도는 손실을 보상하는 제도가 아니라 개발사업의 시행으로 이익을 얻은 사업 시행자로부터 개발이익의 일정액을 환수하는 제도이다.

39 (×) 물가상승분(×), 정상지가 상승분(○), 개발이익환수제에서 개발이익이란 개발사업의 시행에 의해 정상지가 상승분을 초과하여 개발사업을 시행하는 자나 토지소유자에게 귀속되는 토지가액의 증가분을 말한다.

정답 38 (×), 39 (×), 40 (○), 41 (○), 42 (○)

43 | 공인중개사 **2016년**

토지선매는 국토의 계획 및 이용에 관한 법령에 따라 시장·군수·구청장이 토지거래계약허가를 받아 취득한 토지를 그 이용목적대로 이용하고 있지 아니한 토지에 대해서 선매자에게 강제로 수용하게 하는 제도이다. ( )

8 토지적성평가제도

44 | 공인중개사 **2017년**

토지거래허가제는 토지에 대한 개발과 보전의 문제가 발생했을 때 이를 합리적으로 조정하는 제도다. ( )

---

43 (×) 강제로 수용하게(×), 그 매수를 원하는 경우에는 협의 매수(○), 토지선매는 국토의 계획 및 이용에 관한 법령에 따라 시장·군수·구청장이 토지거래계약허가를 받아 취득한 토지를 그 이용목적대로 이용하고 있지 아니한 토지에 대해서 선매자가 그 매수를 원하는 경우에는 그 토지를 협의 매수하게 하는 제도이다.

44 (×) 토지거래허가제도(×), 토지적성평가제도(○), 토지적성평가제도는 토지에 대한 개발과 보전의 문제가 발생했을 때 이를 합리적으로 조정하는 제도이다. **비교** 토지거래허가제도는 토지의 투기방지와 합리적 지가 형성을 위해 일정기간 동안 토지거래 계약을 허가받도록 하는 제도이다.

정답 43 (×), 44 (×)

 주택정책

1 주택문제와 주택정책

01 | 공인중개사 2020년

소득대비 주택가격비율(PIR)과 소득대비 임대료비율(RIR)은 주택시장에서 가구의 지불능력을 측정하는 지표이다. ( )

02 | 공인중개사 2022년

주택시장의 지표로서 PIR(Price to Income Ratio)은 개인의 주택지불능력을 나타내며, 그 값이 클수록 주택구매가 더 쉽다는 의미다. ( )

03 | 공인중개사 2020년

주택정책은 주거안정을 보장해준다는 측면에서 복지기능도 수행한다. ( )

04 | 공인중개사 2013년

주택시장에서 단기적으로 수요에 비해 공급이 부족하여 시장실패가 발생할 경우, 이는 정부의 주택시장에 대한 개입의 근거가 된다. ( )

05 | 공인중개사 2013년

주택보급률이 100%를 넘게 되면 시장효율성과 형평성이 달성되므로 정부가 주택시장에 개입하지 않는다. ( )

---

02 (×) 주택시장의 지표로서 PIR(Price to Income Ratio)은 개인의 주택지불능력을 나타내며, 그 값이 클수록 주택구매가 어렵고 자기주택을 갖는 데 오랜 시간이 걸린다는 의미다.

- 주거비부담정도 측정지표
  ① PIR(Price to Income Ratio) : 연소득 대비 주택가격 비율이다. 주택구입능력을 의미하며, PIR지수가 높을수록 주거비부담은 커지고 자기주택을 갖는데 더 오랜 시간이 걸린다.
  ② RIR(Rent to Income Ratio) : 소득에 대한 임대료의 비율이다. RIR지수가 높을수록 주거비의 부담이 크다는 것을 의미한다.

05 (×) 주택보급률이 100%를 넘게 되어 주택의 양적인 문제가 어느 정도 해결되더라도 주택의 질에 대한 문제는 여전히 남아 있으므로 정부는 주택시장에 개입하게 된다.

정답 01 (○), 02 (×), 03 (○), 04 (○), 05 (×)

2 임대료 규제정책

06 | 공인중개사 **2017년**
임대료 규제란 주택 임대인이 일정수준 이상의 임대료를 임차인에게 부담시킬 수 없도록 하는 제도다. ( )

07 | 공인중개사 **2017년**
정부의 규제임대료가 균형임대료보다 낮아야 저소득층의 주거비 부담 완화효과를 기대할 수 있다. ( )

08 | 공인중개사 **2014·2015년**
시장의 균형임대료보다 낮은 임대료 규제는 임대부동산의 공급 축소와 질적 저하를 가져올 수 있다. ( )

09 | 공인중개사 **2013년**
다른 조건이 일정할 때 정부가 임대료 한도를 시장균형 임대료보다 높게 설정하면 초과수요가 발생하여 임대부동산의 부족현상이 초래된다. ( )

10 | 공인중개사 **2017·2018년**
임대료 상한을 균형가격 이하로 규제하면 임대주택의 공급과잉현상을 초래한다. ( )

11 | 공인중개사 **2015년**
임대료 규제는 임대부동산을 질적으로 향상시키고 기존세입자의 주거 이동을 촉진시킨다. ( )

---

09 (×) 임대료 규제가격은 시장가격보다 낮아야 하며, 규제가격이 시장가격보다 높으면 아무런 효과가 발생하지 않는다.

10 (×) 임대료 상한을 균형가격 이하로 규제하면 임대주택에 대한 수요는 증가하고 공급은 감소하여, 임대주택에 대한 초과수요가 발생한다.

11 (×) 임대료 규제는 임대부동산을 질적으로 저하시키고 기존 세입자의 주거이동을 제한한다.

정답 06 (○), 07 (○), 08 (○), 09 (×), 10 (×), 11 (×)

3 임대료 보조정책

12 | 공인중개사 2018년
주거급여는 생활이 어려운 사람에게 주거안정에 필요한 임차료 등을 지급하는 것을 말한다. ( )

13 | 공인중개사 2020년
주거복지정책상 주거급여제도는 소비자보조방식의 일종이다. ( )

14 | 공인중개사 2015년
주택바우처(housing voucher)는 임대료 보조 정책의 하나다. ( )

15 | 공인중개사 2017년
임대료 보조정책은 저소득층의 실질소득 향상에 기여할 수 있다. ( )

16 | 공인중개사 2015·2018년
정부가 저소득층에게 임차료를 보조해주면 저소득층 주거의 질적 수준이 높아질 수 있다. ( )

17 | 공인중개사 2017년
임대료 보조정책은 장기적으로 임대주택의 공급을 증가시킬 수 있다. ( )

4 공공임대주택의 효과

18 | 공인중개사 2020년
공공임대주택 공급정책은 입주자가 주거지를 자유롭게 선택할 수 있는 것이 장점이다. ( )

---

18 (×) 공공임대주택 공급정책은 임대주택이 공급되는 지역으로 입주자의 선택이 제한된다는 단점이 있다. [비교] 입주자가 주거지를 자유롭게 선택할 수 있는 것은 임대료보조의 장점이다.

[정답] 12 (○), 13 (○), 14 (○), 15 (○), 16 (○), 17 (○), 18 (×)

19 | 공인중개사 2018년

공공임대주택은 한국토지주택공사가 외부재원의 지원 없이 자체자금으로 건설하여 임대를 목적으로 공급하는 주택을 말한다. ( )

20 | 공인중개사 2018년

공공임대주택의 공급은 소득재분배효과를 기대할 수 있다. ( )

21 | 공인중개사 2014년

정부가 임대주택공급을 증가시켰을 때 임차수요의 임대료탄력성이 클수록 임대료의 하락 효과가 작아질 수 있다. ( )

22 | 공인중개사 2014년

"희망주택"의 임대료가 시장임대료보다 낮은 경우 임대료차액만큼 주거비 보조효과를 볼 수 있다. ( )

5 우리나라 공공임대주택 및 민간임대주택

23 | 공인중개사 2020년

영구임대주택은 국가나 지방자치단체의 재정을 지원받아 최저소득 계층의 주거안정을 위하여 50년 이상 또는 영구적인 임대를 목적으로 공급하는 공공임대주택을 말한다.
( )

24 | 공인중개사 2020년

국민임대주택은 국가나 지방자치단체의 재정이나 주택도시기금의 자금을 지원받아 대학생, 사회초년생, 신혼부부 등 젊은 층의 주거안정을 목적으로 공급하는 공공임대주택을 말한다. ( )

---

19 (×) 외부재원의 지원 없이 자체자금으로(×), 공공임대주택은 국가, 지방자치단체, 한국토지주택공사 등이 국가 또는 지방자치단체의 재정이나 주택도시기금 등의 외부의 재정지원을 받아 건설, 매입, 임차하여 공급하는 주택으로 임대 또는 임대한 후 분양전환을 할 목적으로 공급하는 주택을 말한다.

24 (×) 국민임대주택(×), 행복주택(○), 행복주택은 국가나 지방자치단체의 재정이나 주택도시기금의 자금을 지원받아 대학생, 사회초년생, 신혼부부 등 젊은 층의 주거안정을 목적으로 공급하는 공공임대주택을 말한다.
비교 국민임대주택은 저소득 서민의 주거안정을 위하여 30년 이상 임대를 목적으로 공급하는 공공임대주택을 말한다.

정답 19 (×), 20 (○), 21 (○), 22 (○), 23 (○), 24 (×)

25 | 공인중개사 2014·2015·2020년

장기전세주택이란 국가, 지방자치단체, 한국토지주택공사 또는 지방공사가 임대할 목적으로 건설 또는 매입하는 주택으로서 전세계약의 방식으로 공급하는 임대주택을 말한다.
( )

26 | 공인중개사 2020년

분양전환공공임대주택은 일정기간 임대 후 분양전환할 목적으로 공급하는 공공임대주택을 말한다.
( )

27 | 공인중개사 2020년

기존주택전세임대주택은 국가나 지방자치단체의 재정이나 주택도시기금의 자금을 지원받아 기존주택을 임차하여 「국민기초생활 보장법」에 따른 수급자 등 저소득층과 청년 및 신혼부부 등에게 전대(轉貸)하는 공공임대 주택을 말한다.
( )

28 | 공인중개사 2014년

장기일반 민간임대주택은 임대사업자가 공공지원민간임대주택이 아닌 주택을 10년 이상 임대할 목적으로 취득하여 임대하는 민간임대주택(아파트를 임대하는 민간매입임대주택은 제외)을 말한다.
( )

29 | 공인중개사 2022년

공공지원민간임대주택은 공공임대주택에 해당한다. ( )

6 분양가상한제

30 | 공인중개사 2019년

분양가규제는 신규분양주택의 분양가격을 정부가 통제하는 것이다. ( )

31 | 공인중개사 2016·2019년

분양가상한제의 목적은 주택가격을 안정시키고 무주택자의 신규주택 구입부담을 경감시키기 위해서이다.
( )

---

29 (×) 공공지원민간임대주택은 민간임대주택에 해당한다.

정답 25 (○), 26 (○), 27 (○), 28 (○), 29 (×), 30 (○), 31 (○)

32 | 공인중개사 2016년

분양가상한제는 현재 정부가 시행 중인 정책이다. ( )

33 | 공인중개사 2016년

분양가상한제로 인해 신규분양주택의 공급위축 현상과 질이 하락하는 문제점이 나타날 수 있다. ( )

34 | 공인중개사 2016년

정부가 주택가격 안정을 목적으로 신규주택의 분양가를 규제할 경우, 신규주택 공급량이 감소하면서 사회적 후생 손실이 발생할 수 있다. ( )

35 | 공인중개사 2016·2019년

주택법령상 분양가상한제 적용주택의 분양가격은 택지비와 건축비로 구성된다. ( )

36 | 공인중개사 2019년

주택법령상 분양가상한제 적용주택 및 그 주택의 입주자로 선정된 지위에 대하여 전매를 제한할 수 있다. ( )

37 | 공인중개사 2019년

주택법령상 국민주택건설사업을 추진하는 공공사업에 의하여 개발·조성되는 공동주택이 건설되는 용지에는 주택의 분양가격을 제한할 수 없다. ( )

38 | 공인중개사 2016년

주택법령상 사업주체가 일반인에게 공급하는 공동주택 중 공공택지에서 공급하는 도시형 생활주택은 분양가상한제를 적용한다. ( )

---

37 (×) 주택법령상 국민주택건설사업을 추진하는 공공사업에 의하여 개발·조성되는 공동주택이 건설되는 용지에는 주택의 분양가격을 제한할 수 있다.

38 (×) 도시형 생활주택은 분양가상한제를 적용하지 않는다.

정답 32 (○), 33 (○), 34 (○), 35 (○), 36 (○), 37 (×), 38 (×)

7 선분양제도와 후분양제도

39 | 공인중개사 2019년
선분양제도는 준공 전 분양대금의 유입으로 사업자의 초기자금부담을 완화할 수 있다.
( )

40 | 공인중개사 2019년
선분양제도는 분양권 전매를 통하여 가수요를 창출하여 부동산시장의 불안을 야기할 수 있다.
( )

41 | 공인중개사 2019년
후분양제도는 주택을 일정 절차에 따라 건설한 후에 분양하는 방식이다. ( )

42 | 공인중개사 2016년
주택선분양제도는 후분양제도에 비해 주택공급을 감소시켜 주택시장을 위축시킬 가능성이 있고, 건설업체가 직접 조달해야 하는 자금도 더 많음으로써 사업부담도 증가될 수 있다.
( )

43 | 공인중개사 2019년
후분양제도는 초기 주택건설자금의 대부분을 주택구매자로부터 조달하므로 건설자금에 대한 이자의 일부를 주택구매자가 부담하게 된다. ( )

44 | 공인중개사 2019년
소비자측면에서 후분양제도는 선분양제도보다 공급자의 부실시공 및 품질저하에 대처할 수 있다.
( )

---

42 (×) 후분양제도는 선분양제도에 비해 주택공급을 감소시켜 주택시장을 위축시킬 가능성이 있고, 건설업체가 직접 조달해야 하는 자금도 더 많음으로써 사업부담도 증가될 수 있다.

43 (×) 후분양제도는 일정규모 이상 건설공사가 이루어진 뒤 공급하는 방식으로 건설업자가 스스로 건설자금을 조달해야한다.

정답 39 (○), 40 (○), 41 (○), 42 (×), 43 (×), 44 (○)

핵심테마 19 조세정책

1 부동산 조세

<부동산 조세의 유형>

구분	보유단계	취득단계	처분단계
국세	종합부동산세	상속세·증여세·인지세	양도소득세
지방세	재산세	취득세·등록면허세	

01 | 공인중개사 2017년

부동산조세는 소득재분배 효과를 기대할 수 있다. ( )

02 | 공인중개사 2013년

토지이용을 특정 방향으로 유도하기 위해 정부가 토지보유세를 부과할 때에는 토지용도에 관계없이 동일한 세금을 부과해야 한다. ( )

03 | 공인중개사 2020·2022년

증여세는 국세로서 취득단계에 부과하는 조세이다. ( )

04 | 공인중개사 2019·2020·2022년

종합부동산세는 국세로서 보유단계에 부과하는 조세이다. ( )

05 | 공인중개사 2019·2020·2022년

재산세는 지방세로서 취득단계에 부과하는 조세이다. ( )

---

02 (×) 관계없이 동일한(×), 용도에 따라 차등과세(○), 토지이용을 특정 방향으로 유도하기 위해 정부가 토지보유세를 부과할 때에는 그 용도에 따라 차등과세를 하여야 한다.
05 (×) 재산세는 지방세로서 보유단계에 부과하는 조세이다.

정답 01 (○), 02 (×), 03 (○), 04 (○), 05 (×)

06 | 공인중개사 2021년

재산세와 종합부동산세는 보유세로서 지방세이다. ( )

07 | 공인중개사 2018년

종합부동산세는 국세이며 보유과세이며 누진세 유형에 해당한다. ( )

08 | 공인중개사 2019·2022년

양도소득세는 지방세로서 처분단계에 부과하는 조세이다. ( )

09 | 공인중개사 2022년

취득세와 등록면허세는 지방세에 속한다. ( )

2 부동산 조세의 전가와 귀착

10 | 공인중개사 2013년

임대주택에 재산세가 중과되면, 증가된 세금은 장기적으로 임차인에게 전가될 수 있다. ( )

11 | 공인중개사 2021년

조세의 사실상 부담이 최종적으로 어떤 사람에게 귀속되는 것을 조세의 귀착이라 한다. ( )

12 | 공인중개사 2015년

주택구입에 대한 거래세가 인상될 경우, 수요곡선이 공급곡선에 비해 더 탄력적이면 수요자에 비해 공급자의 부담이 더 커진다. ( )

13 | 공인중개사 2015년

주택구입에 대한 거래세가 인상될 경우, 공급곡선이 수요곡선에 비해 더 탄력적이면 공급자에 비해 수요자의 부담이 더 커진다. ( )

---

06 (×) 재산세는 보유세로서 지방세이고 종합부동산세는 보유세로서 국세이다.
08 (×) 양도소득세는 국세로서 처분단계에 부과하는 조세이다.

정답 06 (×), 07 (○), 08 (×), 09 (○), 10 (○), 11 (○), 12 (○), 13 (○)

14 | 공인중개사 **2019년**

공급의 가격탄력성이 수요의 가격탄력성보다 작은 경우 공급자가 수요자보다 세금부담이 더 크다. ( )

15 | 공인중개사 **2017년**

토지공급의 가격탄력성이 '0'인 경우, 부동산조세 부과시 토지소유자가 전부 부담하게 된다. ( )

3 조세부과의 영향

16 | 공인중개사 **2015년**

주택구입에 대한 거래세를 인상한 경우, 수요자가 실질적으로 지불하는 금액이 상승하므로 소비자잉여는 감소한다. ( )

17 | 공인중개사 **2013·2017·2020년**

주택의 취득세율을 낮추면 주택수요가 증가할 수 있다. ( )

18 | 공인중개사 **2015년**

주택구입에 대한 거래세를 인상한 경우, 공급자가 받는 가격이 하락하므로 생산자잉여는 감소한다. ( )

19 | 공인중개사 **2021년**

양도소득세를 중과하면 부동산의 보유기간이 늘어나는 현상이 발생할 수 있다. ( )

20 | 공인중개사 **2020년**

양도소득세의 중과는 부동산 보유자로 하여금 매각을 뒤로 미루게 하는 동결효과(lock-in effect)를 발생시킬 수 있다. ( )

21 | 공인중개사 **2017년**

주택공급의 동결효과(lock-in effect)란 가격이 오른 주택의 소유자가 양도소득세를 납부하기 위해 주택의 처분을 적극적으로 추진함으로써 주택의 공급이 증가하는 효과를 말한다. ( )

21 (×) 주택공급의 동결효과(lock-in effect)란 가격이 오른 부동산의 소유자가 양도소득세를 납부하지 않기 위해 주택의 처분을 기피함으로써 주택의 공급이 감소하는 효과를 말한다.

정답 14 (○), 15 (○), 16 (○), 17 (○), 18 (○), 19 (○), 20 (○), 21 (×)

22 | 공인중개사 2021년

양도소득세는 양도로 인해 발생하는 소득에 대해 부과되는 것으로 타인에게 전가될 수 있다. ( )

23 | 공인중개사 2013년

주택의 보유세 감면은 자가소유를 촉진할 수 있다. ( )

24 | 공인중개사 2017년

소유자가 거주하는 주택에 재산세를 부과하면, 주택수요가 증가하고 주택가격은 상승하게 된다. ( )

25 | 공인중개사 2017년

임대주택에 재산세를 부과하면 임대주택의 공급이 증가하고 임대료는 하락할 것이다. ( )

26 | 공인중개사 2013년

공공임대주택의 공급확대는 임대주택의 재산세가 임차인에게 전가되는 현상을 완화시킬 수 있다. ( )

27 | 공인중개사 2015년

주택구입에 대한 거래세를 인상한 경우, 거래세 인상에 의한 세수입 증가분은 정부에 귀속되므로 경제적 순손실은 발생하지 않는다. ( )

---

24 (×) 소유자가 거주하는 주택에 재산세를 부과하면, 주택수요가 감소하고 주택가격은 하락한다.

25 (×) 임대주택에 재산세를 부과하면 임대주택의 수요는 감소하고 주택가격은 하락한다. 따라서 공급이 감소하고 임대료는 상승할 것이다.

27 (×) 거래세 인상으로 인해 주택가격은 상승하여 수요자는 거래세 부과 전보다 더 높은 금액을 지불하고 공급자는 더 낮은 금액을 받게 되므로 소비자 잉여와 생산자 잉여가 감소하여 사회적 후생손실(경제적 순손실)이 발생한다.

정답 22 (○), 23 (○), 24 (×), 25 (×), 26 (○), 27 (×)

수요곡선이 변하지 않을 때, 세금부과에 의한 경제적 순손실은 공급이 비탄력적일수록 커진다. ( )

28 (×) 세금부과에 의한 경제적 순손실은 수요와 공급이 비탄력적일수록 작아진다. 보충 세금부과는 수요와 공급 모두 감소시킨다. 예를 들면 취득세, 양도소득세 때문에 부동산 구매와 판매를 미룰 수 있다. 수요와 공급의 감소로 거래가 감소하고 사회 전체로 보면 거래감소로 인한 경제적 순손실이 발생한다. 이때 공급이 비탄력적이면(양도소득세에 덜 민감하면) 공급의 감소폭이 작아지고, 거래의 감소폭도 작아지기에 경제적 순손실은 작아진다. 반대로 공급이 탄력적이면(양도소득세에 민감하면) 공급의 감소폭이 커지고, 거래의 감소폭도 커지며, 경제적 순손실은 커진다.

정답 28 (×)

CHAPTER 05

부동산 투자론

2014년	2015년	2016년	2017년	2018년	2019년	2020년	2021년	2022년
6문	6문	5문	8문	7문	7문	3문	7문	5문

핵심테마 20 | 부동산 투자이론
핵심테마 21 | 포트폴리오 이론
핵심테마 22 | 화폐의 시간가치
핵심테마 23 | 현금흐름의 측정
핵심테마 24 | 할인현금흐름분석법(DCF)
핵심테마 25 | 비할인분석법

부동산 투자이론

1 부동산 투자

01 | 공인중개사 2019년
부동산투자에 대한 대가는 보유 시 대상부동산의 운영으로부터 나오는 소득이득과 처분 시의 자본이득의 형태로 나타난다. ( )

02 | 공인중개사 2016년
부동산은 실물자산의 특성과 토지의 영속성으로 인해 가치 보존력이 양호한 편이다. ( )

03 | 공인중개사 2016년
부동산투자자는 저당권과 전세제도 등을 통해 레버리지를 활용할 수 있다. ( )

04 | 공인중개사 2016년
임대사업을 영위하는 법인은 건물에 대한 감가상각과 이자비용을 세금산정 시 비용으로 인정받을 수 있다. ( )

05 | 공인중개사 2014·2016년
부동산가격이 물가상승률과 연동하여 상승하는 기간에는 인플레이션을 방어하는 효과가 있다. ( )

06 | 공인중개사 2016년
부동산은 주식 등 금융상품에 비해서 단기간에 현금화할 수 있는 가능성이 높다. ( )

---

06 (×) 부동산은 일반적으로 예금이나 주식 등 금융상품에 비해 환금성이 낮은 편이므로 단기간에 현금화할 수 있는 가능성이 낮다.

정답 01 (○), 02 (○), 03 (○), 04 (○), 05 (○), 06 (×)

2 부동산 투자의 위험

07 | 공인중개사 2016년

경기침체로 인해 부동산의 수익성이 악화되면서 야기되는 위험은 사업위험에 해당한다.
( )

08 | 공인중개사 2018년

투자재원의 일부인 부채가 증가함에 따라 원금과 이자에 대한 채무불이행의 가능성이 높아지며, 금리 상승기에 추가적인 비용부담이 발생하는 경우는 금융위험에 해당한다. ( )

09 | 공인중개사 2016년

차입자에게 고정금리대출을 실행하면 대출자의 인플레이션 위험은 낮아진다. ( )

10 | 공인중개사 2018년

투자자가 대상부동산을 원하는 시기에 현금화하지 못할 가능성은 유동성위험에 해당한다. ( )

3 지렛대효과와 자기자본수익률

11 | 공인중개사 2016년

타인자본의 이용으로 레버리지를 활용하면 위험이 감소한다. ( )

---

07 (○) 부동산 투자 위험의 사업상 위험에는 시장위험, 운영위험, 위치위험이 있다. 경기침체로 인해 부동산의 수익성이 악화되면서 야기되는 위험은 사업위험 중 시장위험에 해당한다.
  ① 시장위험 : 시장상황으로부터 발생하는 위험으로 부동산 시장 전체에 미치는 체계적 위험
  ② 운영위험 : 사무실의 관리, 영업경비의 변동 등에서 발생하는 불확실성에 대한 위험
  ③ 위치위험 : 부동산의 고정된 위치 때문에 발생하는 위험
09 (×) 낮아진다(×). 높아진다(○). 차입자에게 고정금리대출을 실행하면 대출자(은행)의 인플레이션 위험은 높아진다.
11 (×) 감소한다(×). 증가한다(○). 타인자본의 이용으로 레버리지를 활용하면 위험이 증가한다.

정답 07 (○), 08 (○), 09 (×), 10 (○), 11 (×)

12 | 공인중개사 2009년

정(+)의 레버리지효과는 총자본수익률이 저당수익률보다 높을 때 발생한다. ( )

13 | 공인중개사 2016년

총자본수익률과 저당수익률이 동일한 경우 부채비율의 변화는 자기자본수익률에 영향을 미치지 못한다. ( )

4 기대수익률, 요구수익률, 실현수익률

14 | 공인중개사 2021년

기대수익률은 투자에 대한 위험이 주어졌을 때, 투자자가 투자부동산에 대하여 자금을 투자하기 위해 충족되어야 할 최소한의 수익률을 말한다. ( )

15 | 공인중개사 2021년

요구수익률은 투자가 이루어진 후 현실적으로 달성된 수익률을 말한다. ( )

16 | 공인중개사 2016년

요구수익률은 해당 부동산에 투자해서 획득할 수 있는 최대한의 수익률이다. ( )

---

12 (○) 총자본수익률이 저당수익률(타인자본수익률)보다 높을 때에는 정(+)의 지렛대효과가 발생하고, 총자본수익률이 저당수익률(타인자본수익률)보다 낮을 때에는 부(-)의 지렛대효과가 발생한다.
  ① 정(+)의 지렛대효과 : 자기자본수익률 > 총자본수익률 > 타인자본수익률
  ② 중립적 지렛대효과 : 자기자본수익률 = 총자본수익률 = 타인자본수익률
  ③ 부(-)의 지렛대효과 : 자기자본수익률 < 총자본수익률 < 타인자본수익률
14 (×) 기대수익률(×), 요구수익률(○), 요구수익률은 투자에 대한 위험이 주어졌을 때, 투자자가 투자부동산에 대하여 자금을 투자하기 위해 충족되어야 할 최소한의 수익률을 말한다.
15 (×) 요구수익률(×), 실현수익률(○), 실현수익률은 투자가 이루어진 후 현실적으로 달성된 수익률을 말한다.
16 (×) 최대한의(×), 최소한의(○), 요구수익률은 해당 부동산에 투자해서 획득할 수 있는 최소한의 수익률이다.

정답 12 (○), 13 (○), 14 (×), 15 (×), 16 (×)

17 | 공인중개사 2021년

실현수익률은 다른 투자의 기회를 포기한다는 점에서 기회비용이라고도 한다.　　　　(　)

5 요구수익률의 결정

18 | 공인중개사 2015·2018년

무위험률의 하락은 투자자의 요구수익률을 상승시키는 요인이다.　　　　(　)

19 | 공인중개사 2015·2018년

금리상승은 투자자의 요구수익률을 상승시키는 요인이다.　　　　(　)

20 | 공인중개사 2014년

위험조정할인율은 장래 기대되는 수익을 현재가치로 환원할 때 위험에 따라 조정된 할인율이다.　　　　(　)

21 | 공인중개사 2021년

요구수익률은 투자에 수반되는 위험이 클수록 작아진다.　　　　(　)

22 | 공인중개사 2022년

동일 투자자산이라도 개별투자자가 위험을 기피할수록 요구수익률이 높아진다.　　　　(　)

---

17 (×) 실현수익률(×), 요구수익률(○), 요구수익률은 다른 투자의 기회를 포기한다는 점에서 기회비용이라고도 한다.
18 (×) 요구수익률은 무위험률에 위험조정할인율을 가산한 것이다. 따라서 무위험률이 하락하면 투자자의 요구수익률도 하락한다. **보충** 요구수익률 = 무위험률 + 위험조정할인율 + 예상인플레이션
21 (×) 투자에 수반되는 위험이 클수록 위험조정할인율이 커지므로 요구수익률은 커진다.
22 (○) 개별투자자가 위험을 기피할수록 더 높은 위험조정할인율(위험할증률)을 적용해야하므로 요구수익률은 높아진다. **보충** 요구수익률 = 무위험률 + 위험할증률 + 예상인플레이션

정답 17 (×), 18 (×), 19 (○), 20 (○), 21 (×), 22 (○)

6 기대수익률과 요구수익률의 관계

23 | 공인중개사 2021년
기대수익률이 요구수익률보다 높을 경우 투자자는 투자가치가 있는 것으로 판단한다.
( )

24 | 공인중개사 2015년
부동산 투자안이 채택되기 위해서는 요구수익률이 기대수익률보다 커야 한다. ( )

25 | 공인중개사 2018년
기대수익률이 요구수익률보다 클 경우 투자안이 채택된다. ( )

7 부동산투자의 위험과 수익

26 | 공인중개사 2017년
부동산투자에서 일반적으로 위험과 수익은 비례관계에 있다. ( )

27 | 공인중개사 2015년
투자 위험(표준편차)과 기대수익률은 부(-)의 상관관계를 가진다. ( )

28 | 공인중개사 2017년
보수적 예측방법은 투자수익의 추계치를 하향 조정함으로써, 미래에 발생할 수 있는 위험을 상당수 제거할 수 있다는 가정을 근거를 두고 있다. ( )

29 | 공인중개사 2017년
위험조정할인율을 적용하는 방법으로 장래 기대되는 소득을 현재가치로 환산하는 경우, 위험한 투자일수록 낮은 할인율을 적용한다. ( )

---

24 (×) 부동산 투자안이 채택되기 위해서는 기대수익률이 요구수익률보다 커야 한다.
27 (×) 투자위험(표준편차)과 기대수익률은 비례하므로 정(+)의 상관관계를 가진다.
29 (×) 낮은(×), 높은(○), 위험조정할인율을 적용하는 방법으로 장래 기대되는 소득을 현재가치로 환산하는 경우, 위험한 투자일수록 높은 할인율을 적용한다.

정답 23 (○), 24 (×), 25 (○), 26 (○), 27 (×), 28 (○), 29 (×)

30 | 공인중개사 2017년

민감도분석은 투자효과를 분석하는 모형의 투입요소가 변화함에 따라, 그 결과치에 어떠한 영향을 주는가를 분석하는 기법이다. ( )

8 평균-분산 지배원리

31 | 공인중개사 2017년

평균분산결정법은 기대수익률의 평균과 분산을 이용하여 투자대안을 선택하는 방법이다. ( )

32 | 공인중개사 2015년

평균-분산 지배원리에 따르면, A투자안과 B투자안의 기대수익률이 같은 경우, A투자안보다 B투자안의 기대수익률의 표준편차가 더 크다면 A투자안이 선호된다. ( )

33 | 공인중개사 2018년

평균-분산 지배원리로 투자 선택을 할 수 없을 때 변동계수(변이계수)를 활용하여 투자안의 우위를 판단할 수 있다. ( )

정답 30 (○), 31 (○), 32 (○), 33 (○)

 포트폴리오 이론

1 포트폴리오와 위험

01 | 공인중개사 2019년
포트폴리오이론은 투자 시 여러 종목에 분산투자함으로서 위험을 분산시켜 안정된 수익을 얻으려는 자산투자이론이다. ( )

02 | 공인중개사 2015년
인플레이션, 경기변동 등의 체계적 위험은 분산투자를 통해 제거가 가능하다. ( )

03 | 공인중개사 2016년
개별 부동산의 특성으로 인한 체계적인 위험은 포트폴리오를 통해 제거할 수 있다. ( )

04 | 공인중개사 2014년
체계적 위험은 지역별 또는 용도별로 다양하게 포트폴리오를 구성하면 피할 수 있다. ( )

05 | 공인중개사 2014년
투자자의 요구수익률은 체계적 위험이 증대됨에 따라 상승한다. ( )

---

02 (×) 가능(×), 불가능(○), 인플레이션, 경기변동 등의 체계적 위험은 분산투자를 통해 제거가 불가능하다.

03 (×) 체계적인(×), 비체계적인(○), 개별 부동산의 특성으로 인한 비체계적인 위험은 포트폴리오를 통해 제거할 수 있다.

04 (×) 지역별 또는 용도별로 다양하게 포트폴리오를 구성하여 피할 수 있는 위험은 비체계적 위험이다. 체계적 위험은 시장위험으로 분산투자를 하더라도 제거할 수 없다.

05 (○) 체계적 위험은 요구수익률을 상향조정하여 수익률로 보상받는다. 즉, 위험할수록 요구수익률을 높게 설정한다. 이때 요구수익률 상향조정은 위험조정할인율(위험할증률)을 상향조정함으로 이루어진다.
보충 요구수익률 = 무위험률 + 위험할증률 + 예상인플레이션

정답 01 (○), 02 (×), 03 (×), 04 (×), 05 (○)

06 | 공인중개사 2015년

포트폴리오에 편입되는 투자자산 수를 늘림으로써 체계적 위험을 줄여나갈 수 있으며, 그 결과로 총위험은 줄어들게 된다. ( )

07 | 공인중개사 2021년

포트폴리오 분산투자를 통해 체계적 위험뿐만 아니라 비체계적 위험도 감소시킬 수 있다. ( )

08 | 공인중개사 2019·2021년

분산투자효과는 포트폴리오를 구성하는 투자자산 비중을 늘릴수록 체계적 위험이 감소되어 포트폴리오 전체의 위험이 감소되는 것이다. ( )

09 | 공인중개사 2018년

개별부동산의 특성으로 인한 비체계적 위험은 포트폴리오의 구성을 통해 감소될 수 있다. ( )

2 포트폴리오 효과와 상관계수

10 | 공인중개사 2019년

포트폴리오 전략에서 구성자산 간에 수익률이 반대 방향으로 움직일 경우 위험감소의 효과가 크다. ( )

11 | 공인중개사 2021년

두 자산으로 포트폴리오를 구성할 경우, 포트폴리오에 포함된 개별자산의 수익률 간 상관계수에 상관없이 분산투자효과가 있다. ( )

---

06 (×) 체계적(×), 비체계적(○), 포트폴리오에 편입되는 투자자산 수를 늘림으로써 비체계적 위험을 줄여나갈 수 있으며, 그 결과로 총 위험은 줄어들게 된다.

07 (×) 포트폴리오 분산투자를 통해 감소시킬 수 있는 위험은 비체계적 위험이다.

08 (×) 체계적(×), 비체계적(○), 분산투자효과는 포트폴리오를 구성하는 투자자산 비중을 늘릴수록 비체계적 위험이 감소되어 포트폴리오 전체의 위험이 감소되는 것이다.

11 (×) 두 자산으로 포트폴리오를 구성할 경우, 두 자산의 상관계수가 −1에 가까울수록 포트폴리오 효과가 크게 나타나고, +1에 가까울수록 작게 나타난다.

정답 06 (×), 07 (×), 08 (×), 09 (○), 10 (○), 11 (×)

12 | 공인중개사 2015년

투자자산 간의 상관계수가 1보다 작을 경우, 포트폴리오 구성을 통한 위험절감 효과가 나타나지 않는다. ( )

13 | 공인중개사 2015년

2개의 투자자산의 수익률이 서로 다른 방향으로 움직일 경우, 상관계수는 양(+)의 값을 가지므로 위험분산 효과가 작아진다. ( )

14 | 공인중개사 2022년

개별자산의 기대수익률 간 상관계수가 "0"인 두 개의 자산으로 포트폴리오를 구성할 때 포트폴리오의 위험감소 효과가 최대로 나타난다. ( )

3 포트폴리오의 기대수익률과 위험

15 | 공인중개사 2022년

포트폴리오의 기대수익률은 개별자산의 기대수익률을 가중평균하여 구한다. ( )

4 효율적 프론티어와 무차별곡선

16 | 공인중개사 2014년

효율적 프론티어(Efficient Frontier)는 동일한 위험에서 최고의 수익률을 나타내는 투자대안을 연결한 선이다. ( )

17 | 공인중개사 2021년

효율적 프론티어(efficient frontier)는 평균-분산 지배원리에 의해 동일한 기대수익률을 얻을 수 있는 상황에서 위험을 최소화할 수 있는 포트폴리오의 집합을 말한다. ( )

---

12 (×) 상관계수는 -1에서 +1 사이의 값을 갖는다. 따라서 투자자산 간의 상관계수가 1보다 작을 경우, 포트폴리오 구성을 통한 위험절감 효과가 나타난다. **보충** 상관계수가 +1만 아니라면 분산투자시 비체계적 위험을 제거할 수 있다. 상관계수가 1일 경우는 완전한 양의 상관관계로 위험은 감소되지 않는다.

13 (×) 양(+)의 값(×), 음(-)의 값(○), 작아진다(×). 커진다(○). 2개의 투자자산의 수익률이 서로 다른 방향으로 움직일 경우, 상관계수는 음(-)의 값을 가지므로 위험분산 효과가 커진다.

14 (×) 개별자산의 기대수익률 간 상관계수가 "-1"인 두 개의 자산으로 포트폴리오를 구성할 때 포트폴리오의 위험감소 효과가 최대로 나타난다.

정답 12 (×), 13 (×), 14 (×), 15 (○), 16 (○), 17 (○)

18 | 공인중개사 2019년

효율적 프런티어(효율적 전선)란 평균-분산 지배원리에 의해 모든 위험수준에서 최대의 기대수익률을 얻을 수 있는 포트폴리오의 집합을 말한다. ( )

19 | 공인중개사 2019년

효율적 프런티어(효율적 전선)의 우상향에 대한 의미는 투자자가 높은 수익률을 얻기 위해 많은 위험을 감수하는 것이다. ( )

20 | 공인중개사 2016년

효율적 프론티어(efficient frontier)에서는 추가적인 위험을 감수하지 않으면 수익률을 증가시킬 수 없다. ( )

21 | 공인중개사 2022년

무차별곡선은 투자자에게 동일한 효용을 주는 수익과 위험의 조합을 나타낸 곡선이다.
( )

22 | 공인중개사 2015년

투자자가 위험을 회피할수록 위험(표준편차, X축)과 기대수익률(Y축)의 관계를 나타낸 투자자의 무차별곡선의 기울기는 완만해진다. ( )

23 | 공인중개사 2015·2021년

최적의 포트폴리오는 투자자의 무차별곡선과 효율적 프론티어의 접점에서 선택된다.
( )

24 | 공인중개사 2022년

동일한 자산들로 포트폴리오를 구성하여도 개별자산의 투자비중에 따라 포트폴리오의 기대수익률과 분산은 다를 수 있다. ( )

25 | 공인중개사 2022년

최적 포트폴리오의 선정은 투자자의 위험에 대한 태도에 따라 달라질 수 있다. ( )

---

22 (×) 완만해진다(×). 급해진다(○). 투자자가 위험을 회피할수록 위험(표준편차, X축)과 기대수익률(Y축)의 관계를 나타낸 투자자의 무차별곡선의 기울기는 급해진다.

정답 18 (○), 19 (○), 20 (○), 21 (○), 22 (×), 23 (○), 24 (○), 25 (○)

핵심테마 22 화폐의 시간가치

1 화폐의 시간가치

01 | 공인중개사 2018년

원금에 대한 이자뿐만 아니라 이자에 대한 이자도 함께 계산하는 것은 단리 방식이다.
( )

02 | 공인중개사 2015년

연금의 미래가치계수를 계산하는 공식에서는 이자 계산방법으로 복리 방식을 채택한다.
( )

2 화폐의 미래가치

일시불의 미래가치	현재의 1억 원은 n년 후에 얼마인가?
연금의 미래가치	매년 1,000만 원씩 적금하면 n년 후에 얼마가 되는가?
감채기금계수	n년 후에 1억 원을 만들기 위해 매년 얼마를 적립해야하는가?

03 | 공인중개사 2021년

현재 10억 원인 아파트가 매년 2%씩 가격이 상승한다고 가정할 때, 5년 후의 아파트가격을 산정하는 경우 연금의 미래가치계수를 사용한다. ( )

04 | 공인중개사 2018년

현재 5억 원인 주택가격이 매년 전년대비 5%씩 상승한다고 가정할 때, 5년 후의 주택가격은 일시불의 미래가치계수를 사용하여 계산할 수 있다. ( )

---

01 (×) 원금에 대한 이자뿐만 아니라 이자에 대한 이자도 함께 계산하는 것은 복리 방식이다.

03 (×) 연금의 미래가치계수(×), 일시불의 미래가치계수(○), 현재 10억 원인 아파트가 매년 2%씩 가격이 상승한다고 가정할 때, 5년 후의 아파트가격을 산정하는 경우 일시불의 미래가치계수를 사용한다.

정답 01 (×), 02 (○), 03 (×), 04 (○)

05 | 공인중개사 2019년

연금의 미래가치란 매 기간마다 일정 금액을 불입해 나갈 때, 미래의 일정시점에서의 원금과 이자의 총액을 말한다. ( )

06 | 공인중개사 2015년

5년 후 주택구입에 필요한 자금 3억 원을 모으기 위해 매 월말 불입해야 하는 적금액을 계산하려면, 3억 원에 연금의 현재가치계수(월 기준)를 곱하여 구한다. ( )

3 화폐의 현재가치

일시불의 현재가치	n년 후의 1억 원은 현재가치로 얼마인가?
연금의 현재가치	n년 동안 받는 연금, 현재가치로 환원하면 얼마인가?
저당상수	원리금균등방식으로 대출을 받은 경우, 매년 원리금상환액은 얼마인가?

07 | 공인중개사 2019년

일시불의 현재가치계수는 할인율이 상승할수록 작아진다. ( )

08 | 공인중개사 2021년

나대지에 투자하여 5년 후 8억 원에 매각하고 싶은 투자자는 현재 이 나대지의 구입금액을 산정하는 경우, 저당상수를 사용한다. ( )

09 | 공인중개사 2021년

임대기간 동안 월임대료를 모두 적립할 경우, 이 금액의 현재시점 가치를 산정한다면 감채기금계수를 사용한다. ( )

---

06 (×) 연금의 현재가치계수(×), 감채기금계수(○), 5년 후 주택구입에 필요한 자금 3억 원을 모으기 위해 매월 말 불입해야 하는 적금액을 계산하려면, 3억 원에 감채지금계수(월 기준)를 곱하여 구한다.

08 (×) 나대지에 투자하여 5년 후 8억 원에 매각하고 싶은 투자자는 현재 이 나대지의 구입금액을 산정하는 경우, 일시불의 현가계수를 사용한다.

09 (×) 임대기간 동안 월임대료를 모두 적립할 경우, 이 금액의 현재시점 가치를 산정한다면 연금의 현재가치계수를 사용한다.

정답 05 (○), 06 (×), 07 (○), 08 (×), 09 (×)

10 | 공인중개사 2019·2021년

원리금균등상환방식으로 담보대출 받은 가구가 매월 상환할 금액을 산정하는 경우, 일시불의 현재가치계수를 사용한다. ( )

11 | 공인중개사 2015년

원리금균등상환방식으로 주택저당대출을 받은 경우, 저당대출의 매 기 원리금 상환액을 계산하려면, 저당상수를 활용할 수 있다. ( )

12 | 공인중개사 2018년

원금균등상환방식으로 주택저당대출을 받은 경우 저당대출의 매 기간 원리금 상환액은 저당상수를 이용하여 계산한다. ( )

<자본환원계수 요약>

미래가치	현재가치
일시불의 내가계수 = $(1+r)^n$ 현재의 1억 원은 n년 후에 얼마인가?	일시불의 현가계수 = $\dfrac{1}{(1+r)^n}$ n년 후의 1억 원은 현재가치로 얼마인가?
연금의 내가계수 = $\dfrac{(1+r)^n - 1}{r}$ 매년 1,000만 원씩 적금하면 n년 후에 얼마가 되는가?	연금의 현가계수 = $\dfrac{1-(1+r)^{-n}}{r}$ n년 동안 받는 연금, 현재가치로 환원하면 얼마인가?
감채기금계수 = $\dfrac{r}{(1+r)^n - 1}$ n년 후에 1억 원을 만들기 위해 매년 얼마를 적립해야하는가?	저당상수 = $\dfrac{r}{1-(1+r)^{-n}}$ 원리금균등방식으로 대출을 받은 경우, 매년 원리금상환액은 얼마인가?

13 | 공인중개사 2018년

연금의 현재가치계수와 감채기금계수는 역수관계에 있다. ( )

---

10 (×) 원리금균등상환방식으로 담보대출 받은 가구가 매월 상환할 금액을 산정하는 경우, 저당상수를 사용한다.

12 (×) 원금균등상환방식(×), 원리금균등상환방식(○), 원리금균등상환방식으로 주택저당대출을 받은 경우 저당대출의 매 기간 원리금 상환액은 저당상수를 이용하여 계산한다.

13 (×) 연금의 현재가치계수와 저당상수는 역수관계에 있으며, 연금의 미래가치계수와 감채기금계수는 역수관계에 있다.

정답 10 (×), 11 (○), 12 (×), 13 (×)

14 | 공인중개사 **2019년**

연금의 현재가치계수와 저당상수는 역수관계이다. ( )

15 | 공인중개사 **2015년**

매 월말 50만 원씩 5년간 들어올 것으로 예상되는 임대료 수입의 현재가치를 계산하려면, 저당상수(월 기준)의 역수를 활용할 수 있다. ( )

4 원리금상환

16 | 공인중개사 **2015년**

상환비율과 잔금비율을 합하면 1이 된다. ( )

17 | 공인중개사 **2018년**

잔금비율과 상환비율의 합은 '0'이 된다. ( )

---

17 (×) 잔금비율과 상환비율의 합은 '1'이 된다.

정답 14 (○), 15 (○), 16 (○), 17 (×)

핵심테마 23 현금흐름의 측정

1 부동산 투자 수입

01 | 공인중개사 2019년

부동산투자에 대한 대가는 보유 시 대상부동산의 운영으로부터 나오는 소득이득과 처분 시의 자본이득의 형태로 나타난다. ( )

2 영업의 현금흐름

	단위당 예상임대료
×	임대단위수
	가능총소득
−	공실 및 대손충당금
+	기타 소득
	유효총소득
−	영업경비(재산세 포함, 취득세 불포함)
	순영업소득
−	부채서비스액
	세전현금흐름
−	영업소득세
	세후현금흐름

02 | 공인중개사 2017년

가능총소득은 단위면적당 추정 임대료에 임대면적을 곱하여 구한 소득이다. ( )

03 | 공인중개사 2017년

유효총소득은 가능총소득에서 공실손실상당액과 불량부채액(충당금)을 차감하고, 기타 수입을 더하여 구한 소득이다. ( )

04 | 공인중개사 2019년

순영업소득은 유효총소득에서 영업경비를 차감한 소득을 말한다. ( )

정답 01 (○), 02 (○), 03 (○), 04 (○)

05 | 공인중개사 **2016년**

회수 불가능한 임대료수입은 영업경비에 포함하여 순영업소득을 산정한다. ( )

06 | 공인중개사 **2017년**

순영업소득은 유효총소득에 각종 영업외수입을 더한 소득으로 부동산 운영을 통해 순수하게 귀속되는 영업소득이다. ( )

07 | 공인중개사 **2019년**

영업경비는 부동산 운영과 직접 관련 있는 경비로, 광고비, 전기세, 수선비가 이에 해당된다. ( )

08 | 공인중개사 **2016년**

순영업소득의 산정과정에서 해당 부동산의 재산세는 차감하나 영업소득세는 차감하지 않는다. ( )

09 | 공인중개사 **2017년**

세전현금흐름은 순영업소득에서 부채서비스액을 차감한 소득이다. ( )

10 | 공인중개사 **2019년**

세전현금흐름은 지분투자자에게 귀속되는 세전소득을 말하는 것으로, 순영업소득에 부채서비스액(원리금상환액)을 가산한 소득이다. ( )

11 | 공인중개사 **2017년**

세후현금흐름은 세전현금흐름에서 영업소득세를 차감한 소득이다. ( )

---

05 (×) 회수 불가능한 임대료 수입(공실 및 대손충당금)은 가능총소득에서 유효총소득을 구할 때 차감했으므로 영업경비에는 포함하지 않는다.

06 (×) 순영업소득은 유효총소득에 각종 영업경비를 차감한 소득이다.

10 (×) 가산(×), 차감 또는 공제(○), 세전현금흐름은 지분투자자에게 귀속되는 세전소득을 말하는 것으로, 순영업소득에서 부채서비스액(원리금상환액)을 차감(공제)한 소득이다.

정답 05 (×), 06 (×), 07 (○), 08 (○), 09 (○), 10 (×), 11 (○)

3 지분복귀액

```
            매도가격
    -       매도경비
            순매도액
    -       미상환저당잔금
            세전지분복귀액
    -       자본이득세
            세후지분복귀액
```

12 | 공인중개사 2019년

세전지분복귀액은 자산의 순매각금액에서 미상환 저당잔액을 차감하여 지분투자자의 몫으로 되돌아오는 금액을 말한다. ( )

정답 12 (○)

# 할인현금흐름분석법(DCF)

1 할인현금흐름분석법

01 | 공인중개사 2019년
할인현금흐름기법이란 부동산투자로부터 발생하는 현금흐름을 일정한 할인율로 할인하는 투자의사결정 기법이다. ( )

02 | 공인중개사 2017년
할인현금흐름기법이란 장래 예상되는 현금수입과 지출을 현재가치로 할인하여 분석하는 방법이다. ( )

03 | 공인중개사 2015년
할인현금수지(discounted cash flow)법은 부동산 투자기간 동안의 현금흐름을 반영하지 못한다는 단점이 있다. ( )

04 | 공인중개사 2017년
현금흐름의 추계에서는 부동산 운영으로 인한 영업소득 뿐만 아니라 처분시의 지분복귀액도 포함된다. ( )

05 | 공인중개사 2017년
장래 현금흐름의 예측은 대상부동산의 과거 및 현재자료와 비교부동산의 시장자료를 토대로, 여러 가지 미래예측기법을 사용해서 이루어진다. ( )

06 | 공인중개사 2017·2018년
순현가법, 내부수익률법 및 수익성지수법 등은 현금흐름을 할인하여 투자분석을 하는 방법이다. ( )

---

03 (×) 할인현금수지법은 부동산 투자기간 동안의 현금흐름을 반영한다.

정답 01 (○), 02 (○), 03 (×), 04 (○), 05 (○), 06 (○)

07 | 공인중개사 **2021년**

부동산 투자분석기법 중 화폐의 시간가치를 고려한 방법에는 순현재가치법, 내부수익률법, 회계적이익률법이 있다. ( )

2 할인현금흐름분석법① : 순현가법

08 | 공인중개사 **2017·2019년**

순현재가치(NPV)는 투자자의 요구수익률로 할인한 현금유입의 현가에서 현금유출의 현가를 뺀 값이다. ( )

09 | 공인중개사 **2022년**

순현재가치는 투자자의 내부수익률로 할인한 현금유입의 현가에서 현금유출의 현가를 뺀 값이다. ( )

10 | 공인중개사 **2013년**

순현가(NPV)는 화폐의 시간적 가치를 고려한다. ( )

11 | 공인중개사 **2016년**

동일한 현금흐름의 투자안이라도 투자자의 요구수익률에 따라 순현재가치(NPV)가 달라질 수 있다. ( )

12 | 공인중개사 **2013년**

이론적으로 순현가(NPV)가 '0'보다 작으면 투자타당성이 없다고 할 수 있다. ( )

13 | 공인중개사 **2015년**

투자금액이 동일하고 순현재가치가 모두 0보다 큰 2개의 투자안을 비교·선택할 경우, 부의 극대화 원칙에 따르면 순현재가치가 큰 투자안을 채택한다. ( )

---

07 (×) 회계적이익률법은 시간가치를 고려하지 않는다.
09 (×) 내부수익률로(×), 요구수익률로(○), 순현재가치는 투자자의 요구수익률로 할인한 현금유입의 현가에서 현금유출의 현가를 뺀 값이다.

정답 07 (×), 08 (○), 09 (×), 10 (○), 11 (○), 12 (○), 13 (○)

3 할인현금흐름분석법② : 수익성지수법

14 | 공인중개사 2019년

수익성지수(PI)는 투자로 인해 발생하는 현금유입의 현가를 현금유출의 현가로 나눈 비율이다. ( )

15 | 공인중개사 2017년

수익성지수는 순현금 투자지출 합계의 현재가치를 사업기간중의 현금수입 합계의 현재가치로 나눈 상대지수이다. ( )

16 | 공인중개사 2015·2018년

순현재가치(NPV)가 0인 단일 투자안의 경우, 수익성지수(PI)는 1이 된다. ( )

17 | 공인중개사 2013년

수익성지수(PI)는 화폐의 시간적 가치를 고려하지 않는다. ( )

18 | 공인중개사 모의문제

수익성지수(PI)가 1보다 크면 투자를 채택한다. ( )

4 할인현금흐름분석법③ : 내부수익률법

19 | 공인중개사 2013년

내부수익률(IRR)이란 투자로부터 기대되는 현금유입의 현재가치와 현금유출의 현재가치를 같게 하는 할인율이다. ( )

20 | 공인중개사 2021년

내부수익률이란 순현가를 '1'로 만드는 할인율이고, 기대수익률은 순현가를 '0'으로 만드는 할인율이다. ( )

---

15 (×) 수익성지수는 현금유입의 현재가치를 현금유출의 현재가치로 나눈 값, 상대지수를 말한다.

17 (×) 수익성지수(PI)는 화폐의 시간적 가치를 고려한다.

20 (×) 내부수익률이란 현금유입과 현금지출의 현재가치를 서로 같게 만드는 할인율이다. 따라서 순현가를 영(0)으로 만들고 수익성지수를 1로 만드는 할인율이다.

정답 14 (○), 15 (×), 16 (○), 17 (×), 18 (○), 19 (○), 20 (×)

21 | 공인중개사 2019년

내부수익률(IRR)은 투자로부터 발생하는 현재와 미래 현금흐름의 순현재가치를 1로 만드는 할인율을 말한다. ( )

22 | 공인중개사 2018년

내부수익률법에서는 내부수익률과 실현수익률을 비교하여 투자 여부를 결정한다. ( )

23 | 공인중개사 2021년

내부수익률법에서는 내부수익률이 요구수익률보다 작은 경우 해당 투자안을 선택하지 않는다. ( )

5 순현가법, 수익성지수법, 내부수익률법의 비교

순현가	수익성지수	내부수익률
유입현가 - 유출현가	유입현가 ÷ 유출현가	유입현가 = 유출현가
요구수익률(사전에 필요)	요구수익률(사전에 필요)	내부수익률 자체
투자채택 : 순현가 ≥ 0	투자채택 : 수익성지수 ≥ 1	투자채택 : 내부수익률 ≥ 요구수익률

24 | 공인중개사 2017년

순현가법과 내부수익률법에서는 투자판단기준을 위한 할인율로써 요구수익률을 사용한다. ( )

---

21 (×) 내부수익률(IRR)은 투자로부터 예상되는 현금유입의 현재가치와 현금유출의 현재가치를 서로 같게 만드는 할인율이다. 따라서 투자로부터 발생하는 현재와 미래 현금흐름의 순현재가치를 영(0)으로 만드는 할인율이다.

22 (×) 실현수익률(×), 요구수익률(○), 내부수익률법에서는 내부수익률과 요구수익률을 비교하여 투자 여부를 결정한다.

23 (○) 내부수익률법에서는 내부수익률과 요구수익률을 비교하여 투자안의 채택여부를 결정한다. 내부수익률이 요구수익률보다 큰 경우 해당 투자안을 채택하고, 내부수익률이 요구수익률보다 작은 경우 해당 투자안을 선택하지 않는다.

24 (×) 순현가법은 투자판단기준을 위한 할인율로써 요구수익률을 사용하지만 내부수익률법에서는 내부수익률을 사용한다.

정답 21 (×), 22 (×), 23 (○), 24 (×)

25 | 공인중개사 **2017년**

할인현금흐름분석법에서 사용하는 요구수익률에는 세후수익률,(종합)자본환원율 및 지분배당률 등이 있다. ( )

26 | 공인중개사 **2021년**

순현가법에서는 재투자율로 시장수익률을 사용하고, 내부수익률법에서는 요구수익률을 사용한다. ( )

27 | 공인중개사 **2016년**

재투자율의 가정에 있어 순현재가치법보다 내부수익률법이 더 합리적이다. ( )

28 | 공인중개사 **2016년**

투자규모에 차이가 있는 상호 배타적인 투자안의 경우 순현재가치법과 수익성지수법을 통한 의사결정이 달라질 수 있다. ( )

29 | 공인중개사 **2016년**

순현재가치법은 가치가산원리가 적용되나 내부수익률법은 적용되지 않는다. ( )

---

25 (×) 세후수익률, (종합)자본환원율 및 지분배당률은 할인현금흐름분석법과는 관련이 없다. 할인현금흐름분석법(할인현금수지분석법)은 순현가법, 내부수익률법, 수익성지수법 등이 있다. 투자판단을 위한 할인율로 순현가법과 수익성지수법은 요구수익률을 사용하며, 내부수익률법은 내부수익률을 사용한다.

26 (×) 순현가법에서는 재투자율로 요구수익률을 사용하고, 내부수익률법에서는 내부수익률을 사용한다.

27 (×) 재투자율의 가정에 있어 순현가법이 내부수익률보다 더 합리적이고 우월한 것으로 평가된다.

정답 25 (×), 26 (×), 27 (×), 28 (○), 29 (○)

핵심테마 25 비할인분석법

1 비할인분석법 ① : 어림셈법

<어림셈법의 승수법과 수익률법>

승수법		수익률법	
총소득승수	$\dfrac{총투자액}{총소득}$	총자산회전율	$\dfrac{총소득}{총투자액}$
순소득승수	$\dfrac{총투자액}{순영업소득}$	종합자본환원율 (총투자수익률)	$\dfrac{순영업소득}{총투자액}$
세전현금흐름승수	$\dfrac{지분투자액}{세전현금흐름}$	세전수익률 (지분투자수익률)	$\dfrac{세전현금흐름}{지분투자액}$
세후현금흐름승수	$\dfrac{지분투자액}{세후현금흐름}$	세후수익률	$\dfrac{세후현금흐름}{지분투자액}$

01 | 공인중개사 2022년

수익률법과 승수법은 투자현금흐름의 시간가치를 반영하여 투자타당성을 분석하는 방법이다. ( )

02 | 공인중개사 2021년

어림셈법 중 순소득승수법의 경우 승수값이 작을수록 자본회수기간이 길어진다. ( )

03 | 공인중개사 2013년

총소득승수(GIM)은 총투자액을 세후현금흐름(ATCF)으로 나눈 값이다. ( )

---

01 (×) 수익률법과 승수법은 어림셈법으로 화폐의 시간가치를 고려하지 않는다.
02 (×) 순소득승수법의 경우 승수값이 작을수록 자본회수기간이 짧아진다.
03 (×) 총소득승수는 총투자액을 총소득으로 나눈 값이다.

정답 01 (×), 02 (×), 03 (×)

04 | 공인중개사 2022년

투자의 타당성은 총투자액 또는 지분투자액을 기준으로 분석할 수 있으며, 총소득승수는 총투자액을 기준으로 분석하는 지표다. ( )

05 | 공인중개사 2013년

순소득승수(NIM)는 총투자액을 순영업소득(NOI)으로 나눈 값이다. ( )

06 | 공인중개사 2015년

동일한 투자안의 경우, 일반적으로 순소득승수가 총소득승수보다 크다. ( )

07 | 공인중개사 2013년

세전현금흐름승수(BTM)는 지분투자액을 세전현금흐름(BTCF)으로 나눈 값이다. ( )

08 | 공인중개사 2022년

세후지분투자수익률은 지분투자액에 대한 세후연금흐름의 비율이다. ( )

09 | 공인중개사 2015년

동일한 투자안의 경우, 일반적으로 세전현금수지승수가 세후현금수지승수보다 크다. ( )

10 | 공인중개사 2017년

총자산회전율은 투자된 총자산에 대한 총소득의 비율이며, 총소득으로 가능총소득 또는 유효총소득이 사용된다. ( )

11 | 공인중개사 2016년

총투자수익률은 세전현금수지를 지분투자액으로 나누어서 산정한다. ( )

12 | 공인중개사 2013년

총투자수익률(ROI)은 순영업소득(NOI)을 총투자액으로 나눈 비율이다. ( )

---

09 (×) 동일한 투자안의 경우, 일반적으로 세후현금수지승수가 세전현금수지승수보다 크다.

11 (×) 총투자수익률은 순영업소득을 총투자액으로 나누어서 산정한다. 세전현금수지를 지분투자액으로 나누어서 산정하는 것은 지분투자수익률(세전수익률)이다.

정답 04 (○), 05 (○), 06 (○), 07 (○), 08 (○), 09 (×), 10 (○), 11 (×), 12 (○)

13 | 공인중개사 2013년

지분투자수익률(ROE)은 순영업소득을 지분투자액으로 나눈 비율이다. ( )

2 비할인분석법 ② : 비율분석법

14 | 공인중개사 2017년

대부비율은 부동산가치에 대한 융자액의 비율을 가리키며, 대부비율을 저당비율이라고도 한다. ( )

15 | 공인중개사 2015년

담보인정비율(LTV)을 통해서 투자자가 재무레버리지를 얼마나 활용하고 있는지를 평가할 수 있다. ( )

16 | 공인중개사 2013년

부채비율은 부채총계를 자본총계로 나눈 비율이다. ( )

17 | 공인중개사 2017년

부채비율은 부채에 대한 지분의 비율이며, 대부비율이 50%일 경우에는 부채비율은 100%가 된다. ( )

18 | 공인중개사 2017년

부채감당률이란 순영업소득이 부채서비스액의 몇 배가 되는가를 나타내는 비율이다. ( )

---

13 (×) 지분투자수익률(ROE)은 세전현금흐름을 지분투자액으로 나눈 비율이다.

17 (×) 부채비율은 타인자본(부채)을 자기자본(지분)으로 나눈 비율, 즉 지분에 대한 부채의 비율이다. 대부비율은 부동산가치에 대한 융자액의 비율이므로 대부비율이 50%인 경우는 총투자액(부동산의 가치)가 융자액의 2배인 경우를 의미한다. 따라서 자기자본 50%, 타인자본 50%이므로 부채비율은 100%가 된다.

- 부채비율 = $\dfrac{타인자본(부채)}{자기자본(지분)}$
- 대부비율 = $\dfrac{융자액}{총투자액(부동산의 가치)}$

18 (○) 부채감당률 = $\dfrac{순영업소득}{부채서비스액}$

정답 13 (×), 14 (○), 15 (○), 16 (○), 17 (×), 18 (○)

19 | 공인중개사 2017년

부채서비스액은 매월 또는 매년 지불하는 이자지급액을 제외한 원금상환액을 말한다.
( )

20 | 공인중개사 2013·2015·2017년

부채감당률이 1보다 작다는 것은 순영업소득이 부채서비스액을 감당하기에 부족하다는 것이다. ( )

21 | 공인중개사 2017년

대출기관이 채무불이행 위험을 낮추기 위해서는 해당 대출조건의 부채감당률을 높이는 것이 유리하다. ( )

22 | 공인중개사 2017년

채무불이행률은 유효총소득이 영업경비와 부채서비스액을 감당할 수 있는 능력이 있는지를 측정하는 비율이며, 채무불이행률을 손익분기율이라고도 한다. ( )

23 | 공인중개사 2017년

비율분석법의 한계로는 요소들에 대한 추계산정의 오류가 발생하는 경우에 비율 자체가 왜곡될 수 있다는 점을 들 수 있다. ( )

3 비할인분석법 ③ : 회계적 이익률법

24 | 공인중개사 2013년

회계적 이익률(accounting rate of return)은 연평균순이익을 연평균투자액으로 나눈 비율이다. ( )

---

19 (×) 부채서비스액은 매월 또는 매년 지불하는 원금상환액과 이자지급액을 합한 것을 말한다.

22 (○) 채무불이행율 = $\dfrac{\text{영업경비} + \text{부채서비스액}}{\text{유효총소득}}$

24 (○) 회계적 이익률 = $\dfrac{\text{연평균순수익}}{\text{연평균투자액}}$

정답 19 (×), 20 (○), 21 (○), 22 (○), 23 (○), 24 (○)

25 | 공인중개사 **2015년**

회계적 이익률법은 화폐의 시간가치를 고려하지 않는다. ( )

26 | 공인중개사 **2018년**

회계적 이익률법에서는 투자안의 이익률이 목표이익률보다 높은 투자안 중에서 이익률이 가장 높은 투자안을 선택하는 것이 합리적이다. ( )

27 | 공인중개사 **2017년**

회수기간은 투자시점에서 발생한 비용을 회수하는 데 걸리는 기간을 말하며, 회수기간법에서는 투자안 중에서 회수기간이 가장 장기인 투자안을 선택한다. ( )

28 | 공인중개사 **2016년**

회수기간법은 회수기간 이후의 현금흐름을 고려하지 않는다는 단점이 있다. ( )

---

27 (×) 회수기간법에서는 투자안 중에서 회수기간이 가장 단기인 투자안을 선택한다.

정답 25 (○), 26 (○), 27 (×), 28 (○)

CHAPTER 06

부동산 금융론

2014년	2015년	2016년	2017년	2018년	2019년	2020년	2021년	2022년
7문	4문	6문	4문	5문	3문	4문	6문	6문

핵심테마 26 | 부동산 금융
핵심테마 27 | 주택금융
핵심테마 28 | 대출의 상환방식
핵심테마 29 | 한국주택금융공사와 주택연금
핵심테마 30 | 부동산개발금융
핵심테마 31 | 자산유동화제도

핵심테마 26 부동산 금융

1 부동산 금융

01 | 공인중개사 2014·2022년
주택금융은 주택자금조성, 자가주택공급확대, 주거안정 등의 기능이 있다. ( )

02 | 공인중개사 2014·2022년
주택시장이 침체하여 주택거래가 부진하면 수요자 금융을 확대하여 주택수요를 증가시킴으로써 주택경기를 활성화 시킬 수 있다. ( )

03 | 공인중개사 2014년
주택소비금융은 주택을 구입하려는 사람이 주택을 담보로 제공하고 자금을 제공받는 형태의 금융을 의미한다. ( )

04 | 공인중개사 2022년
주택금융은 주택과 같은 거주용 부동산을 매입 또는 임대하는데 필요한 자금조달을 위한 금융상품을 포괄한다. ( )

05 | 공인중개사 2022년
정부는 주택소비금융의 확대와 금리인하, 대출규제의 완화로 주택가격의 급격한 상승에 대처한다. ( )

---

05 (×) 정부는 주택소비금융의 금리인상, 대출규제의 강화로 주택가격의 급격한 상승에 대처한다. 또는 정부는 주택소비금융의 확대와 금리인하, 대출규제의 완화로 주택가격의 급격한 하락에 대처한다.

정답 01 (○), 02 (○), 03 (○), 04 (○), 05 (×)

2 지분금융·부채금융·메자닌금융

06 | 공인중개사 2020년
프로젝트 금융은 지분금융에 해당한다. ( )

07 | 공인중개사 2020년
공모에 의한 증자는 지분금융에 해당한다. ( )

08 | 공인중개사 2013·2015년
부동산 신디케이트는 지분금융에 해당한다. ( )

09 | 공인중개사 2017·2018·2021년
부동산투자회사(REITs)는 지분금융에 해당한다. ( )

10 | 공인중개사 2017·2018·2021년
조인트벤처는 지분금융에 해당한다. ( )

11 | 공인중개사 2018년
신탁증서금융은 지분금융에 해당한다. ( )

12 | 공인중개사 2018·2021년
자산담보부기업어음은 부채금융에 해당한다. ( )

13 | 공인중개사 2013년
주택상환사채는 부채금융에 해당한다. ( )

---

06 (×) 프로젝트 금융은 부채금융에 해당한다.

- **지분금융·부채금융·메자닌금융**
  ① 지분금융 : 부동산 신디케이트, 사모에 의한 조달, 공모에 의한 조달, 조인트 벤처, 부동산 투자회사(REITs), 펀드 등
  ② 부채금융 : 저당금융, 채권발행, 주택상환사채, 자산유동화증권(ABS), 주택저당담보부채권(MBB), 신탁증서금융, 자산담보부기업어음 등
  ③ 메자닌금융 : 전환사채(CB), 신주인수권부사채(BW), 후순위대출, 자산매입조건부대출, 우선주 등

11 (×) 신탁증서금융은 부채금융에 해당한다.

정답 06 (×), 07 (○), 08 (○), 09 (○), 10 (○), 11 (×), 12 (○), 13 (○)

14 | 공인중개사 2018년
주택저당채권담보부채권(MBB)은 부채금융에 해당한다.   ( )

15 | 공인중개사 2013·2021년
신주인수권부사채는 메자닌금융에 해당한다.   ( )

16 | 공인중개사 2021년
전환사채는 메자닌금융에 해당한다.   ( )

17 | 공인중개사 2021년
후순위대출은 메자닌금융에 해당한다.   ( )

18 | 공인중개사 2013년
자산유동화증권은 메자닌금융에 해당한다.   ( )

---

18 (×) 자산유동화증권은 부채금융에 해당한다.

정답 14 (○), 15 (○), 16 (○), 17 (○), 18 (×)

 주택금융

1 주택금융

01 | 공인중개사 **2021년**
담보인정비율(LTV)은 주택담보대출 취급시 담보가치에 대한 대출취급가능금액의 비율을 말한다. ( )

02 | 공인중개사 **2021년**
총부채상환비율(DTI)은 차주의 소득을 중심으로 대출규모를 결정하는 기준이다. ( )

03 | 공인중개사 **2014년**
담보인정비율(LTV)은 주택의 담보가치를 중심으로 대출규모를 결정하는 기준이고, 차주상환능력(DTI)은 차입자의 소득을 중심으로 대출규모를 결정하는 기준이다. ( )

04 | 공인중개사 **2014년**
주택저당대출의 기준인 담보인정비율(LTV)과 차주상환능력(DTI)이 변경되면 주택수요가 변회될 수 있다. ( )

05 | 공인중개사 **2022년**
총부채상환비율(DTI)이 높을수록 채무불이행 위험이 높아진다. ( )

06 | 공인중개사 **2021년**
총부채원리금상환비율(DSR)은 차주의 총 금융부채 상환부담을 판단하기 위하여 산정하는 차주의 연간 소득대비 연간 금융부채 원리금 상환액 비율을 말한다. ( )

2 고정금리와 변동금리

07 | 공인중개사 **2014년**
고정금리 주택담보대출은 차입자가 대출기간 동안 지불해야 하는 이자율이 동일한 형태로 시장금리의 변동에 관계없이 대출시 확정된 이자율이 만기까지 계속 적용된다. ( )

정답 01 (○), 02 (○), 03 (○), 04 (○), 05 (○), 06(○), 07(○)

08 | 공인중개사 2014년

다른 대출조건이 동일한 경우, 통상적으로 고정금리 주택저당대출의 금리는 변동금리 주택저당대출의 금리보다 높다. ( )

09 | 공인중개사 2016년

고정금리대출을 실행한 대출기관은 금리상승 시 차입자의 조기상환으로 인한 위험이 커진다. ( )

10 | 공인중개사 2015년

시장이자율이 대출약정이자율보다 높아지면 차입자는 기존대출금을 조기상환하는 것이 유리하다. ( )

11 | 공인중개사 2014·2021년

변동금리 주택담보대출은 이자율 변동으로 인한 위험을 차주에게 전가하는 방식으로 금융기관의 이자율 변동위험을 줄일 수 있다. ( )

12 | 공인중개사 2014년

코픽스(Cost of Funds Index)는 은행자금조달비용을 반영한 대출금리로 이전의 CD금리가 은행의 자금조달비용을 제대로 반영하지 못한다는 지적에 따라 도입되었다. ( )

---

09 (×) 고정금리대출을 실행한 대출기관은 금리하락 시 차입자의 조기상환으로 인한 위험이 커진다. 융자상환 도중에 시장이자율이 저당이자율보다 하락할 경우 차입자들은 기존의 융자를 조기에 상환하려고 하는데, 이 경우 대출자는 조기상환위험에 직면하게 된다.

10 (×) 높아지면(×), 낮아지면(○), 시장이자율이 대출약정이자율보다 낮아지면 차입자는 기존대출금을 조기상환하는 것이 유리하다.

정답 08 (○), 09 (×), 10 (×), 11 (○), 12 (○)

 **핵심테마 28 대출의 상환방식**

1 원금균등분할상환방식

01 | 공인중개사 2021년
원금균등상환방식의 경우, 매기 상환하는 원리금이 동일하다. ( )

02 | 공인중개사 2015·2018년
원금균등상환방식의 경우, 매 기간에 상환하는 원리금상환액과 대출잔액이 점차적으로 감소한다. ( )

2 원리금균등분할상환방식

03 | 공인중개사 2013년
원리금균등분할상환방식이란 원리금상환액은 매기 동일하지만 원리금에서 원금과 이자가 차지하는 비중이 상환시기에 따라 다른 방식이다. ( )

04 | 공인중개사 2018·2021년
원리금균등상환방식의 경우, 매 기간에 상환하는 원금상환액이 점차적으로 감소한다. ( )

05 | 공인중개사 2015·2016·2017년
원리금균등상환방식은 매기 이자상환액이 감소하는 만큼 원금상환액이 증가한다. ( )

---

01 (×) 원리금(×), 원금(○), 원금균등분할상환방식은 대출기간동안 매기 상환하는 원금이 균등한 방식이다.
04 (×) 감소(×), 증가(○), 원리금균등상환방식의 경우, 매 기간에 상환하는 원금상환액이 점차적으로 증가한다.
보충 원리금균등분할상환방식은 대출 초기에는 원리금상환액에서 원금상환액의 비중이 작고 이자지불액의 비중이 크다. 후기로 갈수록 대출기간동안 매기 납부하는 원리금상환액 중에서 원금상환액은 증가하고, 이자지불액은 감소한다.

정답 01 (×), 02 (○), 03 (○), 04 (×), 05 (○)

3 점증식상환방식

06 | 공인중개사 2016년

체증(점증)상환방식은 대출잔액이 지속적으로 감소하므로 다른 상환방식에 비해 이자부담이 작다. ( )

07 | 공인중개사 2013·2014·2018년

체증식상환방식이란 원리금 상환액 부담을 초기에는 적게 하는 대신 점차 그 부담액을 늘려 가는 방식으로, 장래에 소득이나 매출액이 늘어날 것으로 예상되는 개인과 기업에 대한 대출방식이다. ( )

08 | 공인중개사 2015·2021년

체증(점증)상환방식의 경우, 미래 소득이 감소될 것으로 예상되는 은퇴예정자에게 적합하다. ( )

4 원금균등, 원리금균등, 점증식상환방식 비교

09 | 공인중개사 2016년

원금균등상환방식은 원리금균등상환방식에 비해 전체 대출기간 만료 시 누적원리금상환액이 더 크다. ( )

10 | 공인중개사 2021·2022년

원금균등상환방식의 경우, 원리금균등상환방식보다 대출금의 가중평균상환기간이 더 짧다. ( )

---

06 (×) 체증(점증)상환방식은 초기에는 원리금상환액이 낮은 수준이나 원리금상환액이 점진적으로 증가하는 방식이다. 따라서 다른 상환방식에 비해 총지불액의 크기가 크므로 이자부담이 크다.

08 (×) 체증(점증)상환방식은 초기에는 원리금상환액이 낮은 수준이나 원리금상환액이 점진적으로 증가하는 방식이다. 따라서 미래의 소득증가가 예상되는 신혼부부나 사회 초년생, 젊은 소득자들에게 상대적으로 유리하다.

09 (×) 원금균등상환방식은 원리금균등상환방식에 비해 전체 대출기간 만료 시 누적원리금상환액이 더 작다.

정답 06 (×), 07 (○), 08 (×), 09 (×), 10 (○)

11 | 공인중개사 2014년

원리금균등분할상환방식은 원금균등분할상환방식에 비해 대출직후에는 원리금의 상환액이 적다. ( )

12 | 공인중개사 2016년

대출금을 조기상환하는 경우 원리금균등상환방식에 비해 원금균등상환방식의 상환액이 더 크다. ( )

13 | 공인중개사 2018년

대출기간 만기까지 대출기관의 총 이자수입 크기는 '원금균등상환방식>점증(체증)상환방식>원리금균등상환방식' 순이다. ( )

14 | 공인중개사 2015년

상환 첫 회의 원리금상환액은 원리금균등상환 방식이 원금균등상환 방식보다 크다. ( )

15 | 공인중개사 2016년

대출실행시점에서 총부채상환비율(DTI)은 체증(점증)상환방식이 원금균등상환방식보다 항상 더 크다. ( )

---

12 (×) 대출금을 조기상환하는 경우 그동안 원금균등방식이 더 많은 원금을 상환했으므로 원리금균등방식보다 상환액(잔금)이 작다. 따라서 상환해야 할 금액은 원금균등상환방식에 비해 원리금균등상환방식의 상환액이 더 크다.

13 (×) 대출기간 만기까지 대출기관의 총 이자수입 크기는 '점증(체증)상환방식 > 원리금균등상환방식 > 원금균등상환방식' 순이다.

14 (×) 상환 첫 회의 원리금상환액은 원금균등상환방식이 원리금균등상환방식보다 크다.

15 (×) 대출실행시점에서 총부채상환비율(DTI)은 체증(점증)상환방식이 원금균등상환방식보다 더 작다.

정답 11 (○), 12 (×), 13 (×), 14 (×), 15 (×)

# 한국주택금융공사와 주택연금

1 주택도시기금

01 | 공인중개사 2022년

주택도시기금은 국민주택의 건설이나 국민주택규모 이하의 주택 구입에 출자 또는 융자할 수 있다. ( )

2 한국주택금융공사(HF)

02 | 공인중개사 2020년

한국주택금융공사는 주택연금 담보주택의 가격하락에 대한 위험을 부담할 수 있다. ( )

03 | 공인중개사 2016년

한국주택금융공사는 주택저당채권을 기초로 하여 주택저당증권을 발행하고 있다. ( )

04 | 공인중개사 2014·2020년

주택연금은 주택소유자가 주택에 저당권을 설정하고 연금방식으로 노후생활자금을 대출받는 제도이다. ( )

05 | 공인중개사 2020년

주택연금으로 주택소유자(또는 배우자)가 생존하는 동안 노후생활자금을 매월 지급받는 방식으로 연금을 받을 수 있다. ( )

06 | 공인중개사 2020년

주택연금은 수령기간이 경과할수록 대출잔액이 누적된다. ( )

정답 01 (○), 02 (○), 03 (○), 04 (○), 05 (○), 06 (○)

07 | 공인중개사 2020년

주택연금의 담보주택의 대상으로 업무시설인 오피스텔도 포함된다. ( )

08 | 공인중개사 2017년

주택담보노후연금은 연금개시 시점에 주택소유권이 연금지급기관으로 이전된다. ( )

09 | 공인중개사 2008년

주택담보노후연금의 종신지급방식에서 가입자가 사망할 때까지 지급된 주택연금 대출원리금이 담보주택가격을 초과하는 경우에는 초과 지급된 금액은 법정상속인이 상환해야 한다. ( )

10 | 공인중개사 2022년

주택연금 관련 법령상 주택연금의 보증기관은 한국주택금융공사이다. ( )

---

07 (×) 업무시설인 오피스텔은 담보주택의 대상으로 포함되지 않는다. **보충** 담보주택의 대상으로 「주택법」상 단독주택, 공동주택 또는 「노인복지법」상의 분양형 노인복지주택(지방자치단체에 신고된 노인복지주택), 주거용 오피스텔, 전체 건물면적에서 주택면적이 차지하는 비중이 1/2 이상인 복합용도주택 등은 해당되나 업무시설인 오피스텔은 포함되지 않는다.

08 (×) 주택담보노후연금은 연금개시 시점에 주택소유권이 연금지급기관으로 이전되지 않는다. **보충** 만 55세 이상의 고령자가 소유주택을 담보로 맡기고 평생 또는 일정한 기간 동안 매월 연금방식으로 노후생활자금을 지급받는 국가보증의 금융상품(역모기지론)이다. 한국주택금융공사는 연금가입자를 위해 은행에 보증서를 발급하고, 은행은 공사의 보증서에 의해 가입자에게 주택연금을 지급한다. 소유자 및 배우자가 모두 사망 시 주택처분금액으로 일시상환을 하는 방식이다.

09 (×) 주택담보노후연금의 종신지급방식으로 연금 수령하는 경우 소유자 및 배우자 모두 사망 시까지 연금을 수령할 수 있다. 상환 시 주택연금 대출원리금이 담보주택가격을 초과하는 경우에도 부족한 부분을 가입자 또는 법정상속인에게 청구하지 않는다.

정답 07 (×), 08 (×), 09 (×), 10 (○)

 # 부동산개발금융

1 프로젝트 금융

01 | 공인중개사 2016년

프로젝트 금융이란 특정 프로젝트로부터 향후 일정한 현금흐름이 예상되는 경우, 사전 계약에 따라 미래에 발생할 현금흐름과 사업자체자산을 담보로 자금을 조달하는 금융기법이다. ( )

02 | 공인중개사 2020년

프로젝트 금융은 지분금융에 해당한다. ( )

03 | 공인중개사 2018년

프로젝트 금융의 상환재원은 사업주의 모든 자산을 기반으로 한다. ( )

04 | 공인중개사 2018년

프로젝트 금융을 활용하는 경우 사업주의 재무상태표에 해당 부채가 표시된다. ( )

05 | 공인중개사 2016·2018년

프로젝트 사업의 자금은 차주가 임의로 관리한다. ( )

06 | 공인중개사 2014년

PF(Project Financing)방식에 의한 부동산개발사업시 위험을 줄이기 위해 위탁관리계좌(Escrow Account)로 자금관리를 한다. ( )

---

02 (×) 프로젝트 금융은 부채금융에 해당한다.
03 (×) 프로젝트 금융의 상환재원은 해당 프로젝트에서 발생하는 현금흐름을 기초로 한다.
04 (×) 프로젝트 금융은 법적·경제적으로 독립된 프로젝트회사(SPC)가 프로젝트를 수행하므로 사업시행자의 재무상태표에는 관련 부채가 기재되지 않는다.
05 (×) 프로젝트 금융의 자금은 건설회사 또는 시공회사가 자체계좌를 통해 직접 관리하는 것이 아니라 위탁계좌에 의해 관리된다. 부동산 신탁회사가 에스크로우 계정(escrow account)을 관리하면서 투명한 자금집행을 담당한다.

정답 01 (○), 02 (×), 03 (×), 04 (×), 05 (×), 06 (○)

07 | 공인중개사 2015·2016년

프로젝트금융은 비소구 또는 제한적 소구 금융의 특징을 가지고 있다. ( )

08 | 공인중개사 2016년

일반적으로 기업대출보다 금리 등이 높아 사업이 성공할 경우 해당 금융기관은 높은 수익을 올릴 수 있다. ( )

09 | 공인중개사 2019년

프로젝트의 채무불이행위험이 높아질수록 대출기관이 요구하는 금리가 높아진다. ( )

10 | 공인중개사 2016년

프로젝트 금융이 부실화될 경우 해당 금융기관의 부실로 이어질 수 있다. ( )

11 | 공인중개사 2018년

해당 프로젝트가 부실화되더라도 대출기관의 채권회수에는 영향이 없다. ( )

12 | 공인중개사 2014년

프로젝트 금융으로 부동산개발사업시 금융기관은 위험을 줄이기 위해 시공사에 책임준공 의무부담, 대출금 보증에 대한 시공사의 신용보강 요구, 시행사·시공사에 추가출자 요구를 할 수 있다. ( )

13 | 공인중개사 2014년

프로젝트 금융으로 부동산개발사업시 금융기관은 위험을 줄이기 위해 시행사에게 개발이익을 선지급한다. ( )

14 | 공인중개사 2018년

일정한 요건을 갖춘 프로젝트 회사는 법인세 감면을 받을 수 있다. ( )

---

07 (○) 프로젝트 금융은 프로젝트가 실패했을 경우에도 프로젝트 사업주는 채무변제와 이자지급의 의무를 지지 않는다. 즉, 프로젝트 금융은 사업주에 대해 원리금 상환을 청구할 수 없다는 측면에서 비소구 금융 또는 제한적 소구 금융의 특징을 가지고 있다.

11 (×) 해당 프로젝트가 부실화되면 대출기관은 채권회수를 하지 못하여 금융기관의 부실로 이어질 수 있다.

13 (×) PF방식에 의한 부동산개발사업시 시행사 개발이익의 선지급은 위험을 증가시킨다.

정답 07 (○), 08 (○), 09 (○), 10 (○), 11 (×), 12 (○), 13 (×), 14 (○)

2 조인트벤처와 부동산 신디케이트

15 | 공인중개사 2013년

조인트벤처는 메자닌금융에 해당한다. ( )

16 | 공인중개사 2013·2015년

부동산 신디케이트는 지분금융에 해당한다. ( )

3 부동산투자회사(REITs)

<부동산투자회사(REITs)의 유형>

구분	자기관리	위탁관리	기업구조조정
형태	실체회사	명목회사	
자산운용	직접 수행	위탁	
직원 및 임원	전문인력 5인 이상 감정평가사, 공인중개사 5년 이상	본점 외의 지점 설치할 수 없으며 직원 및 상근임원을 둘 수 없다.	
설립자본금	5억 원 이상	3억 원 이상	
자본금	70억 원 이상	50억 원 이상	
법인세 면제	면제되지 않음	면제	
기타	• 주주1인과 특별관계자는 최저자본금 준비기간이 끝난 후, 100분의 50을 초과하여 주식을 소유하지 못한다. • 현물출자에 의한 설립을 할 수 없다.		

17 | 공인중개사 2012년

부동산투자회사의 장점은 일반인들이 소액으로 부동산에 투자할 수 있다는 점이다. ( )

18 | 공인중개사 2012년

부동산투자회사의 주식을 매수한 투자자는 배당이익과 주식매매차익을 획득할 수 있다.
( )

---

15 (×) 조인트벤처는 지분금융에 해당한다.

정답 15 (×), 16 (○), 17 (○), 18 (○)

19 | 공인중개사 2017·2018·2021년

부동산투자회사(REITs)와 조인트벤처는 지분금융에 해당한다. ( )

20 | 공인중개사 2016년

부동산투자회사는 자기관리, 위탁관리, 기업구조조정 부동산투자회사로 구분할 수 있다. ( )

21 | 공인중개사 2014·2022년

자기관리 부동산투자회사는 자산운용 전문인력을 포함한 임직원을 상근으로 두고 자산의 투자·운용을 직접 수행하는 회사를 말한다. ( )

22 | 공인중개사 2015년

자기관리 부동산투자회사와 기업구조조정 부동산투자회사는 모두 실체형 회사의 형태로 운영된다. ( )

23 | 공인중개사 2019·2022년

위탁관리 부동산투자회사는 자산의 투자·운용을 자산관리회사에 위탁하여야 한다. ( )

24 | 공인중개사 2013·2014·2015·2016년

위탁관리 부동산투자회사는 본점 외의 지점을 설치할 수 있으며, 직원을 고용하거나 상근 임원을 고용할 수 있다. ( )

25 | 공인중개사 2014년

자기관리 부동산투자회사란 다수투자자의 자금을 받아 기업이 구조조정을 위해 매각하는 부동산을 매입하고, 개발·관리·운영하여 수익을 분배하는 뮤추얼펀드(Mutual Fund)로서 서류상으로 존재하는 명목회사(Paper Company)다. ( )

---

22 (×) 자기관리 부동산투자회사는 실체형 회사, 기업구조조정 부동산투자회사는 명목형 회사의 형태로 운영된다.
24 (×) 위탁관리 부동산투자회사는 본점 외의 지점을 설치할 수 없으며, 직원을 고용하거나 상근 임원을 둘 수 없다.
25 (×) 다수투자자의 자금을 받아 기업이 구조조정을 위해 매각하는 부동산을 매입하고, 관리·운영하여 수익을 분배하는 뮤추얼펀드로 서류상으로만 존재하는 명목회사(paper company)는 기업구조조정 부동산투자회사이다.

정답 19 (○), 20 (○), 21 (○), 22 (×), 23 (○), 24 (×), 25 (×)

26 | 공인중개사 **2014년**

기업구조조정 부동산투자회사는 상법상의 실체회사인 주식회사로 자산운용 전문인력을 두고 자산의 투자 운용을 직접 수행하여 그 수익금을 주식으로 배분하는 회사를 말한다.
( )

4 부동산투자회사(REITs)의 설립 및 인가 등

27 | 공인중개사 **2018년**

부동산투자회사는 현물출자에 의한 설립이 가능하다. ( )

28 | 공인중개사 **2016년**

자기관리 부동산투자회사의 설립 자본금은 3억 원 이상으로 한다. ( )

29 | 공인중개사 **2013·2014년**

위탁관리 부동산투자회사 및 기업구조조정 부동산투자회사의 설립 자본금은 5억 원 이상으로 한다. ( )

30 | 공인중개사 **2013년**

자기관리 부동산투자회사는 그 설립등기일부터 10일 이내에 대통령령으로 정하는 바에 따라 설립보고서를 작성하여 국토교통부장관에게 제출하여야 한다. ( )

---

26 (×) 부동산투자를 전문으로 하는 「상법」상의 주식회사로서, 자산운용 전문인력을 두고 자산의 투자·운용을 직접 수행하는 실체회사는 자기관리 부동산투자회사이다.

27 (×) 부동산투자회사는 현물출자에 의한 설립을 할 수 없다.

28 (×) 부동산투자회사의 설립 자본금은 자기관리 부동산투자회사의 경우 5억 원 이상, 위탁관리 부동산부자회사 및 기업구조조정 부동산투자회사의 경우는 3억 원 이상으로 한다.

29 (×) 부동산투자회사의 설립 자본금은 자기관리 부동산투자회사의 경우 5억 원 이상, 위탁관리 부동산부자회사 및 기업구조조정 부동산투자회사의 경우는 3억 원 이상으로 한다.

정답 26 (×), 27 (×), 28 (×), 29 (×), 30 (○)

31 | 공인중개사 2015년

위탁관리 부동산투자회사의 설립 자본금은 3억 원 이상이며 영업인가 후 6개월 이내에 30억 원을 모집하여야 한다. ( )

32 | 공인중개사 2016년

영업인가를 받거나 등록을 한 날부터 6개월이 지난 기업구조조정 부동산투자회사의 자본금은 50억 원 이상이 되어야 한다. ( )

5 부동산투자회사(REITs)의 주식의 발행 등

33 | 공인중개사 2014년

위탁관리 부동산투자회사의 경우 주주 1인과 그 특별관계자는 발행주식 총수의 20%를 초과하여 소유하지 못한다. ( )

34 | 공인중개사 2019년

위탁관리 부동산투자회사는 주주 1인당 주식소유의 한도가 제한된다. ( )

35 | 공인중개사 2013·2016·2018년

감정평가사 또는 공인중개사로서 해당 분야에 5년 이상 종사한 사람은 자기관리 부동산투자회사의 상근 자산운용 전문인력이 될 수 있다. ( )

36 | 공인중개사 2015년

부동산투자회사는 금융기관으로부터 자금을 차입할 수 없다. ( )

---

31 (×) 30억 원(×), 50억 원(○), 위탁관리 부동산투자회사의 설립 자본금은 3억 원 이상이며, 영업인가 후 6개월 이내에 50억 원을 모집하여야 한다.

33 (×) 자기관리 부동산투자회사와 위탁관리 부동산투자회사의 주주 1인과 그 특별관계자는 최저자본금준비기간이 끝난 후에는 부동산투자회사가 발행한 주식 총수의 100분의 50을 초과하여 주식을 소유하지 못한다.

36 (×) 부동산투자회사는 영업인가를 받거나 등록을 한 후에 자산을 투자운용하기 위하여 또는 기존 차입금 및 발행사채를 상환하기 위하여 대통령령으로 정하는 바에 따라 자금을 차입하거나 사채를 발행할 수 있다.

정답 31 (×), 32 (○), 33 (×), 34 (○), 35 (○), 36 (×)

핵심테마 31 자산유동화제도

1 자산유동화제도와 주택저당유동화증권(MBS)

01 | 공인중개사 2016년
한국주택금융공사는 주택저당채권을 기초로 하여 주택저당증권을 발행하고 있다. ( )

02 | 공인중개사 2021년
우리나라의 모기지 유동화중개기관으로는 한국주택금융공사가 있다. ( )

03 | 공인중개사 2019년
저당담보부증권(MBS) 도입으로 주택금융이 확대됨에 따라 대출기관의 자금이 풍부해져 궁극적으로 주택자금대출이 확대될 수 있다. ( )

04 | 공인중개사 2019년
저당담보부증권(MBS) 도입으로 대출기관의 유동성이 증대되어 소비자의 담보대출 접근성이 개선될 수 있다. ( )

05 | 공인중개사 2019년
저당담보부증권(MBS) 도입으로 주택금융의 대출이자율 하락과 다양한 상품설계에 따라 주택 구입 시 융자받을 수 있는 금액이 증가될 수 있다. ( )

06 | 공인중개사 2019년
저당담보부증권(MBS) 도입에 따른 주택금융의 활성화로 주택건설이 촉진되어 주거안정에 기여할 수 있다. ( )

07 | 공인중개사 2019년
저당담보부증권(MBS) 도입에 따른 주택금융의 확대로 자가소유가구 비중이 감소한다. ( )

---

07 (×) 감소한다(×). 증가한다(○). 저당담보부증권(MBS)의 도입으로 주택금융이 확대되어 자가소유가구 비중이 증가한다.

정답 01 (○), 02 (○), 03 (○), 04 (○), 05 (○), 06 (○), 07 (×)

2 1차 저당시장과 2차 저당시장

08 | 공인중개사 2014년

제2차 저당대출시장은 저당대출을 원하는 수요자와 저당대출을 제공하는 금융기관으로 형성되는 시장을 말하며, 주택담보대출시장이 여기에 해당한다. ( )

09 | 공인중개사 2016년

2차 저당시장은 1차 저당시장에 자금을 공급하는 역할을 한다. ( )

3 주택저당유동화증권(MBS)의 종류

<주택저당유동화증권(MBS)의 종류>

유형	이름	저당권의 소유권 채무불이행위험	원리금수취권 조기상환위험	콜방어	초과담보
지분형	MPTS	투자자	투자자	×	×
채권형	MBB	발행자	발행자	가능	확보
혼합형	MPTB	발행자	투자자	×	확보
	CMO	발행자	투자자	가능	확보

10 | 공인중개사 2021년

MPTS(mortgage pass-through securities)는 지분형 증권이다. ( )

11 | 공인중개사 2013년

MPTS(mortgage pass-through securities)는 지분형 증권이기 때문에 증권의 수익은 기초자산인 주택저당채권 집합물(mortgage pool)의 현금흐름(저당지불액)에 의존한다.
( )

12 | 공인중개사 2016년

MPTS(mortgage pass-through securities)의 조기상환위험은 투자자가 부담한다.
( )

---

08 (×) 제2차 저당대출시장(×), 제1차 저당대출시장(○). 제1차 저당대출시장은 저당대출을 원하는 수요자와 저당대출을 제공하는 금융기관으로 이루어지는 시장을 말하며, 주택담보대출시장이 여기에 해당한다. **보충** 2차 저당시장이란 2차 대출기관인 유동화중개기관(특별목적회사SPC)을 통해 기관투자자로부터 자금을 조달하여 주택자금 대출기관에 공급해주는 시장을 말한다.

정답 08 (×), 09 (○), 10 (○), 11 (○), 12 (○)

13 | 공인중개사 2013년

MBB(mortgage backed bond)의 투자자는 최초의 주택저당채권 집합물에 대한 소유권을 갖는다. ( )

14 | 공인중개사 2017년

주택저당담보부채권(MBB)은 주택저당대출차입자의 채무불이행이 발생하더라도 MBB에 대한 원리금을 발행자가 투자자에게 지급하여야 한다. ( )

15 | 공인중개사 2016·2021년

MBB(mortgage backed bond)의 경우, 신용보강을 위한 초과담보가 필요하다. ( )

16 | 공인중개사 2013년

MPTB(mortgage pay-through bond)는 MPTS와 MBB를 혼합한 특성을 지닌다. ( )

17 | 공인중개사 2021년

MPTB(mortgage pay-through bond)의 경우, 조기상환위험은 증권발행자가 부담하고, 채무불이행 위험은 투자자가 부담한다. ( )

18 | 공인중개사 2021년

CMO(collateralized mortgage obligation)는 상환우선순위와 만기가 다른 다수의 층으로 구성된 증권이다. ( )

19 | 공인중개사 2017년

다층저당증권(CMO)의 발행자는 동일한 저당풀(mortgage pool)에서 상환우선순위와 만기가 다른 다양한 저당담보부증권(MBS)을 발행할 수 있다. ( )

---

13 (×) 투자자(×), 발행기관(○), MBB(mortgage backed bond)의 발행기관은 최초의 주택저당채권 집합물에 대한 소유권을 갖는다. **보충** MBB는 모기지 풀(pool)의 현금흐름과 소유권을 발행기관이 가지면서 저당대출을 담보로 하되 발행기관의 신용으로 발행되는 채권형 MBS이다. 따라서 저당권의 소유권과 원리금수취권 모두 발행기관이 보유한다.

17 (×) MPTB(mortgage pay-through bond)의 경우, 조기상환위험은 투자자가 부담하고 채무불이행 위험은 발행자가 부담한다.

정답 13 (×), 14 (○), 15 (○), 16 (○), 17 (×), 18 (○), 19 (○)

20 | 공인중개사 **2013년**

CMO(collateralized mortgage obligation)의 발행자는 주택저당채권 집합물을 가지고 일정한 가공을 통해 위험-수익 구조가 다양한 트랜치의 증권을 발행한다. ( )

21 | 공인중개사 **2016년**

CMO(collateralized mortgage obligations)는 트랜치별로 적용되는 이자율과 만기가 다른 것이 일반적이다. ( )

정답 20 (○), 21 (○)

CHAPTER 07

부동산 개발 및 관리론

2014년	2015년	2016년	2017년	2018년	2019년	2020년	2021년	2022년
5문	7문	5문	3문	3문	6문	6문	5문	2문

핵심테마 32 │ 부동산 이용과 개발
핵심테마 33 │ 부동산 개발방식
핵심테마 34 │ 부동산 관리
핵심테마 35 │ 부동산 마케팅

부동산 이용과 개발

1 부동산 이용

01 | 공인중개사 2012년
도시 스프롤 현상이란 도시의 성장이 무질서하고 불규칙하게 확산되는 현상이다. ( )

02 | 공인중개사 2012년
도시 스프롤 현상은 도시의 교외로 확산되면서 중간중간에 공지를 남기기도 한다. ( )

03 | 공인중개사 2012년
도시 스프롤 현상은 간선도로를 따라 확산이 전개되는 현상이 나타나기도 한다. ( )

04 | 공인중개사 2012년
도시 스프롤 현상은 주로 도시 중심부의 오래된 상업지역과 주거지역에서 집중적으로 발생한다. ( )

2 부동산 개발

05 | 공인중개사 2016년
부동산개발업의 관리 및 육성에 관한 법령상 부동산개발업이란 타인에게 공급할 목적으로 부동산개발을 수행하는 업을 말한다. ( )

06 | 공인중개사 2015년
부동산 개발은 일반적으로 아이디어 단계 ⇒ 예비적 타당성 분석 ⇒ 부지구입 ⇒ 타당성 분석 ⇒ 금융 ⇒ 건설 ⇒ 마케팅 단계 순으로 진행된다. ( )

---

04 (×) 도시 스프롤 현상이란 도시의 성장이 도시 외곽으로 무질서·무계획적으로 확산되는 현상을 말한다. 따라서 도시 스프롤 현상은 도심지보다는 주로 외곽부에서 더욱 많이 발생한다.

정답 01 (○), 02 (○), 03 (○), 04 (×), 05 (○), 06 (○)

07 | 공인중개사 2014년

예비적 타당성분석은 개발사업으로 예상되는 수입과 비용을 개략적으로 계산하여 수익성을 검토하는 것이다. ( )

3 부동산 개발의 위험

08 | 공인중개사 2021년

부동산개발은 미래의 불확실한 수익을 근거로 개발을 진행하기 때문에 위험성이 수반된다. ( )

09 | 공인중개사 2017년

워포드(L. Wofford)는 부동산개발위험을 법률위험, 시장위험, 비용위험으로 구분하고 있다. ( )

10 | 공인중개사 2016·2017년

법률위험을 최소화하기 위해서는 이용계획이 확정된 토지를 구입하는 것이 유리하다. ( )

11 | 공인중개사 2017·2021년

부동산개발사업의 진행과정에서 행정의 변화에 의한 사업 인·허가 지연위험은 시행사 또는 시공사가 스스로 관리할 수 있는 위험에 해당한다. ( )

12 | 공인중개사 2017년

예측하기 어려운 시장의 불확실성은 부동산개발사업에 영향을 주는 시장위험요인이 된다. ( )

13 | 공인중개사 2017년

부동산개발사업의 추진에는 많은 시간이 소요되므로, 개발사업기간 동안 다양한 시장위험에 노출된다. ( )

---

11 (×) 부동산개발사업의 진행과정에서 행정의 변화에 의한 사업 인·허가 지연위험은 시행사 또는 시공사가 스스로 관리할 수 없는 위험이다.

정답 07 (○), 08 (○), 09 (○), 10 (○), 11 (×), 12 (○), 13 (○)

4 부동산 개발사업의 긍정적 요인과 부정적 요인

<부동산 개발사업의 긍정적 요인과 부정적 요인>

긍정적 요인	부정적 요인
분양가격 상승 토지가격 하락 용적률의 할증 대출금리 하락	건설자재 가격 상승 공사기간의 연장 규제의 강화 대출금리 상승 조합원 부담금 인상 기부채납의 증가

14 | 공인중개사 2018년

대출이자율의 상승은 개발사업에 긍정적인 영향을 주는 요인이다. ( )

15 | 공인중개사 2018년

매수예정 사업부지가격의 상승은 개발사업에 긍정적인 영향을 주는 요인이다. ( )

16 | 공인중개사 2018년

초기 저조한 분양률은 개발사업에 긍정적인 영향을 주는 요인이다. ( )

17 | 공인중개사 2014년

건설자재 가격의 상승은 개발사업에 긍정적인 영향을 주는 요인이다. ( )

18 | 공인중개사 2014년

일반분양 분의 분양가 상승은 개발사업에 긍정적인 영향을 주는 요인이다. ( )

19 | 공인중개사 2014년

조합원 부담금 인상은 개발사업에 긍정적인 영향을 주는 요인이다. ( )

---

14 (×) 대출이자율의 상승은 개발사업에 부정적인 영향을 주는 요인이다.
15 (×) 매수예정 사업부지가격의 상승은 개발사업에 부정적인 영향을 주는 요인이다.
16 (×) 초기 저조한 분양률은 개발사업에 부정적인 영향을 주는 요인이다.
17 (×) 건설자재 가격의 상승은 개발사업에 부정적인 영향을 주는 요인이다.
19 (×) 조합원 부담금 인상은 개발사업에 부정적인 영향을 주는 요인이다.

정답 14 (×), 15 (×), 16 (×), 17 (×), 18 (○), 19 (×)

20 | 공인중개사 2014·2018년

용적률의 할증은 개발사업에 긍정적인 영향을 주는 요인이다. ( )

21 | 공인중개사 2014년

이주비 대출금리의 하락은 개발사업에 긍정적인 영향을 주는 요인이다. ( )

22 | 공인중개사 2014·2018년

공사기간의 연장은 개발사업에 긍정적인 영향을 주는 요인이다. ( )

23 | 공인중개사 2014년

기부채납의 증가는 개발사업에 긍정적인 영향을 주는 요인이다. ( )

5 부동산 개발의 타당성분석

<시장성분석과 타당성분석>

지역경제분석	특정 지역의 거시적 분석 – 지역의 인구, 가구, 고용, 소득 등
시장분석	특정 부동산에 대한 시장지역의 수요와 공급 분석
시장성분석	개발부동산이 현재나 미래의 시장에서 매매되거나 임대될 수 있는가를 분석 흡수율 분석 : 과거 추세분석을 통해 장래예측 목적
타당성분석	개발부동산이 충분한 수익성이 있는지를 분석
투자분석	투자대안의 수익성 등을 검토하여 최종 투자결정

24 | 공인중개사 2014년

인근지역분석은 부동산개발에 영향을 미치는 환경요소의 현황과 전망을 분석하는 것이다. ( )

25 | 공인중개사 2014년

시장분석은 특정부동산에 관련된 시장의 수요와 공급상황을 분석하는 것이다. ( )

---

22 (×) 공사기간의 연장은 개발사업에 부정적인 영향을 주는 요인이다.
23 (×) 기부채납의 증가는 개발사업에 부정적인 영향을 주는 요인이다.

정답 20 (○), 21 (○), 22 (×), 23 (×), 24 (○), 25 (○)

26 | 공인중개사 2016년

시장성분석 단계에서는 향후 개발될 부동산이 현재나 미래의 시장상황에서 매매되거나 임대될 수 있는지에 대한 경쟁력을 분석한다. ( )

27 | 공인중개사 2014년

시장성분석은 부동산이 현재나 미래의 시장상황에서 매매 또는 임대될 수 있는 가능성을 조사하는 것이다. ( )

28 | 공인중개사 2020년

특정 부동산이 가진 경쟁력을 중심으로 해당 부동산이 분양될 수 있는 가능성을 분석하는 것은 시장성분석이다. ( )

29 | 공인중개사 2012년

흡수율분석은 부동산 시장의 추세를 파악하는 데 도움을 주는 것으로, 과거의 추세를 정확하게 파악하는 것이 주된 목적이다. ( )

30 | 공인중개사 2014년

민감도분석은 시장에 공급된 부동산이 시장에서 일정기간동안 소비되는 비율을 조사하여 해당 부동산시장의 추세를 파악하는 것이다. ( )

31 | 공인중개사 2020년

타당성분석에 활용된 투입요소의 변화가 그 결과치에 어떠한 영향을 주는가를 분석하는 기법은 민감도분석이다. ( )

32 | 공인중개사 2021년

흡수율분석은 재무적 사업타당성분석에서 사용했던 주요 변수들의 투입 값을 낙관적, 비관적 상황으로 적용하여 수익성을 예측하는 것을 말한다. ( )

---

29 (×) 과거의 추세(×), 미래의 추세(○), 흡수율 분석은 부동산 시장의 추세를 파악하는 데 도움을 주는 것으로, 미래의 추세를 정확하게 파악하는 것이 주된 목적이다.

30 (×) 민감도분석(×), 흡수율분석(○), 흡수율분석은 시장에 공급된 부동산이 시장에서 일정기간동안 소비되는 비율을 조사하여 해당 부동산시장의 추세를 파악하는 것이다. **보충** 민감도분석은 투자효과를 분석하는 모형의 투입요소가 변화함에 따라, 그 결과치에 어떠한 영향을 주는가를 분석하는 기법이다.

32 (×) 흡수율분석(×), 민감도분석(○), 민감도분석은 재무적 사업타당성분석에서 사용했던 주요 변수들의 투입값을 낙관적, 비관적 상황으로 적용하여 수익성을 예측하는 것을 말한다.

정답 26 (○), 27 (○), 28 (○), 29 (×), 30 (×), 31 (○), 32 (×)

부동산 개발방식

1 개발유형에 따른 분류

01 | 공인중개사 2019년

도시개발법령상 도시개발사업의 시행방식에는 환지방식, 수용 또는 사용방식, 혼용방식이 있다. ( )

02 | 공인중개사 2021년

공영(공공)개발은 공공성과 공익성을 위해 택지를 조성한 후 분양 또는 임대하는 토지개발방식을 말한다. ( )

03 | 공인중개사 2015·2021년

환지방식은 택지가 개발되기 전 토지의 위치·지목·면적 등을 고려하여 택지개발 후 개발된 토지를 토지소유자에게 재분배하는 방식을 말한다. ( )

04 | 공인중개사 2013년

토지신탁형은 토지소유자로부터 형식적인 소유권을 이전받은 신탁회사가 토지를 개발·관리·처분하여 그 수익을 수익자에게 돌려주는 방식이다. ( )

05 | 공인중개사 2020년

토지소유자가 조합을 설립하여 농지를 택지로 개발한 후 보류지(체비지·공공시설 용지)를 제외한 개발토지 전체를 토지소유자에게 배분하는 방식은 재개발방식과 환지방식에 해당한다. ( )

> 05 (×) 재개발방식(×), 신개발방식(○), 토지소유자가 조합을 설립하여 농지를 택지로 개발한 후 보류지(체비지·공공시설 용지)를 제외한 개발토지 전체를 토지소유자에게 배분하는 방식은 신개발방식과 환지방식에 해당한다.
>
> • 신개발방식
> ① 농림지 등 건축이 허용되지 않은 토지를 건축이 가능한 택지로 전환하여 도시형 토지를 개발하는 것을 신개발이라 한다.
> ② 환지방식(토지구획정리사업), 토지형질변경사업, 일단의 주택지조성사업, 아파트지구개발사업, 신도시개발사업 등이 신개발에 해당한다.
>
> • 재개발방식
> ① 재개발은 구도시재개발을 의미하며, 주거 및 도시환경정비사업과 주택재개발, 주택재건축사업을 통해 재개발활동이 이루어진다.

정답 01 (○), 02 (○), 03 (○), 04 (○), 05 (×)

06 | 공인중개사 2019년

정비기반시설이 열악하고 노후·불량건축물이 밀집한 지역에서 주거환경을 개선하거나 상업지역·공업지역 등에서 도시기능의 회복 및 상권활성화 등을 위하여 도시환경을 개선하기 위한 사업은 재개발사업이다. ( )

07 | 공인중개사 2016년

단독주택 및 다세대주택 등이 밀집한 지역에서 정비기반시설과 공동이용시설의 확충을 통하여 주거환경을 보전·정비·개량하기 위하여 시행하는 사업은 주거환경개선사업이다. ( )

2 민간개발의 방식

08 | 공인중개사 2013년

자체개발사업은 불확실하거나 위험도가 큰 부동산 개발사업에 대한 위험을 토지소유자와 개발업자 간에 분산할 수 있는 장점이 있다. ( )

09 | 공인중개사 2015년

자체개발사업에서는 사업시행자의 주도적인 사업추진이 가능하나 사업의 위험성이 높을 수 있어 위기관리능력이 요구된다. ( )

---

06 (○) 재개발방식
- 정비사업의 종류
  ① 주거환경개선사업 : 도시저소득 주민이 집단거주하는 지역으로서 정비기반시설이 극히 열악하고 노후·불량건축물이 과도하게 밀집한 지역의 주거환경을 개선하거나 단독주택 및 다세대주택이 밀집한 지역에서 정비기반시설과 공동이용시설 확충을 통하여 주거환경을 보전·정비·개량하기 위한 사업
  ② 재개발사업 : 정비기반시설이 열악하고 노후·불량건축물이 밀집한 지역에서 주거환경을 개선하거나 상업지역·공업지역 등에서 도시기능의 회복 및 상권활성화 등을 위하여 도시환경을 개선하기 위한 사업
  ③ 재건축사업 : 정비기반시설은 양호하나 노후·불량건축물에 해당하는 공동주택이 밀집한 지역에서 주거환경을 개선하기 위한 사업

08 (×) 자체개발사업(×), 공동개발사업(○), 공동개발사업은 불확실하거나 위험도가 큰 부동산 개발사업에 대한 위험을 토지소유자와 개발업자 간에 분산할 수 있는 장점이 있다. **보충** 자체개발사업은 토지소유자가 사업기획을 하고 자금을 직접 조달하여 시행하는 방식으로 사업의 위험성이 매우 높고 자금조달의 부담이 크며, 위기관리능력이 요구된다.

정답 06 (○), 07 (○), 08 (×), 09 (○)

10 | 공인중개사 2013년

자주공동사업은 토지소유자와 개발업자가 부동산개발을 공동으로 시행하는 방식으로서, 일반적으로 토지소유자는 토지를 제공하고 개발업자는 개발의 노하우를 제공하여 서로의 이익을 추구한다. ( )

11 | 공인중개사 2015년

토지소유자가 제공한 토지에 개발업자가 공사비를 부담하여 부동산을 개발하고, 개발된 부동산을 제공된 토지가격과 공사비의 비율에 따라 나눈다면, 이는 등가교환방식에 해당된다. ( )

12 | 공인중개사 2015년

토지소유자가 사업을 시행하면서 건설업체에 공사를 발주하고 공사비의 지급은 분양 수입금으로 지급한다면, 이는 분양금 공사비 지급(청산)형 사업방식에 해당된다. ( )

13 | 공인중개사 2013년

사업위탁방식은 토지소유자가 개발업자에게 사업시행을 의뢰하고, 개발업자는 사업시행에 대한 수수료를 취하는 방식이다. ( )

14 | 공인중개사 2015년

개발 사업에 있어서 사업자금 조달 또는 상호 기술 보완 등 필요에 따라 법인 간에 컨소시엄을 구성하여 사업을 추진한다면, 이는 컨소시엄구성방식에 해당된다. ( )

15 | 공인중개사 2013년

컨소시엄 구성방식은 출자회사간 상호 이해조정이 필요하다. ( )

16 | 공인중개사 2016·2018년

토지소유자로부터 형식적인 토지소유권을 이전받은 신탁회사가 사업주체가 되어 개발·공급하는 방식은 신탁개발방식이다. ( )

17 | 공인중개사 2015년

토지신탁(개발)방식과 사업수탁방식은 형식의 차이가 있으나, 소유권을 이전하고 사업주체가 토지소유자가 된다는 점이 동일하다. ( )

---

17 (×) 토지신탁(개발)방식은 소유권을 이전하고 신탁회사가 자금조달, 건축시공, 사업시행을 하고 그 수익을 토지소유자에게 배당하는 방식이다. 이와 달리 사업수탁방식은 소유권은 이전되지 않고 토지소유자 명의로 개발이 이루어지므로 사업주체가 토지소유자가 된다.

정답 10 (○), 11 (○), 12 (○), 13 (○), 14 (○), 15 (○), 16 (○), 17 (×)

18 | 공인중개사 2019년

부동산신탁에 있어서 당사자는 부동산 소유자인 위탁자와 부동산 신탁사인 수탁자 및 신탁재산의 수익권을 배당 받는 수익자로 구성되어 있다. ( )

19 | 공인중개사 2019년

부동산의 소유권관리, 건물수선 및 유지, 임대차관리 등 제반 부동산 관리업무를 신탁회사가 수행하는 것을 관리신탁이라 한다. ( )

20 | 공인중개사 2019년

관리신탁에 의하는 경우 법률상 부동산 소유권의 이전 없이 신탁회사가 부동산의 관리업무를 수행하게 된다. ( )

21 | 공인중개사 2019년

분양신탁관리는 상가 등 건축물 분양의 투명성과 안정성을 확보하기 위하여 신탁회사에게 사업부지의 신탁과 분양에 따른 자금관리업무를 부담시키는 것이다. ( )

22 | 공인중개사 2019년

처분신탁은 처분방법이나 절차가 까다로운 부동산에 대한 처분업무 및 처분완료시까지의 관리업무를 신탁회사가 수행하는 것이다. ( )

23 | 공인중개사 2019년

부동산소유자가 소유권을 신탁회사에 이전하고 신탁회사로부터 수익증권을 교부받아 수익증권을 담보로 금융기관에서 대출을 받는 상품을 토지신탁이라 한다. ( )

---

20 (×) 소유권의 이전 없이(×), 소유권을 이전하고(○), 관리신탁은 부동산소유자가 신탁회사에 소유권을 이전하고, 신탁재산으로 인수한 부동산을 보존 또는 개량하고 임대 등의 부동산사업을 시행하여 그 수익을 수익자에게 교부하는 신탁이다.

23 (×) 토지신탁(×), 부동산 담보신탁(○), 부동산소유자가 소유권을 신탁회사에 이전하고 신탁회사로부터 수익증권을 교부받아 수익증권을 담보로 금융기관에서 대출을 받는 상품은 부동산 담보신탁이다.

• 토지신탁과 담보신탁 비교
① 토지신탁 : 토지소유자가 신탁회사에 소유권을 이전하고 개발사업의 수익을 토지소유자에게 배당한다. 신탁회사의 명의로 개발사업은 진행되고, 신탁회사는 수수료를 취득한다.
② 부동산 담보신탁 : 부동산소유자가 소유권을 신탁회사에 이전하고 신탁회사로부터 수익증권을 교부받아 수익증권을 담보로 금융기관에서 대출을 받는 상품

정답 18 (○), 19 (○), 20 (×), 21 (○), 22 (○), 23 (×)

3 민간개발사업의 투자방식

24 | 공인중개사 2013년

공공재발 : 제2섹터 개발이라고도 하며, 민간이 자본과 기술을 제공하고 공공기관이 인·허가 등 행정적인 부분을 담당하는 상호 보완적인 개발을 말한다. ( )

25 | 공인중개사 2019년

지방자치단체와 민간기업이 합동으로 개발하는 방식은 민관합동개발사업에 해당한다. ( )

4 민간자본 유치사업 방식

<민간자본 유치사업 키워드>

B(build)	(민간자본으로) 준공하고 or (민간자본으로) 건설하고
T(transfer)	소유권이 (정부로) 귀속되며 or 소유권을 (정부에게) 이전하고
L(lease)	임차하여 사용·수익 or 임대하여 수익을 내는
O(operate)	운영권을 가지고 or 시설관리운영권을 가지며
O(own)	소유권을 보유하면서 or 소유권을 갖는

26 | 공인중개사 2017·2020년

사회기반시설의 준공과 동시에 해당 시설의 소유권이 국가 또는 지방자치단체에 귀속되며, 사업시행자에게 일정기간의 시설관리운영권을 인정하되, 그 시설을 국가 또는 지방자치단체 등이 협약해서 정한 기간 동안 임차하여 사용·수익하는 방식은 BTL(Build-Transfer-Lease) 방식이다. ( )

---

24 (×) 공공개발은 제1섹터 개발이라고도 하며, 국가, 지방자치단체, 지방공사, 공기업(한국토지주택공사, 주택도시보증공사 등)이 부동산 개발의 주체이다.

- 부동산 개발의 주체
  ① 공공개발(제1섹터) : 국가, 지방자치단체, 지방공사, 공기업(한국토지주택공사, 주택도시보증공사 등)
  ② 민간개발(제2섹터) : 토지소유자(개인, 조합), 주택건설업자 등
  ③ 민간합동개발(제3섹터) : 공공·민간합동개발

정답 24 (×), 25 (○), 26 (○)

27 | 공인중개사 2013년

BTO(build-transfer-operate): 사업시행자가 시설의 준공과 함께 소유권을 국가 또는 지방자치단체로 이전하고, 해당 시설을 국가나 지방자치단체에 임대하여 수익을 내는 방식이다. ( )

28 | 공인중개사 2016년

BTO(Build-Transfer-Operate) 방식은 민간이 개발한 시설의 소유권을 준공과 동시에 공공에 귀속시키고 민간은 시설관리운영권을 가지며, 공공은 그 시설을 임차하여 사용하는 민간투자 사업방식이다. ( )

29 | 공인중개사 2015·2017·2020년

시설의 준공과 함께 시설의 소유권이 정부 등에 귀속되지만, 사업시행자가 정해진 기간 동안 시설에 대한 운영권을 가지고 수익을 내는 방식은 BTO(build-transfer-operate) 방식이다. ( )

30 | 공인중개사 2013년

BOT(build-operate-transfer): 시설의 준공과 함께 시설의 소유권이 국가 또는 지방자치단체에 귀속되지만, 사업시행자가 정해진 기간 동안 시설에 대한 운영권을 가지고 수익을 내는 방식이다. ( )

31 | 공인중개사 2021년

BOT(Build-Operate-Transfer) 방식은 민간사업자가 자금을 조달하여 시설을 건설하고, 일정기간 소유 및 운영을 한 후, 사업종료 후 국가 또는 지방자치단체 등에게 시설의 소유권을 이전하는 방식이다. ( )

---

27 (×) BTL(Build-Transfer-Lease) 방식은 사업시행자가 시설의 준공(Build)과 함께 소유권을 국가 또는 지방자치단체로 이전하고(Transfer), 해당 시설을 국가나 지방자치단체에 임대하여(Lease) 수익을 내는 방식이다.

28 (×) BTL(Build-Transfer-Lease) 방식은 민간이 개발한 시설의 소유권을 준공(Build)과 동시에 공공에 귀속시키고(Transfer) 민간은 시설관리운영권을 가지며, 공공은 그 시설을 임차하여(Lease) 사용하는 민간투자 사업방식이다.

30 (×) BTO(build-transfer-operate) 방식은 시설의 준공(Build)과 함께 시설의 소유권이 국가 또는 지방자치단체에 귀속되지만(Transfer), 사업시행자가 정해진 기간 동안 시설에 대한 운영권을(Operate) 가지고 수익을 내는 방식이다.

정답 27 (×), 28 (×), 29 (○), 30 (×), 31 (○)

32 | 공인중개사 2013·2021년

BLT(build-transfer-lease): 사업시행자가 시설을 준공하여 소유권을 보유하면서 시설의 수익을 가진 후 일정 기간 경과 후 시설소유권을 국가 또는 지방자치단체에 귀속시키는 방식이다. ( )

33 | 공인중개사 2021년

BLT(Build-Lease-Transfer) 방식은 민간사업자가 자금을 조달하여 시설을 건설하고 일정기간 동안 타인에게 임대하고, 임대기간 종료 후 국가 또는 지방자치단체 등에게 시설의 소유권을 이전하는 방식이다. ( )

34 | 공인중개사 2013·2021년

BOO(build-own-operate): 시설의 준공과 함께 사업시행자가 소유권과 운영권을 갖는 방식이다. ( )

---

32 (×) BOT(Build-Operate-Transfer) 방식은 사업시행자가 시설을 준공(Build)하여 소유권을 보유하면서 시설의 운영수익(Operate)을 가진 후 일정 기간 경과 후 시설소유권을 국가 또는 지방자치단체에 귀속시키는 (Transfer) 방식이다.

정답 32 (○), 33 (×), 34 (○)

핵심테마 34 부동산 관리

1 건물의 내용연수 및 생애주기

01 | 공인중개사 모의문제
시간의 경과에 의해 생기는 건물의 마멸 및 파손, 노후화는 물리적 내용연수에 영향을 미치는 요인이다. ( )

02 | 공인중개사 2015년
건물과 부지와의 부적응, 설계 불량, 설비 불량, 건물의 외관과 디자인 낙후는 기능적 내용연수에 영향을 미치는 요인이다. ( )

03 | 공인중개사 2015년
인근지역의 변화, 인근환경과 건물의 부적합, 당해지역 건축물의 시장성 감퇴는 경제적 내용연수에 영향을 미치는 요인이다. ( )

04 | 공인중개사 모의문제
법 제도나 행정 조건, 공법상의 규정은 행정적 내용연수에 영향을 미치는 요인이다. ( )

05 | 공인중개사 모의문제
안정단계는 건물이 제 기능을 발휘하며 본격적으로 이용, 운영되고 안정되는 단계로 경제적 유용성이 가장 높은 단계이다. ( )

06 | 공인중개사 2015년
건물의 생애주기 단계 중 안정단계에서 건물의 양호한 관리가 이루어진다면 안정단계의 국면이 연장될 수 있다. ( )

07 | 공인중개사 2015년
건물의 생애주기 단계 중 노후단계는 일반적으로 건물의 구조, 설비, 외관 등이 악화되는 단계이다. ( )

정답 01 (O), 02 (O), 03 (O), 04 (O), 05 (O), 06 (O), 07 (O)

08 | 공인중개사 2014년

건물관리의 경우 생애주기비용(Life Cycle Cost)분석을 통해 초기투자비와 관리유지비의 비율을 조절함으로써 보유기간동안 효과적으로 총비용을 관리할 수 있다.　　( )

2 기술적 관리, 경제적 관리, 법률적 관리

09 | 공인중개사 2014년

부동산관리에서 '유지'란 외부적인 관리행위로 부동산의 외형·형태를 변화시키면서 양호한 상태를 지속시키는 행위다.　　( )

10 | 공인중개사 2014년

토지의 경계를 확인하기 위한 경계측량을 실시하는 등의 관리는 기술적 측면의 관리에 속한다.　　( )

11 | 공인중개사 2015년

경제적 측면의 부동산관리는 대상 부동산의 물리적·기능적 하자의 유무를 판단하여 필요한 조치를 취하는 것이다.　　( )

12 | 공인중개사 2015년

법률적 측면의 부동산관리는 부동산의 유용성을 보호하기 위하여 법률상의 제반 조치를 취함으로써 법적인 보장을 확보하려는 것이다.　　( )

13 | 공인중개사 2014년

부동산의 법률관리는 부동산자산의 포트폴리오 관점에서 자산-부채의 재무적 효율성을 최적화 하는 것이다.　　( )

---

09 (×) 변화시키면서(×), 변화시키지 않고(○), 부동산의 유지는 외부적 관리행위로서 부동산의 외형이나 형체를 변화시키지 않고 양호한 상태를 지속시키는 행위다.

11 (×) 경제적 측면(×), 기술적 측면(○), 기술적 측면의 부동산관리는 대상 부동산의 물리적·기능적 하자의 유무를 판단하여 필요한 조치를 취하는 것이다.

13 (×) 법률적 관리(×), 경제적 관리(○), 부동산의 경제적 관리는 부동산자산의 포트폴리오 관점에서 자산-부채의 재무적 효율성을 최적화 하는 것이다.

정답 08 (○), 09 (×), 10 (○), 11 (×), 12 (○), 13 (×)

14 | 공인중개사 2014년

부동산관리는 법·제도·경영·경제·기술적인 측면이 있어, 설비 등의 기계적인 측면과 경제·경영을 포함한 종합적인 접근이 요구된다. ( )

3 시설관리, 재산관리, 자산관리

15 | 공인중개사 2014년

시설관리는 시장 및 지역경제분석, 경쟁요인 및 수요분석 등이 주요업무다. ( )

16 | 공인중개사 2015년

시설관리(facility management)는 부동산시설을 운영하고 유지하는 것으로 시설사용자나 기업의 요구에 따르는 소극적 관리에 해당한다. ( )

17 | 공인중개사 2019년

포트폴리오 관리 및 분석, 부동산투자의 위험관리, 재투자·재개발 과정분석, 임대마케팅 시장 분석, 부동산의 매입과 매각관리 등은 자산관리(asset management)에 해당한다.
( )

4 자가관리, 위탁관리, 혼합관리

18 | 공인중개사 2016년

자가(직접)관리방식은 전문(위탁)관리방식에 비해 기밀유지에 유리하고 의사결정이 신속한 경향이 있다. ( )

19 | 공인중개사 2014·2015년

자가(직접)관리방식은 업무행위의 안일화를 초래하기 쉽고 전문성이 낮다는 단점도 있다. ( )

20 | 공인중개사 2014년

위탁관리방식은 건물관리의 전문성을 통하여 노후화의 최소화 및 효율적 관리가 가능하여 대형건물의 관리에 유용하다. ( )

---

15 (×) 시설관리는 설비의 보수, 위생관리, 방범·방재 등 각종 부동산시설을 운영·유지하는 형태의 소극적 관리를 말한다. **비교** 시장 및 지역경제분석, 경쟁요인 및 수요분석 등은 자산관리의 업무에 해당한다.

정답 14 (○), 15 (×), 16 (○), 17 (○), 18 (○), 19 (○), 20 (○)

21 | 공인중개사 2022년

위탁관리방식은 건물설비의 고도화에 대응할 수 있으나 기밀유지에 어려움이 있다. ( )

22 | 공인중개사 2015년

건물의 관리에 있어서 재무·회계관리, 시설이용·임대차 계약, 인력관리는 위탁하고, 청소를 포함한 그 외 나머지는 소유자가 직접 관리할 경우, 이는 전문(위탁)관리방식에 해당한다. ( )

23 | 공인중개사 2014년

혼합관리방식은 필요한 부분만 선별하여 위탁하기 때문에 관리의 책임소재가 분명해지는 장점이 있다. ( )

5 임대차관리 및 주택임대관리업

24 | 공인중개사 2015년

임차 부동산에서 발생하는 총수입(매상고)의 일정 비율을 임대료로 지불한다면, 이는 임대차의 유형 중 비율임대차에 해당한다. ( )

25 | 공인중개사 2018년

임대차계약의 체결·갱신은 주택임대관리업자가 임대를 목적으로 하는 주택에 대해 할 수 있는 업무에 해당한다. ( )

26 | 공인중개사 2018년

임차인의 입주·명도는 주택임대관리업자가 임대를 목적으로 하는 주택에 대해 할 수 있는 업무에 해당한다. ( )

27 | 공인중개사 2018년

임대료의 부과·징수는 주택임대관리업자가 임대를 목적으로 하는 주택에 대해 할 수 있는 업무에 해당한다. ( )

---

22 (×) 위탁관리(×), 혼합관리(○), 건물의 관리에 있어서 재무·회계관리, 시설이용·임대차 계약, 인력관리는 위탁하고, 청소를 포함한 그 외 나머지는 소유자가 직접 관리할 경우, 이는 혼합관리방식에 해당한다.

23 (×) 혼합관리방식은 필요한 부분만 선별하여 위탁할 수 있으나, 관리의 책임소재가 불분명해지는 단점이 있다.

정답 21 (○), 22 (×), 23 (×), 24 (○), 25 (○), 26 (○), 27 (○)

28 | 공인중개사 2018년

시설물 유지·개량은 주택임대관리업자가 임대를 목적으로 하는 주택에 대해 할 수 있는 업무에 해당한다. ( )

29 | 공인중개사 2018년

임차인의 대출알선은 주택임대관리업자가 임대를 목적으로 하는 주택에 대해 할 수 있는 업무에 해당한다. ( )

---

29 (×) 임차인의 대출알선은 주택임대관리업자의 업무에 해당하지 않는다.
- **민간임대주택에 관한 특별법상 주택임대관리업자의 업무 범위**
  ① 임대차계약의 체결·해제·해지·갱신 및 갱신거절 등
  ② 임대료의 부과·징수
  ③ 임차인의 입주 및 명도·퇴거 등
  ④ 시설물 유지·보수·개량 및 그 밖의 주택관리 업무

정답 28 (○), 29 (×)

부동산 마케팅

1 부동산 마케팅전략

시장점유 마케팅	공급자 중심의 마케팅 전략으로 표적시장을 선정하거나 틈새시장을 점유하는 전략
고객점유 마케팅	소비자의 행태·심리적 차원에서 접근하는 마케팅 전략
관계 마케팅	공급자와 소비자의 상호작용을 중시하는 전략

2 시장점유 마케팅

01 | 공인중개사 **2021년**

시장점유 마케팅전략이란 부동산시장을 점유하기 위한 전략으로 4P Mix전략, STP전략이 있다. ( )

02 | 공인중개사 **2022년**

시장점유 전략은 수요자 측면의 접근으로 목표시장을 선점하거나 점유율을 높이는 것을 말한다. ( )

3 시장점유 마케팅 : STP전략

03 | 공인중개사 **2015년**

STP전략은 시장세분화(segmentation), 표적시장 선정(targeting), 포지셔닝(positioning)으로 구성된다. ( )

---

02 (×) 수요자(×), 공급자(○), 시장점유 마케팅은 공급자 측면의 접근으로 목표시장을 선점하거나 점유율을 높이는 것을 말한다.

정답 01 (○), 02 (×), 03 (○)

04 | 공인중개사 2021년

STP전략이란 고객집단을 세분화(Segmentation)하고 표적시장을 선정(Targeting)하여 효과적으로 판매촉진(Promotion)을 하는 전략이다. ( )

05 | 공인중개사 2022년

시장세분화 전략이란 수요자 집단을 인구·경제적 특성에 따라 세분하고, 세분된 시장에서 상품의 판매지향점을 분명히 하는 것을 말한다. ( )

06 | 공인중개사 2014·2017·2020년

부동산마케팅에서 시장세분화(market segmentation)란 부동산시장에서 마케팅활동을 수행하기 위하여 구매자의 집단을 세분하는 것이다. ( )

07 | 공인중개사 2013·2017년

부동산마케팅에서 표적시장(target market)이란 세분된 시장 중에서 부동산기업이 표적으로 삼아 마케팅활동을 수행하는 시장을 말한다. ( )

08 | 공인중개사 2013년

포지셔닝(positioning)은 목표시장에서 고객의 욕구를 파악하여 경쟁 제품과 차별성을 가지도록 제품 개념을 정하고 소비자의 지각 속에 적절히 위치시키는 것이다. ( )

09 | 공인중개사 2021년

분양성공을 위해 아파트 브랜드를 고급스러운 이미지로 고객의 인식에 각인시키도록 하는 노력은 STP전략 중 시장세분화(Segmentation) 전략에 해당한다. ( )

---

04 (×) 판매촉진(×), 차별화(○), STP전략이란 고객집단을 세분화(Segmentation)하고 표적시장을 선정(Targeting)하여 차별화(Positioning)하는 전략이다.

- **STP 전략**

  ① 시장세분화(Segmentation) 전략 : 수요자를 인구경제학적 특성에 따라 세분하고, 그 세분된 시장을 대상으로 판매지향점을 분명히 하는 전략이다. 마케팅활동을 수행할 만한 가치가 있는 명확하고 유의미한 구매자 집단으로 시장을 분할하는 것을 말한다. 고객행동변수 및 고객특성변수에 따라 시장을 나누어서 몇 개의 세분시장으로 구분하는 것이다.

  ② 표적시장선정전략(Targeting) : 세분화된 시장 중에서 기업이 표적으로 삼아 마케팅활동을 수행하는 시장을 말한다.

  ③ 차별화전략(Positioning) : 표적시장에서 자사의 제품이 경쟁사에 비해 독점적 지위를 지니도록 이미지를 구축하고 자사의 상품을 특화시키는 전략

09 (×) 고객의 인식에 각인시키도록 하는 노력은 STP전략 중 차별화(positioning) 전략에 해당한다.

정답 04 (×), 05 (○), 06 (○), 07 (○), 08 (○), 09 (×)

4 시장점유 마케팅 : 4P MIX 전략

10 | 공인중개사 2014·2022년

마케팅믹스는 기업이 표적시장에 도달하기 위해 이용하는 마케팅요소의 조합이다. (   )

11 | 공인중개사 2013·2014·2017년

부동산마케팅믹스 전략은 4P(Place, Product, Price, Promotion)를 구성요소로 한다.
(   )

12 | 공인중개사 2013년

다른 아파트와 차별화되도록 '혁신적인 내부구조로 설계된 아파트'는 제품(product) 전략의 예가 될 수 있다. (   )

13 | 공인중개사 2016년

아파트 단지 내 자연친화적 실개천 설치는 부동산 마케팅4P의 제품(product)에 해당한다. (   )

14 | 공인중개사 2021년

아파트의 차별화를 위해 커뮤니티 시설에 헬스장, 골프연습장을 설치하는 방안은 4P Mix 전략 중 가격(Price)전략에 해당한다. (   )

15 | 공인중개사 2016년

부동산 중개업소 적극 활용은 부동산 마케팅4P의 유통경로(place)에 해당한다. (   )

16 | 공인중개사 2014년

마케팅믹스에서 촉진관리는 판매유인과 직접적인 인적판매 등이 있으며, 이러한 요소를 혼합하여 전략을 구사하는 것이 바람직하다. (   )

17 | 공인중개사 2017년

판매촉진(promotion)은 표적시장의 반응을 빠르고 강하게 자극·유인하기 위한 전략을 말한다. (   )

---

14 (×) 아파트의 차별화를 위해 커뮤니티 시설에 헬스장, 골프연습장을 설치하는 방안은 4P Mix 전략 중 제품(product)전략에 해당한다.

정답 10 (○), 11 (○), 12 (○), 13 (○), 14 (×), 15 (○), 16 (○), 17 (○)

18 | 공인중개사 2016·2021년

아파트 분양 모델하우스 방문고객 대상으로 추첨을 통해 자동차를 경품으로 제공하는 것은 4P Mix 전략 중 유통경로(Place)전략에 해당한다. ( )

19 | 공인중개사 2016년

시장분석을 통한 적정 분양가 책정은 부동산 마케팅4P의 가격(price)에 해당한다. ( )

20 | 공인중개사 2017년

부동산마케팅의 가격전략 중 빠른 자금회수를 원하고 지역구매자의 구매력이 낮은 경우, 고가전략을 이용한다. ( )

21 | 공인중개사 2014년

마케팅믹스의 가격관리에서 시가정책은 위치, 방위, 층, 지역 등에 따라 다른 가격으로 판매하는 정책이다. ( )

22 | 공인중개사 2021년

경쟁사의 가격을 추종해야 할 경우 4P Mix의 가격전략으로 시가전략을 이용한다. ( )

---

18 (×) 아파트 분양 모델하우스 방문고객 대상으로 추첨을 통해 자동차를 경품으로 제공하는 것은 4P Mix 전략 중 판매촉진(Promotion)전략에 해당한다.

20 (×) 구매력이 낮은 경우(×), 구매력이 높은 경우(○), 부동산마케팅의 가격전략 중 빠른 자금회수를 원하고 지역구매자의 구매력이 높은 경우에는 고가전략을 이용한다. 지역구매자의 구매력이 낮은 경우에는 고가전략을 이용하지 못한다.

- **고가정책과 저가정책**
  ① 고가정책 : 단기에 우수한 고객층을 빨리 파악하여 가능한 한 위험을 최소화하려는 경우에 이용된다. 특히 판매자가 빠른 자금회수를 원하고 지역구매자의 구매력이 높은 경우, 주로 고가전략을 이용한다.
  ② 저가정책 : 가격을 낮게 책정함으로써 소비자로 하여금 구매력이 생기게 하여 다수의 고객을 확보하는 정책으로 장기적인 면에서 이익을 확보하려는 정책이다.

21 (×) 시가정책(×), 신축가격정책(○), 마케팅믹스의 가격관리에서 위치, 방위, 층, 지역 등에 따라 다른 가격으로 판매하는 정책은 신축가격정책 또는 가격차별화정책이다. 신축가격정책이란 생산자가 공급하는 재화나 서비스를 생산비가 같음에도 불구하고 소비자의 각 집단에게 서로 다른 가격으로 판매하는 것이다. [비교] 시가정책은 시장평균가격전략으로서 경쟁업자와 동일한 가격으로 경쟁업자의 가격을 추종하는 전략이다.

- **신축가격정책과 시가정책**
  ① 신축가격정책 : 같은 자재·시공·설비를 한 경우라도 부동산의 개별적·지역적 특성에 따라 다른 가격으로 판매하는 가격정책이다. 적응가격정책, 가격차별화정책이라고도 한다.
  ② 시가정책 : 경쟁업자의 가격과 동일가격으로 가격을 정한다. 경쟁업자의 가격을 추종하지 않으면 안 되는 경우 시가정책을 이용한다.

정답 18 (×), 19 (○), 20 (×), 21 (×), 22 (○)

23 | 공인중개사 2021년

적응가격 전략이란 동일하거나 유사한 제품으로 다양한 수요자들의 구매를 유입하고, 구매량을 늘리도록 유도하기 위하여 가격을 다르게 하여 판매하는 것을 말한다. ( )

5 고객점유 마케팅

24 | 공인중개사 2015년

고객점유 마케팅 전략이란 공급자 중심의 마케팅 전략으로 표적시장을 선정하거나 틈새시장을 점유하는 전략을 말한다. ( )

25 | 공인중개사 2022년

고객점유 전략은 소비자의 구매의사결정 과정의 각 단계에서 소비자와의 심리적인 접점을 마련하고, 전달하려는 정보의 취지와 강약을 조절하는 것을 말한다. ( )

26 | 공인중개사 2015·2021년

고객점유 마케팅전략에서 AIDA의 원리는 주의(Attention) - 관심(Interest) - 결정(Decision) - 행동(Action)의 과정을 말한다. ( )

27 | 공인중개사 2015년

셀링포인트(selling point)는, 상품으로서 부동산이 지니는 여러 특징 중 구매자(고객)의 욕망을 만족시켜 주는 특징을 말한다. ( )

---

24 (×) 고객점유 마케팅이란 전통적인 공급자 중심의 마케팅 전략에서 벗어나 소비자의 행태·심리적 차원에서 접근하는 마케팅 전략이다. **비교** 공급자 중심의 마케팅 전략으로 표적시장을 선정하거나 틈새시장을 점유하는 전략은 시장점유 마케팅이다.

26 (×) AIDA의 원리는 주의(Attention) - 관심(Interest) - 욕망(Desire) - 행동(Action)의 과정을 말한다.

정답 23 (○), 24 (×), 25 (○), 26 (×), 27 (○)

6 관계 마케팅

28 | 공인중개사 2015년

관계마케팅 전략에서는 공급자와 소비자의 관계를 일회적이 아닌 지속적인 관계로 유지하려 한다. ( )

29 | 공인중개사 2021년

관계 마케팅전략이란 고객과 공급자 간의 지속적인 관계를 유지하여 마케팅효과를 도모하는 전략이다. ( )

정답 28 (○), 29 (○)

CHAPTER 08

감정평가론 및 부동산가격공시제도

2014년	2015년	2016년	2017년	2018년	2019년	2020년	2021년	2022년
8문	6문	6문	7문	6문	6문	7문	5문	7문

핵심테마 36 | 감정평가 기초이론
핵심테마 37 | 부동산의 가격원칙
핵심테마 38 | 지역분석과 개별분석
핵심테마 39 | 감정평가 3방식
핵심테마 40 | 물건별 감정평가
핵심테마 41 | 부동산가격공시제도

감정평가 기초이론

1 감정평가

01 | 공인중개사 2014년
"감정평가"라 함은 토지 등의 경제적 가치를 판정하여 그 결과를 가액으로 표시하는 것을 말한다. ( )

02 | 공인중개사 2014년
"감정평가업"이라 함은 타인의 의뢰에 의하여 일정한 보수를 받고 토지 등의 감정평가를 업으로 행하는 것을 말한다. ( )

2 감정평가의 원칙

03 | 공인중개사 2015년
현황기준 원칙은 감정평가에 관한 규칙에서 직접 규정하고 있는 사항이다. ( )

04 | 공인중개사 2015년
개별물건기준 원칙은 감정평가에 관한 규칙에서 직접 규정하고 있는 사항이다. ( )

05 | 공인중개사 2015년
최유효이용 원칙은 감정평가에 관한 규칙에서 직접 규정하고 있는 사항이다. ( )

06 | 공인중개사 2016년
감정평가는 기준시점에서의 대상물건의 이용상황(불법적이거나 일시적인 이용은 제외한다) 및 공법상 제한을 받는 상태를 기준으로 한다. ( )

---

05 (×) 최유효이용 원칙은 감정평가의 이론과 실무에 적용하는 중요한 지침으로 가격 원칙에 영향을 주는 중요한 개념이지만 「감정평가에 관한 규칙」에서 규정하고 있는 사항은 아니다. 「감정평가에 관한 규칙」에서 직접 규정하고 있는 사항으로는 시장가치기준 원칙, 현황기준 원칙, 개별물건기준 원칙 등이 있다.

정답 01 (○), 02 (○), 03 (○), 04 (○), 05 (×), 06 (○)

07 | 공인중개사 2019년

감정평가업자는 법령에 다른 규정이 있는 경우에는 대상물건의 감정평가액을 시장가치 외의 가치를 기준으로 결정할 수 있다. ( )

08 | 공인중개사 2016·2022년

감정평가업자는 감정평가 의뢰인이 요청하는 경우에는 대상물건의 감정평가액을 시장가치 외의 가치를 기준으로 결정할 수 있다. ( )

09 | 공인중개사 2022년

감정평가법인 등은 대상물건의 특성에 비추어 사회통념상 필요하다고 인정되는 경우에는 대상물건의 감정평가액을 시장가치 외의 가치를 기준으로 결정할 수 있다. ( )

10 | 공인중개사 2019년

감정평가업자는 법령에 다른 규정이 있는 경우에는 기준시점의 가치형성요인 등을 실제와 다르게 가정하거나 특수한 경우로 한정하는 조건(감정평가조건)을 붙여 감정평가 할 수 있다. ( )

11 | 공인중개사 2016·2019년

둘 이상의 대상물건이 일체로 거래되거나 대상물건 상호간에 용도상 불가분의 관계가 있는 경우에는 일괄하여 감정평가 할 수 있다. ( )

12 | 공인중개사 2016·2019·2022년

하나의 대상물건이라도 가치를 달리하는 부분은 이를 구분하여 감정평가 할 수 있다. ( )

13 | 공인중개사 2011년

1필의 토지 일부분이 도시계획시설에 저촉되어 수용될 경우 저촉부분에 대해 보상평가를 하는 것은 부분평가에 해당한다. ( )

정답 07 (O), 08 (O), 09 (O), 10 (O), 11 (O), 12 (O), 13 (O)

3 감정평가의 기준시점

14 | 공인중개사 2017·2022년

기준시점은 대상물건의 감정평가액을 결정하는 기준이 되는 날짜를 말한다. ( )

15 | 공인중개사 2013년

'기준시점'이란 대상물건의 감정평가액을 결정하기 위해 현장조사를 완료한 날짜를 말한다. ( )

16 | 공인중개사 2019년

기준시점은 대상물건의 가격조사를 개시한 날짜로 한다. 다만, 기준시점을 미리 정하였을 때에는 그 날짜에 가격조사가 가능한 경우에만 기준시점으로 할 수 있다. ( )

4 감정평가의 절차

17 | 공인중개사 2016년

감정평가 의뢰는 감정평가에 관한 규칙에 규정된 감정평가의 절차에 해당한다. ( )

---

15 (×) 현장조사를 완료한 날짜(×), 가격조사를 완료한 날짜(○), 감정평가의 기준시점이란 대상물건의 감정평가액을 결정하는 기준이 되는 날짜로써 대상물건의 가격조사를 완료한 날짜로 한다.

16 (×) 개시한 날짜(×), 완료한 날짜(○), 기준시점은 대상물건의 가격조사를 완료한 날짜로 한다. 다만, 기준시점을 미리 정하였을 때에는 그 날짜에 가격조사가 가능한 경우에만 기준시점으로 할 수 있다.

17 (×) 감정평가 의뢰는 「감정평가에 관한 규칙」에 규정된 감정평가의 절차에 해당하지 않는다.

- 감정평가의 절차

감정평가업자는 다음의 순서에 따라 감정평가를 하여야 한다. 다만, 합리적이고 능률적인 감정평가를 위하여 필요할 때에는 순서를 조정할 수 있다.
① 기본적 사항의 확정
② 처리계획 수립
③ 대상물건 확인
④ 자료수집 및 정리
⑤ 자료검토 및 가치형성요인의 분석
⑥ 감정평가방법의 선정 및 적용
⑦ 감정평가액의 결정 및 표시

정답 14 (○), 15 (×), 16 (×), 17 (×)

18 | 공인중개사 2016년

처리계획 수립은 감정평가에 관한 규칙에 규정된 감정평가의 절차에 해당한다. ( )

19 | 공인중개사 2016년

대상물건 확인은 감정평가에 관한 규칙에 규정된 감정평가의 절차에 해당한다. ( )

20 | 공인중개사 2016년

감정평가방법의 선정 및 적용은 감정평가에 관한 규칙에 규정된 감정평가의 절차에 해당한다. ( )

정답 18 (○), 19 (○), 20 (○)

37 부동산의 가격원칙

1 시장가치기준 원칙

01 | 공인중개사 2022년
대상물건에 대한 감정평가액은 원칙적으로 시장가치를 기준으로 결정한다. ( )

02 | 공인중개사 2016년
시장가치란 한정된 시장에서 성립될 가능성이 있는 대상물건의 최고가액을 말한다. ( )

03 | 공인중개사 2017년
시장가치는 감정평가의 대상이 되는 토지 등이 통상적인 시장에서 충분한 기간 동안 거래를 위하여 공개된 후 그 대상물건의 내용에 정통한 당사자 사이에 신중하고 자발적인 거래가 있을 경우 성립될 가능성이 가장 높다고 인정되는 대상물건의 가액을 말한다. ( )

04 | 공인중개사 2015년
시장가치기준 원칙은 감정평가에 관한 규칙에서 직접 규정하고 있는 사항이다. ( )

2 부동산의 가격(price)과 가치(value)

05 | 공인중개사 2014년
가격은 특정 부동산에 대한 교환의 대가로서 매수인이 지불한 금액이다. ( )

06 | 공인중개사 2014년
가격은 대상부동산에 대한 현재의 값이지만, 가치는 장래 기대되는 편익을 예상한 미래의 값이다. ( )

---

02 (×) 시장가치란 대상물건이 통상적인 시장에서 충분한 기간 동안 거래를 위하여 공개된 후 그 대상물건의 내용에 정통한 당사자 사이에 신중하고 자발적인 거래가 있을 경우 성립될 가능성이 가장 높다고 인정되는 대상물건의 가액을 말한다.

06 (×) 현재의 값(×), 과거의 값(○), 미래의 값(×), 현재가치로 환원한 현재의 값(○), 가격은 과거의 일정시점에서 실제로 거래된 과거의 값이지만, 가치는 장래 기대되는 편익을 현재가치로 환원한 현재의 값이다.

정답 01 (○), 02 (×), 03 (○), 04 (○), 05 (○), 06 (×)

07 | 공인중개사 2014년

가치는 효용에 중점을 두며, 장래 기대되는 편익은 금전적인 것뿐만 아니라 비금전적인 것을 포함할 수 있다. ( )

08 | 공인중개사 2014년

가치란 주관적 판단이 반영된 것으로 각 개인에 따라 차이가 발생할 수 있다. ( )

09 | 공인중개사 2014년

주어진 시점에서 대상부동산의 가치는 다양하다. ( )

3 부동산 가치발생요인

10 | 공인중개사 2011년

가치발생요인인 효용, 유효수요, 상대적 희소성 중 하나만 있어도 가격이 발생한다. ( )

11 | 공인중개사 2013년

부동산의 가치는 가치발생요인들의 상호결합에 의해 발생한다. ( )

12 | 공인중개사 2013년

효용은 부동산의 용도에 따라 주거지는 쾌적성, 상업지는 수익성, 공업지는 생산성으로 표현할 수 있다. ( )

13 | 공인중개사 2013년

대상부동산의 물리적 특성 뿐 아니라 토지이용규제 등과 같은 공법상의 제한 및 소유권의 법적 특성도 대상부동산의 효용에 영향을 미친다. ( )

14 | 공인중개사 2013년

유효수요란 대상부동산을 구매하고자 하는 욕구로, 지불능력(구매력)을 필요로 하는 것은 아니다. ( )

---

10 (×) 부동산 가치는 가치발생요인 하나에 의해 발생하는 것이 아니라 효용, 유효수요, 상대적 희소성 등의 상호작용에 의해서 발생한다.

14 (×) 유효수요란 대상부동산을 구매하고자 하는 욕구로, 지불능력(구매력)을 필요로 한다.

정답 07 (○), 08 (○), 09 (○), 10 (×), 11 (○), 12 (○), 13 (○), 14 (×)

15 | 공인중개사 **2013년**

상대적 희소성이란 부동산에 대한 수요에 비해 공급이 부족하다는 것이다. ( )

16 | 공인중개사 **2011년**

양도가능성(이전성)을 부동산의 가치발생요인으로 포함하는 견해도 있다. ( )

4 부동산 가치형성요인

17 | 공인중개사 **2013·2018·2021년**

가치형성요인이란 대상물건의 경제적 가치에 영향을 미치는 일반요인, 지역요인 및 개별요인 등을 말한다. ( )

18 | 공인중개사 **2020년**

가치형성요인이란 대상물건의 시장가치에 영향을 미치는 일반요인, 지역요인 및 개별요인 등을 말한다. ( )

5 부동산 가격의 원칙

19 | 공인중개사 **2015년**

최유효이용은 대상 부동산의 물리적 채택가능성, 합리적이고 합법적인 이용, 최고 수익성을 기준으로 판정할 수 있다. ( )

20 | 공인중개사 **2017년**

복도의 천정 높이를 과대개량한 전원주택이 냉·난방비 문제로 시장에서 선호도가 떨어지는 것은 균형의 원칙에 해당한다. ( )

21 | 공인중개사 **2015년**

적합의 원칙은 부동산의 입지와 인근환경의 영향을 고려한다. ( )

---

18 (×) 시장가치(×), 경제적 가치(○), 가치형성요인이란 대상물건의 경제적 가치에 영향을 미치는 일반요인, 지역요인 및 개별요인 등을 말한다.

정답 15 (○), 16 (○), 17 (○), 18 (×), 19 (○), 20 (○), 21 (○)

22 | 공인중개사 2015년

균형의 원칙은 구성요소의 결합에 대한 내용으로, 균형을 이루지 못하는 과잉부분은 원가법을 적용할 때 경제적감가로 처리한다. ( )

23 | 공인중개사 2017년

판매시설 입점부지 선택을 위해 후보지역분석을 통해 표준적 사용을 확인하는 것은 적합의 원칙에 해당한다. ( )

24 | 공인중개사 2015년

예측 및 변동의 원칙은 부동산의 현재보다 장래의 활용 및 변화 가능성을 고려한다는 점에서, 수익환원법의 토대가 될 수 있다. ( )

25 | 공인중개사 2005년

동일한 효용을 가진 여러 부동산 중에서 가격이 가장 낮은 것이 선택되고 이 가격이 다른 부동산의 가격형성에 영향을 미치는 것은 대체의 원칙에 해당한다. ( )

26 | 공인중개사 2015년

대체의 원칙은 부동산의 가격이 대체관계의 유사부동산으로부터 영향을 받는다는 점에서, 거래사례비교법의 토대가 될 수 있다. ( )

27 | 공인중개사 2011년

도심지역의 공업용지가 동일한 효용을 가지고 있는 외곽지역의 공업용지보다 시장가격이 더 높은 현상은 기회비용의 원칙에 의해서 설명 가능하다. ( )

---

22 (×) 경제적 감가(×), 기능적 감가(○), 균형의 원칙은 내부구성요소의 조화로움에 대한 내용으로, 균형을 이루지 못하는 과잉부분은 원가법을 적용할 때 기능적 감가로 처리된다. **비교** 경제적 감가는 적합의 원칙과 관련 있다. 적합의 원칙은 대상부동산의 환경, 입지, 위치 등을 고려하는 것으로 이에 적합하지 못하면 경제적 감가가 발생한다.

정답 22 (×), 23 (○), 24 (○), 25 (○), 26 (○), 27 (○)

핵심테마 38 지역분석과 개별분석

1 지역분석과 개별분석

<지역분석과 개별분석>

지역분석	개별분석
지역요인 분석	개별요인 분석
개별분석보다 선행	지역분석보다 후행
표준적 이용 판정	최유효이용 판정
적합의 원칙	균형의 원칙
경제적 감가	기능적 감가
전체적·거시적 분석	미시적·국지적 분석

01 | 공인중개사 2016·2019년
지역분석을 통해 해당 지역 내 부동산의 표준적 이용과 가격수준을 파악할 수 있다. ( )

02 | 공인중개사 2016·2019년
대상부동산의 최유효이용을 판정하기 위해 개별분석이 필요하다. ( )

03 | 공인중개사 2016년
지역분석보다 개별분석을 먼저 실시하는 것이 일반적이다. ( )

04 | 공인중개사 2016·2019년
지역분석은 대상부동산에 대한 미시적·국지적 분석인데 비하여, 개별분석은 대상지역에 대한 거시적·광역적 분석이다. ( )

---

03 (×) 지역분석이 일반적으로 먼저 실시되고 개별분석이 나중에 실시된다.

04 (×) 지역분석은 대상지역에 대한 거시적·광역적 분석인데 비하여, 개별분석은 대상부동산에 대한 미시적·국지적 분석이다.

정답 01 (○), 02 (○), 03 (×), 04 (×)

2 지역분석의 대상 : 인근지역, 유사지역, 동일수급권

05 | 공인중개사 2016년

지역분석에 있어서 중요한 대상은 인근지역, 유사지역 및 동일수급권이다. ( )

06 | 공인중개사 2018·2019·2020년

인근지역이란 감정평가의 대상이 된 부동산이 속한 지역으로서 부동산의 이용이 동질적이고 가치형성요인 중 개별요인을 공유하는 지역을 말한다. ( )

07 | 공인중개사 2013년

'유사지역'이란 대상부동산이 속한 지역으로서 부동산의 이용이 동질적이고 가치형성요인 중 지역요인을 공유하는 지역을 말한다. ( )

08 | 공인중개사 2017·2019·2020년

동일수급권이란 대상부동산과 대체·경쟁관계가 성립하고 가치 형성에 서로 영향을 미치는 관계에 있는 다른 부동산이 존재하는 권역을 말하며, 인근지역과 유사지역을 포함한다. ( )

---

06 (×) 개별요인(×), 지역요인(○), 인근지역이란 대상부동산이 속한 지역으로서 부동산의 이용이 동질적이고 가치형성요인 중 지역요인을 공유하는 지역을 말한다.

07 (×) 속한 지역(×), 속하지 아니하는 지역(○), 유사지역이란 대상부동산이 속하지 아니하는 지역으로서 인근지역과 유사성을 가지는 지역을 말한다.

정답 05 (○), 06 (×), 07 (×), 08 (○)

핵심테마 39 감정평가 3방식

1 감정평가 3방식

01 | 공인중개사 **2019년**

감정평가 3방식은 수익성, 비용성, 시장성에 기초하고 있다. ( )

2 원가방식의 원가법과 적산법

원가방식 : 비용성	가격	원가법	적산가격
	임대료	적산법	적산임료

02 | 공인중개사 **2018년**

원가방식은 원가법 및 적산법 등 비용성의 원리에 기초한 감정평가방식이다. ( )

03 | 공인중개사 **2015·2018·2020·2021년**

원가법이란 대상물건의 재조달원가에 감가수정(減價修正)을 하여 대상물건의 가액을 산정하는 감정평가방법을 말한다. ( )

04 | 공인중개사 **2013년**

'적산법'이란 대상물건의 재조달원가에 감가수정을 하여 대상물건의 가액을 산정하는 감정평가방법을 말한다. ( )

---

04 (×) 적산법(×), 원가법(○), 원가법이란 대상물건의 재조달원가에 감가수정을 하여 대상물건의 가액을 산정하는 감정평가방법을 말한다. **비교** 적산법이란 대상물건 기초가액에 기대이율을 곱하여 산정된 기대수익에 대상물건을 계속하여 임대하는데 필요한 경비를 더하여 임대료를 산정하는 방법이다.

정답 01 (○), 02 (○), 03 (○), 04 (×)

3 원가법으로 적산가격 구하기

> 적산가격 = 재조달원가 − 감가수정액

05 | 공인중개사 2006년

재조달원가는 신축지점 현재 건축물을 신축하는 데 소요되는 투하비용을 말한다. ( )

06 | 공인중개사 2006년

복제원가는 동일한 효용을 가진 건축물을 신축하는 데 소요되는 비용이다. ( )

07 | 공인중개사 2006년

재조달원가를 구성하는 표준적 건설비에는 수급인의 적정이윤이 포함되지 않는다. ( )

08 | 공인중개사 2006년

자가건설의 경우 재조달원가는 도급건설한 경우에 준하여 처리한다. ( )

09 | 공인중개사 2017·2022년

감가수정이란 대상물건에 대한 재조달원가를 감액하여야 할 요인이 있는 경우에 물리적 감가, 기능적 감가 또는 경제적 감가 등을 고려하여 그에 해당하는 금액을 재조달원가에 가산하여 기준시점에 있어서의 대상물건의 가액을 적정화하는 작업을 말한다. ( )

10 | 공인중개사 2022년

감가수정방법에는 내용연수법, 관찰감가법, 분해법 등이 있다. ( )

---

05 (×) 신축지점 현재(×), 기준시점(○), 재조달원가란 기준시점에서 대상물건을 신축하는 비용이다.

06 (×) 복제원가는 대상물건과 동일한 부동산(복제품)을 조달하는 데 소요되는 원가를 말한다.

07 (×) 재조달원가를 구성하는 표준적 건설비에는 수급인의 이윤 등을 포함시켜야 한다.

09 (×) 가산하여(×), 공제하여(○), 감가수정이란 대상물건에 대한 재조달원가를 감액하여야 할 요인이 있는 경우에 물리적 감가, 기능적 감가 또는 경제적 감가 등을 고려하여 그에 해당하는 금액을 재조달원가에서 공제하여 기준시점에 있어서의 대상물건의 가액을 적정화하는 작업을 말한다.

정답 05 (×), 06 (×), 07 (×), 08 (○), 09 (×), 10 (○)

11 | 공인중개사 2007년

경제적 감가요인에는 인근지역의 쇠퇴, 설계의 불량, 설비의 부족 등이 있다. ( )

12 | 공인중개사 2022년

감가수정과 관련된 내용연수는 경제적 내용연수가 아닌 물리적 내용연수를 의미한다.
( )

13 | 공인중개사 2021·2022년

정액법, 정률법, 상환기금법은 모두 내용연수에 의한 감가수정 방법이다. ( )

14 | 공인중개사 2021년

정액법을 직선법 또는 균등상각법이라고도 한다. ( )

15 | 공인중개사 2021년

정액법에서는 감가누계액이 경과연수에 정비례하여 증가한다. ( )

16 | 공인중개사 2021년

정률법에서는 매년 감가율이 감소함에 따라 감가액이 감소한다. ( )

17 | 공인중개사 2022년

정률법은 매년 일정한 감가율을 곱하여 감가액을 구하는 방법으로 매년 감가액이 일정하다. ( )

---

11 (×) 경제적 감가요인은 인근지역의 쇠퇴, 시장성의 감퇴 등 외부적 요인에 의해 발생하는 가치의 손실을 말한다. **비교** 설계의 불량, 설비의 부족 등은 기능적 문제로 발생하는 기능적 감가에 해당한다.

- 감정요인
  ① 물리적 감가 : 마모와 훼손 등 건물의 물리적 상태에 따른 손실
  ② 기능적 감가 : 설계의 불량, 설비의 부족 등 기능적 문제로 발생하는 가치의 손실
  ③ 경제적 감가 : 인근지역의 쇠퇴, 시장성의 감퇴 등 외부적 요인에 의해 발생하는 가치의 손실

12 (×) 감가수정과 관련된 내용연수는 경제적 내용연수를 의미하며, 경제적 내용연수를 고려한 감가수정 방법으로는 정액법, 정률법, 상환기금법 등이 있다.

16 (×) 정률법에서는 매년 감가율이 일정하며, 감가액은 감소한다.

17 (×) 매년 감가액이 일정하다(×). 매년 감가액은 감소한다(○). 정률법은 매년 일정한 감가율을 곱하여 감가액을 구하는 방법으로 매년 감가액은 감소한다.

정답 11 (×), 12 (×), 13 (○), 14 (○), 15 (○), 16 (×), 17 (×)

18 | 공인중개사 2021년

상환기금법은 건물 등의 내용연수가 만료될 때 감가누계상당액과 그에 대한 복리계산의 이자상당액분을 포함하여 당해 내용연수로 상환하는 방법이다. ( )

4 적산법으로 적산임료 구하기

> 적산임료 = (기초가액 × 기대이율) + 필요제경비

19 | 공인중개사 2013년

'적산법'이란 대상물건의 재조달원가에 감가수정을 하여 대상물건의 가액을 산정하는 감정평가방법을 말한다. ( )

20 | 공인중개사 2017년

적산법은 대상물건의 기초가액에 기대이율을 곱하여 산정된 기대수익에 대상물건을 계속하여 임대하는 데에 필요한 경비를 더하여 대상물건의 임대료를 산정하는 감정평가방법을 말한다. ( )

5 비교방식의 거래사례비교법, 임대사례비교법, 공시지가기준법

비교방식 : 시장성	가격	거래사례비교법	비준가격
		공시지가기준법	공시지가기준가격
	임대료	임대사례비교법	비준임료

21 | 공인중개사 2018년

비교방식에는 거래사례비교법, 임대사례비교법 등 시장성의 원리에 기초한 감정평가방식 및 공시지가기준법이 있다. ( )

---

19 (×) 적산법은 대상물건의 기초가액에 기대이율을 곱하여 산정된 기대수익에 대상물건을 계속하여 임대하는 데에 필요한 경비를 더하여 대상물건의 임대료를 산정하는 감정평가방법을 말한다. **비교** 원가법이란 대상물건의 재조달원가에 감가수정을 하여 대상물건의 가액을 산정하는 감정평가방법을 말한다.

정답 18 (○), 19 (×), 20 (○), 21 (○)

22 | 공인중개사 2022년

거래사례비교법은 감정평가방식 중 비교방식에 해당되나, 공시지가기준법은 비교방식에 해당되지 않는다. ( )

6 거래사례비교법으로 비준가격 구하기

> 비준가격 = 사례가격 × 사정보정 × 시점수정 × 지역요인비교 × 개별요인비교

23 | 공인중개사 2018·2021년

거래사례비교법이란 대상물건과 가치형성요인이 같거나 비슷한 물건의 거래사례와 비교하여 대상물건의 현황에 맞게 사정보정, 시점수정, 가치형성요인 비교 등의 과정을 거쳐 대상물건의 가액을 산정하는 감정평가방법을 말한다. ( )

24 | 공인중개사 2015년

거래사례비교법을 적용할 때 사정보정, 시점수정, 가치형성요인 비교 등의 과정을 거친다. ( )

25 | 공인중개사 2008년

시점수정은 거래사례 자료의 거래시점 가격을 현재시점의 가격으로 정상화하는 작업을 말한다. ( )

26 | 공인중개사 2008년

거래사례비교법은 아파트 등 매매가 빈번하게 이루어지는 부동산의 경우에 유용하다. ( )

---

22 (×) 거래사례비교법과 공시지가기준법은 모두 감정평가방식 중 비교방식에 해당된다. **보충** 비교방식에는 거래사례비교법, 임대사례비교법 및 공시지가기준법이 있다.

25 (×) 현재시점의 가격으로(×), 기준시점의 가격으로(○), 시점수정은 거래사례 자료의 거래시점 가격을 기준시점의 가격으로 정상화하는 작업을 말한다.

정답 22 (×), 23 (○), 24 (○), 25 (×), 26 (○)

7 공시지가기준법으로 공시지가기준가격 구하기

> 공시지가기준가격 = 표준지공시지가 × 시점수정 × 지역요인비교 × 개별요인비교 × 그 밖의 요인 보정

27 | 공인중개사 2015년

토지를 평가하는 공시지가기준법은 표준지공시지가를 기준으로 한다. ( )

28 | 공인중개사 2020년

공시지가기준법을 적용할 때 비교표준지 공시지가를 기준으로 시점수정, 지역요인 및 개별요인비교, 그 밖의 요인의 보정 과정을 거친다. ( )

29 | 공인중개사 2013년

공시지가기준법 적용에 따른 시점수정시 지가변동률을 적용하는 것이 적절하지 아니한 경우 통계청이 조사·발표하는 소비자물가지수에 따라 산정된 소비자물가상승률을 적용한다. ( )

8 임대사례비교법으로 비준임료 구하기

> 비준임료 = 사례임료 × 사정보정 × 시점수정 × 지역요인비교 × 개별요인비교

30 | 공인중개사 2016년

임대사례비교법으로 구한 시산임대료를 '비준임료'라 한다. ( )

---

29 (×) 통계청(×), 한국은행(○), 소비자물가상승률(×), 생산자물가상승률(○), 공시지가기준법 적용에 따른 시점수정시 지가변동률을 적용하는 것이 적절하지 아니한 경우 한국은행이 조사·발표하는 생산자물가지수에 따라 산정된 생산자물가상승률을 적용한다.

정답 27 (○), 28 (○), 29 (×), 30 (○)

9 수익방식의 수익환원법과 수익분석법

수익방식 : 수익성	가격	수익환원법	수익가격
	임대료	수익분석법	수익임료

31 | 공인중개사 2018년

수익방식은 수익환원법 및 수익분석법 등 수익성의 원리에 기초한 감정평가방식이다.
( )

32 | 공인중개사 2013·2021년

'수익분석법'이란 대상물건이 장래 산출할 것으로 기대되는 순수익이나 미래의 현금흐름을 환원하거나 할인하여 대상물건의 가액을 산정하는 감정평가방법을 말한다. ( )

10 수익환원법으로 수익가격 구하기

$$수익가격 = \frac{순수익(순영업소득)}{환원이율}$$

33 | 공인중개사 2018·2020년

수익환원법이란 대상물건이 장래 산출할 것으로 기대되는 순수익이나 미래의 현금흐름을 환원하거나 할인하여 대상물건의 가액을 산정하는 감정평가방법을 말한다. ( )

34 | 공인중개사 2020년

자본환원율은 자산가격 상승에 대한 투자자들의 기대를 반영한다. ( )

35 | 공인중개사 2020년

자본환원율은 부동산자산이 창출하는 순영업소득에 해당 자산의 가격을 곱한 값이다.
( )

---

32 (×) 수익분석법(×), 수익환원법(○), 수익환원법이란 대상물건이 장래 산출할 것으로 기대되는 순수익이나 미래의 현금흐름을 환원하거나 할인하여 대상물건의 가액을 산정하는 감정평가방법을 말한다.
비교 수익분석법이란 일반 기업경영에 의하여 산출된 총수익을 분석하여 대상 물건이 일정한 기간에 산출할 것으로 기대되는 순수익에 대상 물건을 계속하여 임대하는 데에 필요한 경비를 더하여 대상 물건의 임대료를 산정하는 감정평가방법을 말한다.

35 (×) 곱한 비율(×), 나눈 비율(○), 자본환원율은 부동산자산이 창출하는 순영업소득을 해당 자산의 가격으로 나눈 비율이다.

정답 31 (○), 32 (×), 33 (○), 34 (○), 35 (×)

36 | 공인중개사 2020년

자본환원율이 상승하면 자산가격이 상승한다. ( )

37 | 공인중개사 2022년

순영업소득(NOI)이 일정할 때 투자수요의 증가로 인한 자산가격 상승은 자본환원율을 높이는 요인이 된다. ( )

38 | 공인중개사 2020년

투자위험의 감소는 자본환원율을 낮추는 요인이 된다. ( )

39 | 공인중개사 2020·2022년

자본환원율은 자본의 기회비용을 반영하므로, 자본시장에서 시장금리가 상승하면 함께 상승한다. ( )

11 수익분석법으로 수익임료 구하기

40 | 공인중개사 20년

수익분석법으로 구한 시산임대료를 '수익임료'라고 한다. ( )

12 시산가액 조정

41 | 공인중개사 2019년

감정평가에 관한 규칙에서는 시산가액 조정에 대하여 규정하고 있다. ( )

42 | 공인중개사 2019년

시산가액은 감정평가 3방식에 의하여 도출된 각각의 가액이다. ( )

---

36 (×) 자본환원율이 상승하면 자산가격은 하락하고 자본환원율이 하락하면 자산가격은 상승한다.

37 (×) 환원이율 = $\dfrac{순수익}{수익가격}$ = $\dfrac{순영업소득}{자산가격}$ 이므로, 순영업소득(NOI)이 일정할 때 투자수요의 증가로 인한 자산가격 상승은 자본환원율을 낮추는 요인이 된다.

정답 36 (×), 37 (×), 38 (○), 39 (○), 40 (○), 41 (○), 42 (○)

43 | 공인중개사 2019년

시산가액 조정은 각 시산가액을 상호 관련시켜 재검토함으로써 시산가액 상호간의 격차를 합리적으로 조정하는 작업이다. ( )

44 | 공인중개사 2019년

시산가액 조정은 각 시산가액을 산술평균한 방법만 인정된다. ( )

---

44 (×) 시산가액 조정이란 감정평가 3방식으로 구한 시산가액 또는 시산임료를 상호 관련시켜 재검토함으로써 시산가액 상호간의 격차를 합리적으로 조정하는 작업이다. 산술평균은 잘 사용하지 않고 각 방법에 의한 시산가액을 가중평균하는 방법이나 주방식에 의하고 부수방식으로 검토하는 방법을 사용한다.

정답 43 (○), 44 (×)

물건별 감정평가

1 물건별 감정평가

01 | 공인중개사 2015·2017·2020년
건물의 주된 평가방법은 원가법이다. ( )

02 | 공인중개사 2015년
「집합건물의 소유 및 관리에 관한 법률」에 따른 구분소유권의 대상이 되는 건물부분과 그 대지사용권을 일괄하여 감정평가하는 경우 거래사례비교법을 주된 평가방법으로 적용한다. ( )

03 | 공인중개사 2014·2020년
과수원의 주된 평가방법은 공시지가기준법이다. ( )

04 | 공인중개사 모의문제
광업재단을 감정평가할 때에는 수익환원법을 적용하여야 한다. ( )

05 | 공인중개사 2014·2020년
자동차의 주된 평가방법은 거래사례비교법이다. ( )

06 | 공인중개사 2017년
건설기계의 주된 평가방법은 거래사례비교법이다. ( )

07 | 공인중개사 2014년
항공기의 주된 평가방법은 원가법이다. ( )

---

03 (×) 과수원을 감정평가할 때에는 거래사례비교법을 적용하여야 한다.
06 (×) 건설기계를 감정평가할 때에는 원가법을 적용하여야 한다.

정답 01 (○), 02 (○), 03 (×), 04 (○), 05 (○), 06 (×), 07 (○)

08 | 공인중개사 2015년

자동차의 주된 평가방법과 선박 및 항공기의 주된 평가방법은 다르다. ( )

09 | 공인중개사 2014년

동산의 주된 평가방법은 거래사례비교법이다. ( )

10 | 공인중개사 2015·2020년

임대료를 평가할 때는 적산법을 주된 평가방법으로 적용한다. ( )

11 | 공인중개사 2015·2017년

저작권, 영업권, 특허권 등 무형자산은 수익환원법을 주된 평가방법으로 적용한다. ( )

---

10 (×) 임대료를 감정평가할 때에는 임대사례비교법을 적용하여야 한다.

정답 08 (○), 09 (○), 10 (×), 11 (○)

핵심테마 41 부동산가격공시제도

1 공시지가제도 ① : 표준지공시지가의 의의와 절차

01 | 공인중개사 2014년

"표준지공시지가"라 함은 국토교통부장관이 조사·평가하여 공시한 표준지의 단위면적당 가격을 말한다. ( )

02 | 공인중개사 2013년

국토교통부장관은 표준지의 가격을 산정한 때에는 그 타당성에 대하여 행정안전부장관의 검증을 받아야 한다. ( )

03 | 공인중개사 2015년

표준지공시지가의 공시기준일은 원칙적으로 매년 1월 1일이다. ( )

04 | 공인중개사 2022년

국토교통부장관이 표준지공시지가를 조사·평가할 때에는 반드시 둘 이상의 감정평가법인 등에게 의뢰하여야 한다. ( )

05 | 공인중개사 2014년

부동산 가격공시 및 감정평가에서 "적정가격"이라 함은 정부가 정책적 목적을 달성하기 위해서 당해 토지 및 주택에 대해 결정·고시한 가격을 말한다. ( )

---

02 (×) 행정안전부장관의 검증(×), 국토교통부장관은 표준지의 가격을 산정한 때에는 중앙부동산가격공시위원회의 심의를 거쳐 이를 공시하여야 한다.

04 (×) 반드시(×), 국토교통부장관이 표준지공시지가를 조사·평가하는 때에는 업무실적, 신임도 등을 고려하여 둘 이상의 감정평가법인 등에게 이를 의뢰하여야 한다. 다만, 지가 변동이 작은 경우 등 대통령령으로 정하는 기준에 해당하는 표준지에 대해서는 하나의 감정평가법인 등에게 의뢰할 수 있다.

05 (×) '적정가격'이라 함은 토지, 주택 및 비주거용 부동산에 대하여 통상적인 시장에서 정상적인 거래가 이루어지는 경우 성립될 가능성이 가장 높다고 인정되는 가격을 말한다.

정답 01 (○), 02 (×), 03 (○), 04 (×), 05 (×)

06 | 공인중개사 2011년

표준지의 평가는 공부상의 지목에 불구하고 현장조사 당시의 이용상황을 기준으로 평가하되, 일시적인 이용상황은 이를 고려하지 않는다. ( )

07 | 공인중개사 2017년

표준지의 도로상황은 표준지공시지가의 공시사항에 포함될 항목이다. ( )

08 | 공인중개사 2022년

표준지공시지가의 공시에는 표준지의 지번, 표준지의 단위면적당 가격, 표준지의 면적 및 형상, 표준지 및 주변토지의 이용상황, 그 밖에 대통령령으로 정하는 사항이 포함되어야 한다. ( )

09 | 공인중개사 2019년

표준지공시지가에 이의가 있는 자는 그 공시일부터 30일 이내에 서면으로 국토교통부장관에게 이의를 신청할 수 있다. ( )

10 | 공인중개사 2017년

표준지공시지가에 대한 이의신청의 내용이 타당하다고 인정될 때에는 해당 표준지공시지가를 조정하여 다시 공시하여야 한다. ( )

---

06 (×) 현장조사 당시의 이용상황을(×), 공시기준일 현재의 이용상황을(○), 표준지의 평가는 공부상의 지목에도 불구하고 공시기준일 현재의 이용상황을 기준으로 평가하되, 일시적인 이용상황은 이를 고려하지 아니한다.

08 (○) 표준지공시지가의 공시사항은 다음과 같다.

- **표준지공시지가의 공시사항**
  ① 표준지의 지번
  ② 표준지의 단위면적당 가격
  ③ 표준지의 면적 및 형상
  ④ 표준지 및 주변토지의 이용상황
  ⑤ 지목, 용도지역, 도로상황
  ⑥ 그 밖에 표준지공시지가 공시에 필요한 사항

정답 06 (×), 07 (○), 08 (×), 09 (○), 10 (○)

2 공시지가제도 ① : 표준지공시지가의 적용과 효력

11 | 공인중개사 2014년

국가·지방자치단체 등의 기관이 그 업무와 관련한 개별주택가격의 산정의 경우, 표준지공시지가를 적용하는 경우에 해당한다. ( )

12 | 공인중개사 2014년

공공용지의 매수 및 토지의 수용·사용에 대한 보상의 경우, 표준지공시지가를 적용하는 경우에 해당한다. ( )

13 | 공인중개사 2014년

국유·공유 토지의 취득 또는 처분하는 경우, 표준지공시지가를 적용하는 경우에 해당한다. ( )

14 | 공인중개사 2014년

농어촌정비법에 따른 농업생산기반 정비사업을 위한 환지·체비지의 매각 또는 환지신청의 경우, 표준지공시지가를 적용하는 경우에 해당한다. ( )

15 | 공인중개사 2014년

토지의 관리·매입·매각·경매·재평가의 경우, 표준지공시지가를 적용하는 경우에 해당한다. ( )

16 | 공인중개사 2013·2015·2019년

표준지공시지가는 국가·지방자치단체 등의 기관이 그 업무와 관련하여 지가를 산정하거나 감정평가업자가 개별적으로 토지를 감정평가하는 경우에 그 기준이 된다. ( )

---

11 (×) 국가·지방자치단체 등의 기관이 그 업무와 관련하여 개별주택가격을 산정하는 경우에 그 기준이 되는 것은 표준지공시지가가 아니라 표준주택가격이다. **보충** 국가 또는 지방자치단체, 공공기관 또는 공공단체에서 다음의 목적을 위하여 지가를 산정할 때에는 표준지공시지가를 기준으로 토지가격비준표를 사용하여 지가를 직접 산정하거나 감정평가법인 등에게 감정평가를 의뢰하여 산정할 수 있다.

• 표준지공시지가의 적용
① 공공용지의 매수 및 토지의 수용·사용에 대한 보상
② 국유지·공유지의 취득 또는 처분
③ 「국토의 계획 및 이용에 관한 법률」 또는 그 밖의 법령에 따라 조성된 용지 등의 공급 또는 분양
④ 환지·체비지의 매각 또는 환지신청
⑤ 토지의 관리·매입·매각·경매 또는 재평가

정답 11 (×), 12 (○), 13 (○), 14 (○), 15 (○), 16 (○)

17 | 공인중개사 2018년

표준지공시지가는 국가·지방자치단체 등이 과세 등의 업무와 관련하여 주택의 가격을 산정하는 경우에 기준이 된다. ( )

18 | 공인중개사 2018년

표준지공시지가는 토지시장에 지가정보를 제공한다. ( )

19 | 공인중개사 2018년

표준지공시지가는 일반적인 토지거래의 지표가 된다. ( )

20 | 공인중개사 2018년

표준지공시지가는 감정평가업자가 지가변동률을 산정하는 경우에 기준이 된다. ( )

3 공시지가제도 ② : 개별공시지가

21 | 공인중개사 모의문제

개별공시지가란 시장·군수 또는 구청장이 세금의 부과 등을 위하여 지가산정에 사용하도록 하기 위한 개별토지의 단위면적당 가격(개별공시지가)을 말한다. ( )

22 | 공인중개사 2017·2019년

시장·군수 또는 구청장(자치구의 구청장을 말함)은 표준지로 선정된 토지에 대해서는 개별공시지가를 결정·공시하지 아니할 수 있다. ( )

---

17 (×) 과세 등의 업무와 관련하여 주택의 가격을 산정(×), 지가를 산정(○), 표준지공시지가는 국가·지방자치단체 등이 지가를 산정하는 경우에 기준이 된다.

20 (×) 표준지는 개별공시지가의 산정기준이 된다. 비교 감정평가업자가 지가변동률을 산정하는 경우에 기준이 되는 것은 표본지이다. 표본지란 지가변동률 조사·산정대상 지역에서 행정구역별·용도지역별·이용상황별로 지가변동을 측정하기 위하여 선정한 대표적인 필지를 말한다.

정답 17 (×), 18 (○), 19 (○), 20 (×), 21 (○), 22 (○)

23 | 공인중개사 2020년

도시·군계획시설로서 공원이 지정된 토지에 대해서는 개별공시지가를 결정·공시하지 아니할 수 있다. ( )

24 | 공인중개사 2020년

농지보전부담금의 부과대상이 아닌 토지에 대해서는 개별공시지가를 결정·공시하지 아니할 수 있다. ( )

25 | 공인중개사 2020년

개발부담금의 부과대상이 아닌 토지에 대해서는 개별공시지가를 결정·공시하지 아니할 수 있다. ( )

26 | 공인중개사 2020년

국세 부과대상이 아닌 토지(국공유지의 경우에는 공공용 토지만 해당한다)에 대해서는 개별공시지가를 결정·공시하지 아니할 수 있다. ( )

27 | 공인중개사 2019년

시장·군수 또는 구청장은 공시기준일 이후에 분할·합병 등이 발생한 토지에 대하여는 대통령령으로 정하는 날을 기준으로 하여 개별공시지가를 결정·공시하여야 한다. ( )

28 | 공인중개사 2015년

개별공시지가를 결정하기 위해 토지가격비준표가 활용된다. ( )

---

23 (×) 도시·군계획시설로서 공원이 지정된 토지는 개별공시지가를 결정·공시하지 아니할 수 있는 경우에 해당하지 않는다. **보충** 개별공시지가는 세금이나 각종 부담금을 부과하기 위해 결정·공시한다. 따라서 다음과 같이 세금 또는 부담금의 부과대상이 아닌 토지와 표준지에는 개별공시지가를 결정·공시하지 아니할 수 있다.

• 개별공시지가를 공시하지 아니할 수 있는 토지
① 표준지로 선정된 토지
② 농지보전부담금 또는 개발부담금 등의 부과대상이 아닌 토지
③ 국세 또는 지방세 부과대상이 아닌 토지(국공유지의 경우에는 공공용 토지만 해당한다)

정답 23 (×), 24 (○), 25 (○), 26 (○), 27 (○), 28 (○)

29 | 공인중개사 2012년

개별공시지가는 토지가격비준표 작성의 기준이 된다. ( )

30 | 공인중개사 2013·2019년

개별공시지가에 대하여 이의가 있는 자는 개별공시지가의 결정·공시일부터 60일 이내에 서면으로 국토교통부장관에게 이의를 신청할 수 있다. ( )

4 주택가격공시제도 ① : 단독주택의 표준주택가격

31 | 공인중개사 2014·2022년

국토교통부장관은 용도지역, 건물구조 등이 일반적으로 유사하다고 인정되는 일단의 단독주택 중에서 선정한 표준주택에 대하여 매년 공시기준일 현재의 적정가격을 조사·평가하고, 시·군·구부동산평가위원회의 심의를 거쳐 이를 공시하여야 한다. ( )

32 | 공인중개사 2014·2015·2017년

표준주택을 선정할 때에는 일반적으로 유사하다고 인정되는 일단의 단독주택 및 공동주택에서 해당 일단의 주택을 대표할 수 있는 주택을 선정하여야 한다. ( )

---

29 (×) 표준지공시지가는 토지가격비준표 작성의 기준이 된다. **보충** 시장·군수 또는 구청장이 개별공시지가를 결정·공시하는 경우에는 해당 토지와 유사한 이용가치를 지닌다고 인정되는 하나 또는 둘 이상의 표준지공시지가를 기준으로 토지가격비준표를 사용하여 지가를 산정하되, 해당 토지의 가격과 표준지공시지가가 균형을 유지하도록 하여야 한다.

30 (×) 60일(×), 30일(○), 개별공시지가에 대하여 이의가 있는 자는 개별공시지가의 결정·공시일부터 30일 이내에 서면으로 시장·군수 또는 구청장에게 이의를 신청할 수 있다.

31 (×) 시·군·구부동산평가위원회(×), 중앙부동산가격공시위원회(○), 국토교통부장관은 용도지역, 건물구조 등이 일반적으로 유사하다고 인정되는 일단의 단독주택 중에서 선정한 표준주택에 대하여 매년 공시기준일 현재의 적정가격(표준주택가격)을 조사·산정하고, 중앙부동산가격공시위원회의 심의를 거쳐 이를 공시하여야 한다.

32 (×) 단독주택 및 공동주택에서(×), 단독주택 중에서(○), 국토교통부장관은 표준주택을 선정할 때에는 일반적으로 유사하다고 인정되는 일단의 단독주택 중에서 해당 일단의 단독주택을 대표할 수 있는 주택을 선정하여야 한다.

정답 29 (×), 30 (×), 31 (×), 32 (×)

33 | 공인중개사 2021·2022년

국토교통부장관은 표준주택가격을 조사·산정하고자 할 때에는 감정평가법인 등 또는 한국부동산원에 의뢰한다. ( )

34 | 공인중개사 2013년

표준주택가격의 공시사항에는 표준주택의 용도, 연면적, 구조 및 사용승인일, 표준주택의 대지면적 및 형상이 포함된다. ( )

35 | 공인중개사 2014년

표준주택가격의 공시사항은 내용연수, 지세, 지목, 지리적 위치, 도로상황이다. ( )

36 | 공인중개사 2015년

표준지공시지가와 표준주택가격 모두 이의신청 절차가 있다. ( )

37 | 공인중개사 2013·2021년

표준주택가격은 국가·지방자치단체 등의 기관이 그 업무와 관련하여 개별주택가격을 산정하는 경우에 그 기준이 된다. ( )

---

33 (×) 감정평가법인 등 또는 한국부동산원(×), 한국부동산원(○), 국토교통부장관은 표준주택가격을 조사·산정하고자 할 때에는 한국부동산원에 의뢰한다. [비교] 국토교통부장관이 표준지공시지가를 조사·평가하는 때에는 업무실적, 신임도 등을 고려하여 둘 이상의 감정평가법인 등에게 이를 의뢰하여야 한다. 다만, 지가 변동이 작은 경우 등 대통령령으로 정하는 기준에 해당하는 표준지에 대해서는 하나의 감정평가법인 등에게 의뢰할 수 있다.

35 (×) 표준주택의 공시사항에 내용연수와 지세는 해당하지 않는다. [보충] 표준주택가격의 공시사항은 다음과 같다.

- **표준주택가격의 공시사항**
  ① 표준주택의 지번
  ② 표준주택의 가격
  ③ 표준주택의 면적 및 형상
  ④ 표준주택의 용도, 연면적, 구조 및 사업승인일
  ⑤ 지목, 용도지역, 도로상황
  ⑥ 그 밖에 표준주택가격 공시에 필요한 사항

정답 33 (×), 34 (○), 35 (×), 36 (○), 37 (○)

5 주택가격공시제도 ② : 단독주택의 개별주택가격

38 | 공인중개사 모의문제

시장·군수 또는 구청장은 시·군·구부동산가격공시위원회의 심의를 거쳐 매년 표준주택가격의 공시기준일 현재 관할 구역 안의 개별주택의 가격(이하 개별주택가격)을 결정·공시하고, 이를 관계 행정기관 등에 제공하여야 한다. ( )

39 | 공인중개사 2014·2021년

표준주택으로 선정된 단독주택, 그 밖에 대통령령으로 정하는 단독주택에 대하여는 개별주택가격을 결정·공시하지 아니할 수 있다. ( )

40 | 공인중개사 2014년

국토교통부장관은 공시기준일 이후에 토지의 분할·합병이나 건물의 신축 등이 발생한 경우에는 대통령령이 정하는 날을 기준으로 하여 개별주택가격을 결정·공시하여야 한다. ( )

41 | 공인중개사 2017년

시장·군수 또는 구청장이 개별주택가격을 결정·공시하는 경우에는 해당 주택과 유사한 이용가치를 지닌다고 인정되는 표준주택가격을 기준으로 주택가격비준표를 사용하여 가격을 산정하되, 해당 주택의 가격과 표준주택가격이 균형을 유지하도록 하여야 한다. ( )

42 | 공인중개사 2021년

개별주택가격은 주택시장의 가격정보를 제공하고, 국가·지방자치단체 등이 과세 등의 업무와 관련하여 주택의 가격을 산정하는 경우에 그 기준으로 활용될 수 있다. ( )

---

40 (×) 국토교통부장관(×), 시장·군수 또는 구청장(○), 시장·군수 또는 구청장은 공시기준일 이후에 분할·합병이나 건축물의 신축 등이 발생한 경우에는 대통령령으로 정하는 날을 기준으로 하여 개별주택가격을 결정·공시하여야 한다.

정답 38 (○), 39 (○), 40 (×), 41 (○), 42 (○)

6 주택가격공시제도 ③ : 공동주택가격

43 | 공인중개사 모의문제

국토교통부장관은 공동주택에 대하여 매년 공시기준일 현재의 적정가격(이하 공동주택가격)을 조사·산정하여 중앙부동산가격공시위원회의 심의를 거쳐 공시하고, 이를 관계 행정기관 등에 제공하여야 한다. ( )

44 | 공인중개사 2013년

국토교통부장관이 공동주택의 적정가격을 조사·산정하는 경우에는 인근 유사 공동주택의 거래가격·임대료 및 당해 공동주택과 유사한 이용가치를 지닌다고 인정되는 공동주택의 건설에 필요한 비용추정액 등을 종합적으로 참작하여야 한다. ( )

45 | 공인중개사 2021년

개별주택가격 및 공동주택가격에 이의가 있는 자는 그 결정·공시일부터 30일 이내에 서면(전자문서를 포함한다)으로 시장·군수 또는 구청장에게 이의를 신청할 수 있다. ( )

46 | 공인중개사 2013·2021년

공동주택가격은 주택시장의 가격정보를 제공하고, 국가·지방자치단체 등의 기관이 과세 등의 업무와 관련하여 주택의 가격을 산정하는 경우에 그 기준으로 활용될 수 있다. ( )

47 | 공인중개사 2021년

개별주택가격 및 공동주택가격은 주택시장의 가격정보를 제공하고, 국가·지방자치단체 등이 과세 등의 업무와 관련하여 주택의 가격을 산정하는 경우에 그 기준으로 활용될 수 있다. ( )

48 | 공인중개사 2022년

표준공동주택가격은 개별공동주택가격을 산정하는 경우에 그 기준이 된다. ( )

---

45 (×) 개별주택가격에 이의가 있는 자는 시장·군수 또는 구청장에게 이의를 신청할 수 있으며 공동주택가격에 이의가 있는 자는 국토교통부장관에게 이의를 신청할 수 있다.

48 (×) 표준(단독)주택가격은 개별(단독)주택가격을 산정하는 경우에 그 기준이 된다.

정답 43 (○), 44 (○), 45 (×), 46 (○), 47 (○), 48 (×)

민법 및 민사특별법

공인중개사 시험 1차 1교시

깨알연구소

CHAPTER 01

총칙

2014년	2015년	2016년	2017년	2018년	2019년	2020년	2021년	2022년
11문	9문	9문	10문	10문	10문	10문	10문	10문

핵심테마 01 | 법률행위의 종류
핵심테마 02 | 의사표시
핵심테마 03 | 대리
핵심테마 04 | 무효와 취소
핵심테마 05 | 조건과 기한

 # 법률행위의 종류

01 | 공인중개사 2017년
소유권의 포기는 상대방 없는 단독행위이다. ( )

02 | 공인중개사 2022년
손자에 대한 부동산의 유증은 상대방 없는 단독행위에 해당한다. ( )

03 | 공인중개사 2017년
청약자가 하는 승낙연착의 통지는 관념의 통지이다. ( )

04 | 공인중개사 2017년
무권대리에서 추인 여부에 대한 확답의 최고는 의사의 통지이다. ( )

05 | 공인중개사 2015년
무권대리행위에 대한 추인은 준법률행위이다. ( )

06 | 공인중개사 2015년
채무이행의 최고는 준법률행위이다. ( )

07 | 공인중개사 2021년
재단법인의 설립행위는 상대방 있는 단독행위에 해당한다. ( )

---

01 (○) 소유권 포기는 상대방 없는 단독행위, 제한물권의 포기는 상대방 있는 단독행위이다.
02 (○) 소유권 포기, 재단법인 설립, 유언, 유증 등은 상대방 없는 단독행위이다.
05 (×) 추인, 동의 등은 단독행위로서 법률행위이다.
06 (○) 자기 의사를 타인에게 알리는 의사의 통지로서 준법률행위에 해당한다.
07 (×) 재단법인의 설립행위는 상대방 없는 단독행위에 해당한다.

정답 01 (○), 02 (○), 03 (○), 04 (○), 05 (×), 06 (○), 07 (×)

08 | 공인중개사 2017년

농지취득자격증명은 농지취득의 원인이 되는 매매계약의 효력발생요건이 아니다. ( )

09 | 공인중개사 2017년

주택법의 전매행위제한을 위반하여 한 전매약정은 무효이다. ( )

10 | 공인중개사 2021년

「부동산등기 특별조치법」상 중간생략등기를 금지하는 규정은 효력규정이다. ( )

11 | 공인중개사 2021년

「공인중개사법」상 개업공인중개사가 중개의뢰인과 직접 거래를 하는 행위를 금지하는 규정은 효력규정이다. ( )

12 | 공인중개사 2021년

「공인중개사법」상 개업공인중개사가 법령에 규정된 중개보수 등을 초과하여 금품을 받는 행위를 금지하는 규정은 효력규정이다. ( )

13 | 공인중개사 2013년

불륜관계의 종료를 해제조건으로 하여 내연녀에게 한 증여는 반사회적 법률행위로서 무효이다. ( )

---

08 (○) 농지취득자격증명은 등기신청시 첨부해야 하는 서류에 불과하다.

09 (×) 전매행위 금지규정은 단속규정에 불과하므로 무효가 아니다.

10 (×) 중간생략등기가 마쳐진 경우, 실체관계에 부합하면 유효하므로 단속규정에 불과하다.

11 (×) 단속규정에 불과하다.

12 (×) 법령에 규정된 중개보수 등을 초과하여 금품을 받은 경우, 초과하는 부분은 무효이므로 효력규정에 해당한다.

13 (○) 불륜관계의 종료를 해제조건으로 한 증여는 불륜관계의 지속을 의미하므로 반사회질서 행위에 해당한다.

정답 08 (○), 09 (×), 10 (×), 11 (×), 12 (×), 13 (○)

14 | 공인중개사 **2013년**

관계 당사자 전원의 합의로 이루어진 중간생략등기는 반사회적 법률행위로서 무효이다.
( )

15 | 공인중개사 **2019년**

반사회질서의 법률행위에 해당하는지 여부는 해당 법률행위가 이루어진 때를 기준으로 판단해야 한다.
( )

16 | 공인중개사 **2019년**

반사회질서의 법률행위의 무효는 이를 주장할 이익이 있는 자는 누구든지 주장할 수 있다.
( )

17 | 공인중개사 **2016년**

성립 과정에서 강박이라는 불법적 방법이 사용된 데 불과한 법률행위는 반사회질서의 법률행위로서 무효이다.
( )

18 | 공인중개사 **2020년**

상대방에게 표시되거나 알려진 법률행위의 동기가 반사회적인 경우, 그 법률행위는 무효이다.
( )

19 | 공인중개사 **2014년**

과도하게 중한 위약벌 약정은 반사회적 법률행위로서 무효이다.
( )

---

14 (×) 당사자 전원의 합의가 있으면 실체관계에는 부합하므로 무효가 아니다. 다만 토지거래허가구역 내에서는 전원의 합의가 있어도 무효가 된다.

15 (○) 법률행위의 성립시를 기준으로 하고, 이행기를 기준으로 하지 않는다.

16 (○) 절대적 무효이므로 누구든지 무효를 주장할 수 있다.

17 (×) 의사표시에 하자가 있는 경우에 불과하고, 반사회질서행위에 해당하지는 않는다.

18 (○) 동기의 불법이란 법률행위 자체는 반사회질서행위가 아니나 그 법률행위를 하게 된 동기가 반사회질서에 해당하는 경우이다. 동기가 불법하더라도 법률행위 자체는 유효한 것이 원칙이나, 상대방에게 표시되거나 알려진 경우에는 무효가 된다.

19 (○) 위약벌의 약정은 유효인 것이 원칙이나, 과도한 경우는 그 일부 또는 전부가 반사회질서 행위에 해당하여 무효가 된다.

정답 14 (×), 15 (○), 16 (○), 17 (×), 18 (○), 19 (○)

20 | 공인중개사 2014년

소송에서의 증언을 조건으로 통상 용인되는 수준을 넘는 대가를 받기로 한 약정은 반사회적 법률행위로서 무효이다. ( )

21 | 공인중개사 2015년

변호사가 민사소송의 승소 대가로 성공보수를 받기로 한 약정은 반사회질서의 법률행위로서 무효이다. ( )

22 | 공인중개사 2014년

부동산에 대한 강제집행을 면할 목적으로 그 부동산에 허위의 근저당권을 설정하는 행위는 반사회적 법률행위로서 무효이다. ( )

23 | 공인중개사 2022년

공인중개사 자격이 없는 자가 우연히 1회성으로 행한 중개행위에 대한 적정한 수준의 수수료 약정은 무효이다. ( )

24 | 공인중개사 2022년

보험계약자가 오로지 보험사고를 가장하여 보험금을 취득할 목적으로 선의의 보험자와 체결한 생명보험계약은 무효이다. ( )

---

20 (○) 정의관념에 반하는 행위로서 반사회질서 행위에 해당한다.
21 (×) 민사소송의 승소 대가는 유효, 형사소송에서 성공보수약정은 무효가 된다.
22 (×) 판례는 강제집행을 면할 목적, 조세포탈의 목적 등으로 한 행위는 반사회질서 행위에 해당하지 않는 것으로 보는 경향이다.
23 (×) 공인중개사 자격이 없는 자가 우연히 1회성으로 행한 중개행위는 중개를 업으로 하는 것이 아니므로 유효하다. 다만 반복적으로 업으로 하는 경우에는 무효가 된다.
24 (○) 오로지 보험사고를 가장하여 보험금을 취득할 목적으로 체결한 보험계약은 반사회질서행위로서 무효에 해당한다.

정답 20 (○), 21 (×), 22 (×), 23 (×), 24 (○)

25 | 공인중개사 2022년

매도인이 실수로 상가지역을 그보다 가격이 비싼 상업지역이라 칭하였고, 부동산 거래의 경험이 없는 매수인이 이를 믿고서 실제 가격보다 2배 높은 대금을 지급한 매매계약은 무효이다. ( )

26 | 공인중개사 2019년

대리인이 매도인의 배임행위에 적극 가담하여 이루어진 부동산의 이중매매는 본인인 매수인이 그러한 사정을 몰랐다면 반사회질서의 법률행위가 되지 않는다. ( )

27 | 공인중개사 2016년

이미 매도된 부동산임을 알면서도 매도인의 배임행위에 적극 가담하여 이루어진 저당권 설정행위는 반사회질서의 법률행위로서 무효이다. ( )

28 | 공인중개사 2014년

甲이 자신의 부동산을 乙에게 매도하였는데, 그 사실을 잘 아는 丙이 甲의 배임행위에 적극가담하여 그 부동산을 매수하여 소유권이전등기를 받은 경우, 乙은 丙에게 소유권이전등기를 청구할 수 없다. ( )

29 | 공인중개사 2014년

甲이 자신의 부동산을 乙에게 매도하였는데, 그 사실을 잘 아는 丙이 甲의 배임행위에 적극가담하여 그 부동산을 매수하여 소유권이전등기를 받은 경우, 乙은 甲·丙 사이의 매매계약에 대하여 채권자취소권을 행사할 수 없다. ( )

---

25 (×) 불공정거래행위로서 무효가 되기 위해서는 상대방의 궁박, 경솔, 무경험을 악의적으로 이용하려는 의도가 있어야 한다. 매도인의 실수라는 점에서 상대방의 무경험을 이용하려는 악의가 없으므로 불공정거래행위로 볼 수 없다.

26 (×) 제2매수인이 적극 가담한 이중매매는 반사회질서행위로서 무효이다. 대리인을 통한 매매계약의 경우에는 대리인을 기준으로 적극 가담여부를 판단하므로 본인인 매수인이 그러한 사정을 몰랐다 하더라도 반사회질서 행위가 된다.

27 (○) 적극 가담하여 무효인 이중매매의 법리를 유추하여 무효로 본다.

28 (○) 제1매수인 乙은 아직 소유권이전등기를 하지 않아서 소유자가 아니므로 제2매수인 丙에게 직접 소유권이전등기를 청구할 수 없다. 그러나 매도인 甲을 대위하여 제2매수인 丙에게 소유권이전등기의 말소를 청구할 수 있다.

29 (○) 채권자취소권은 금전채권을 침해한 경우에 한하여 가능하다. 제1매수인 乙의 채권은 금전채권이 아니므로 甲·丙 사이의 매매계약에 대하여 채권자취소권을 행사할 수는 없다.

정답 25 (×), 26 (×), 27 (○), 28 (○), 29 (○)

30 | 공인중개사 2017년

甲은 자신의 X부동산을 乙에게 매도하고 계약금과 중도금을 지급받았다. 그 후 丙이 甲의 배임행위에 적극 가담하여 甲과 X부동산에 대한 매매계약을 체결하고 자신의 명의로 소유권이전등기를 마친 경우, 乙은 丙에 대하여 불법행위를 이유로 손해배상을 청구할 수 있다. ( )

31 | 공인중개사 2017년

甲은 자신의 X부동산을 乙에게 매도하고 계약금과 중도금을 지급받았다. 그 후 丙이 甲의 배임행위에 적극 가담하여 甲과 X부동산에 대한 매매계약을 체결하고 자신의 명의로 소유권이전등기를 마친 경우, 甲은 계약금 배액을 상환하고 乙과 체결한 매매계약을 해제할 수 없다. ( )

32 | 공인중개사 2017년

甲은 자신의 X부동산을 乙에게 매도하고 계약금과 중도금을 지급받았다. 그 후 丙이 甲의 배임행위에 적극 가담하여 甲과 X부동산에 대한 매매계약을 체결하고 자신의 명의로 소유권이전등기를 마친 경우, 丙명의의 등기는 甲이 추인하더라도 유효가 될 수 없다. ( )

33 | 공인중개사 2021년

반사회적 법률행위에 해당하는 제2매매계약에 기초하여 제2매수인으로부터 그 부동산을 매수하여 등기한 선의의 제3자는 제2매매계약의 유효를 주장할 수 있다. ( )

34 | 공인중개사 2021년

제2매수인이 이중매매사실을 알았다는 사정만으로 제2매매계약을 반사회적 법률행위에 해당한다고 볼 수 없다. ( )

---

30 (○) 제2매수인 丙이 적극가담하여 이중매매를 한 것은 고의로 제1매수인 乙의 채권을 침해한 것이므로 乙은 丙에 대하여 불법행위를 이유로 손해배상을 청구할 수 있다.

31 (○) 이미 중도금을 지급하여 일방이 이행에 착수한 것이므로 계약금에 의한 해제를 할 수 없다.

32 (○) 이중매매가 반사회질서행위로서 무효인 경우에는 추인할 수 있는 대상이 아니다.

33 (×) 반사회적 법률행위에 해당하는 이중매매는 절대적 무효이므로 선의의 제3자라 하더라도 제2매매계약의 유효를 주장할 수 없다.

34 (○) 단순히 이중매매 사실을 알았다는 사정만으로는 반사회적 행위에 해당하는 것은 아니다.

정답 30 (○), 31 (○), 32 (○), 33 (×), 34 (○)

35 | 공인중개사 2018년

궁박은 정신적·심리적 원인에 기인할 수도 있다. ( )

36 | 공인중개사 2018년

급부와 반대급부 사이에 현저한 불균형이 존재하는지는 특별한 사정이 없는 한 법률행위 당시를 기준으로 판단하여야 한다. ( )

37 | 공인중개사 2018년

급부와 반대급부 사이의 현저한 불균형은 피해자의 궁박·경솔·무경험의 정도를 고려하여 당사자의 주관적 가치에 따라 판단한다. ( )

38 | 공인중개사 2013년

불공정한 법률행위에서 무경험이란 거래 일반의 경험부족을 말하는 것이 아니라 해당 특정영역에서의 경험부족을 말한다. ( )

39 | 공인중개사 2014년

대리인에 의한 법률행위에서 무경험은 대리인을 기준으로 판단한다. ( )

40 | 공인중개사 2014년

불공정한 법률행위에 관한 규정은 부담 없는 증여의 경우에도 적용된다. ( )

---

35 (○) 궁박은 경제적 원인에 의한 것뿐만 아니라, 정신적, 심리적 원인에 의한 것을 포함한다.
36 (○) 급부와 반대급부가 현저하게 공정을 잃은 것인지 여부에 대한 판단은 법률행위의 성립당시, 즉 계약을 체결할 당시를 기준으로 판단하여야 한다.
37 (×) 급부와 반대급부 사이의 현저한 불균형은 개별, 구체적인 상황에서 사회통념에 따라 객관적으로 판단하여야 하고, 당사자의 주관적 가치를 기준으로 하지 않는다.
38 (×) 거래 일반에 대한 경험부족을 말하는 것이다.
39 (○) 대리인에 의하여 불공정 거래행위가 이루어진 경우, 궁박 상태는 본인을 기준으로 하지만, 경솔과 무경험은 대리인을 기준으로 판단한다.
40 (×) 불공정한 법률행위에 관한 규정은 급부와 반대급부 사이의 균형을 추구하는 것이므로 부담 없는 증여의 경우에는 적용될 수 없다.

정답 35 (○), 36 (○), 37 (×), 38 (×), 39 (○), 40 (×)

41 | 공인중개사 2014년

경매절차에서 매각대금이 시가보다 현저히 저렴하더라도 불공정한 법률행위를 이유로 그 무효를 주장할 수 없다. ( )

42 | 공인중개사 2014년

불공정한 법률행위에도 무효행위 전환의 법리가 적용될 수 있다. ( )

43 | 공인중개사 2016년

甲은 乙소유의 X토지를 임차하여 사용하던 중 이를 매수하기로 乙과 합의하였으나, 계약서에는 Y토지로 잘못 기재하였다. 매매계약은 Y토지에 대하여 유효하게 성립한다. ( )

44 | 공인중개사 2016년

甲은 乙소유의 X토지를 임차하여 사용하던 중 이를 매수하기로 乙과 합의하였으나, 계약서에는 Y토지로 잘못 기재하였다. X토지에 대하여 매매계약이 성립하지만, 당사자는 착오를 이유로 취소할 수 있다. ( )

45 | 공인중개사 2014년

당사자가 합의한 매매목적물의 지번에 관하여 착오를 일으켜 계약서상 목적물의 지번을 잘못 표시한 경우, 그 계약을 취소할 수 없다. ( )

---

41 (○) 경매절차에서는 국가기관이 개입하여 공정성이 담보된다는 점에서 불공정 거래행위를 주장할 수 없다.

42 (○) 불공정한 법률행위는 무효행위의 추인에 의하여도 유효한 행위가 될 수는 없지만, 공정한 행위로 바꾸는 무효행위의 전환은 가능하다.

43 (×) Y토지에 대하여는 당사자 간의 의사표시가 존재하지 않으므로 매매계약은 성립하지 않는다.

44 (×) 당사자의 진의와 표시행위는 모두 ×토지에 대한 것이나, 기재만 잘못된 것이므로 착오가 성립하지 않는다.

45 (○) 당사자의 내심의 의사는 일치하고 있으므로 착오를 이유로 그 계약을 취소할 수 없다.

정답 41 (○), 42 (○), 43 (×), 44 (×), 45 (○)

핵심테마 02 의사표시

01 | 공인중개사 2016년
진의 아닌 의사표시는 상대방과 통정이 없다는 점에서 통정허위표시와 구별된다. ( )

02 | 공인중개사 2019년
통정허위표시가 성립하기 위해서는 진의와 표시의 불일치에 관하여 상대방과 합의가 있어야 한다. ( )

03 | 공인중개사 2022년
통정허위표시는 표의자가 의식적으로 진의와 다른 표시를 한다는 것을 상대방이 알았다면 성립한다. ( )

04 | 공인중개사 2021년
비진의 의사표시는 상대방과 통정이 없었다는 점에서 착오와 구분된다. ( )

05 | 공인중개사 2014년
대출절차상 편의를 위하여 명의를 빌려준 자가 채무부담의 의사를 가졌더라도 그 의사표시는 비진의표시이다. ( )

---

01 (○) 비진의 표시는 일방적 표시이고, 통정허위표시는 상대방과 합의가 있다는 점에서 구별된다.
02 (○) 통정허위표시가 성립하기 위해서는 의사와 표시가 불일치한다는 것을 서로 알고서 합의 또는 양해할 것이 필요하다.
03 (×) 통정허위표시는 단순히 알았다는 것만으로 부족하고, 통정이 있어야 성립한다.
04 (×) 비진의의사표시나 착오는 모두 상대방과 통정이 없다는 점에서는 공통된다.
05 (×) 대출절차상 편의를 위하여 명의를 빌려준 자는 채무부담의 의사를 가진 것으로 볼 수 있다는 것이 판례의 입장이므로 비진의표시에 해당하지 않는다.

정답 01 (○), 02 (○), 03 (×), 04 (×), 05 (×)

06 | 공인중개사 2016년

상대방이 표의자의 진의 아님을 알았을 경우, 표의자는 진의 아닌 의사표시를 취소할 수 있다. ( )

07 | 공인중개사 2016년

진의 아닌 의사표시의 효력이 없는 경우, 법률행위의 당사자는 진의 아닌 의사표시를 기초로 새로운 이해관계를 맺은 선의의 제3자에게 대항하지 못한다. ( )

08 | 공인중개사 2014년

비진의표시에 관한 규정은 원칙적으로 상대방 있는 단독행위에 적용된다. ( )

09 | 공인중개사 2022년

민법 제108조 제2항에 따라 보호받는 선의의 제3자에 대해서는 그 누구도 통정허위표시의 무효로써 대항할 수 없다. ( )

10 | 공인중개사 2021년

통정허위표시의 무효에 대항하려는 제3자는 자신이 선의라는 것을 증명하여야 한다. ( )

11 | 공인중개사 2015년

통정허위표시에 의한 채권을 가압류한 자는 보호되는 선의의 제3자에 해당한다. ( )

---

06 (×) 비진의표시는 상대방이 알았거나 알 수 있었을 때 무효가 된다.

07 (○) 비진의표시는 상대적 무효이므로 선의의 제3자는 보호된다.

08 (○) 비진의표시는 계약 분만 아니라 단독행위에도 적용된다. 다만 상대방 없는 단독행위는 언제나 유효가 된다.

09 (○) 통정허위표시는 선의의 제3자에 대항하지 못한다는 민법규정이 존재하므로 누구도 대항할 수 없다.

10 (×) 통정허위표시가 무효가 되더라도 보호받는 제3자의 선의는 추정되므로 무효를 주장하는 자가 제3자의 악의를 입증할 책임이 있다.

11 (○) 통정허위표시에 의한 채권은 허위표시를 기초로 발생한 권리이므로 이 채권을 가압류한 자는 제3자에 해당한다.

정답 06 (×), 07 (○), 08 (○), 09 (○), 10 (×), 11 (○)

12 | 공인중개사 2015년

통정허위표시에 의해 체결된 제3자를 위한 계약에서 제3자는 보호되는 선의의 제3자에 해당한다. ( )

13 | 공인중개사 2020년

채권의 가장양도에서 변제 전 채무자는 보호되는 선의의 제3자에 해당한다. ( )

14 | 공인중개사 2020년

가장채무를 보증하고 그 보증채무를 이행한 보증인은 보호되는 선의의 제3자에 해당한다. ( )

15 | 공인중개사 2019년

통정허위표시의 무효로 대항할 수 없는 제3자에 해당하는지의 여부를 판단할 때, 파산관재인은 파산채권자 모두가 악의로 되지 않는 한 선의로 다루어진다. ( )

16 | 공인중개사 2016년

甲은 자신의 부동산에 관하여 乙과 통정한 허위의 매매계약에 따라 소유권이전등기를 乙에게 해주었다. 그 후 乙은 이러한 사정을 모르는 丙과 위 부동산에 대한 매매계약을 체결하고 그에게 소유권이전등기를 해주었다. 丙이 선의이더라도 과실이 있으면 소유권을 취득하지 못한다. ( )

17 | 공인중개사 2019년

통정허위표시로서 무효인 법률행위라도 채권자취소권의 대상이 될 수 있다. ( )

---

12 (×) 제3자를 위한 계약에서 수익을 받는 제3자는 통정허위표시를 기초로 새로운 이해관계를 맺은 자가 아니므로 제3자에 포함되지 않는다.

13 (×) 채권을 가장양도한 것은 통정허위표시에 해당하지만 그 채권의 채무자는 통정허위표시 이전에 관계를 맺은 자이므로 제3자에 해당하지 않는다.

14 (○) 통정허위표시로 인하여 발생한 채무를 보증하고 그 보증채무를 이행한 보증인은 통정허위표시를 기초로 새로운 법률관계를 맺은 자이므로 제3자에 해당한다.

15 (○) 총파산채권자 모두가 악의인 경우에만 악의로 다루어진다.

16 (×) 선의의 제3자를 보호하는 것이므로 무과실은 요건이 아니다. 따라서 丙은 소유권을 취득한다.

17 (○) 채무자의 책임재산을 보전하기 위하여 금전채권을 가진 채권자는 채권자취소권을 행사할 수 있다.

정답 12 (×), 13 (×), 14 (○), 15 (○), 16 (×), 17 (○)

18 | 공인중개사 2018년

甲은 자신의 X토지를 乙에게 증여하고, 세금을 아끼기 위해 이를 매매로 가장하여 乙명의로 소유권이전등기를 마쳤다. 그 후 乙은 X토지를 丙에게 매도하고 소유권이전등기를 마쳤다. 甲은 丙에게 X토지의 소유권이전등기말소를 청구할 수 없다. ( )

19 | 공인중개사 2017년

건물과 그 부지를 현상대로 매수한 경우에 부지의 지분이 미미하게 부족하다면, 그 매매계약의 중요부분의 착오가 되지 아니한다. ( )

20 | 공인중개사 2017년

상대방에 의해 유발된 동기의 착오는 동기가 표시되지 않았더라도 중요부분의 착오가 될 수 있다. ( )

21 | 공인중개사 2014년

농지의 상당 부분이 하천임을 사전에 알았더라면 농지매매계약을 체결하지 않았을 것이 명백한 경우 법률행위 내용의 중요부분의 착오에 해당될 수 있다. ( )

22 | 공인중개사 2015년

착오에 의한 의사표시로 표의자가 경제적 불이익을 입지 않더라도 착오를 이유로 그 의사표시를 취소할 수 있다. ( )

---

18 (○) 甲과 乙사이의 소유권이전등기는 실체관계는 존재한다는 점에서 유효한 등기이므로 丙의 소유권이전등기는 선악을 불문하고 유효이다. 따라서 甲은 丙에게 ×토지의 소유권이전등기말소를 청구할 수 없다.

19 (○) 부족한 지분이 근소한 차이에 불과한 경우에는 중요부분의 착오로 볼 수 없다.

20 (○) 농기의 착오는 상대방에게 표시되었거나 표시되지 않아도 상대방에 의해 유발된 경우에는 중요부분의 착오가 될 수 있다.

21 (○) 토지의 현황에 대한 착오는 근소한 차이는 중요부분의 착오가 아니지만, 상당한 부분인 경우에는 중요부분의 착오가 될 수 있다.

22 (×) 착오에 의한 의사표시로 표의자가 경제적 불이익을 입지 않으면 중요부분의 착오에 해당하지 않으므로 그 의사표시를 취소할 수 없다.

정답 18 (○), 19 (○), 20 (○), 21 (○), 22 (×)

23 | 공인중개사 2020년

상대방이 표의자의 착오를 알고 이용한 경우, 표의자는 착오가 중대한 과실로 인한 것이더라도 의사표시를 취소할 수 있다. ( )

24 | 공인중개사 2015년

표의자의 중대한 과실 유무는 착오에 의한 의사표시의 효력을 부인하는 자가 증명하여야 한다. ( )

25 | 공인중개사 2020년

경과실로 인해 착오에 빠진 표의자가 착오를 이유로 의사표시를 취소한 경우, 상대방에 대하여 불법행위로 인한 손해배상책임을 진다. ( )

26 | 공인중개사 2017년

당사자가 착오를 이유로 의사표시를 취소하지 않기로 약정한 경우, 표의자는 의사표시를 취소할 수 없다. ( )

27 | 공인중개사 2021년

매수인의 채무불이행을 이유로 매도인이 계약을 적법하게 해제했다면, 착오를 이유로 한 매수인의 취소권은 소멸한다. ( )

---

23 (○) 표의자에게 중대한 과실이 있으면 취소할 수 없는 것이 원칙이나, 상대방이 표의자의 착오를 알고 이용한 경우에는 취소할 수 있다.

24 (×) 중대한 과실이 있으면 표의자가 취소할 수 없으므로 중대한 과실의 유무는 계약의 유효를 주장하는 상대방이 입증하여야 한다.

25 (×) 착오를 이유로 취소하는 것은 불법행위가 아니므로 경과실이 있는 표의자라 하더라도 손해배상책임은 지지 않는다.

26 (○) 착오에 관한 규정은 임의규정이므로 당사자의 합의로 취소하지 않기로 약정한 경우에는 취소할 수 없다.

27 (×) 매수인은 착오를 이유로 취소하게 되면 손해배상책임을 면할 수 있는 등 실익이 있으므로 매수인의 취소권은 소멸하지 않는다.

정답 23 (○), 24 (×), 25 (×), 26 (○), 27 (×)

28 | 공인중개사 2020년

매도인의 하자담보책임이 성립하더라도 착오를 이유로 한 매수인의 취소권은 배제되지 않는다. ( )

29 | 공인중개사 2017년

부동산거래계약서에 서명·날인한다는 착각에 빠진 상태로 연대보증의 서면에 서명·날인한 경우에는 표시상의 착오에 해당한다. ( )

30 | 공인중개사 2014년

교환계약의 당사자 일방이 자기 소유 목적물의 시가를 묵비한 것은 특별한 사정이 없는 한 기망행위가 아니다. ( )

31 | 공인중개사 2016년

아파트분양자가 아파트단지 인근에 공동묘지가 조성되어 있다는 사실을 분양계약자에게 고지하지 않은 경우에는 기망행위에 해당한다. ( )

32 | 공인중개사 2016년

분양회사가 상가를 분양하면서 그 곳에 첨단 오락타운을 조성하여 수익을 보장한다는 다소 과장된 선전광고를 하는 것은 기망행위에 해당한다. ( )

---

28 (○) 서로 목적과 취지가 다르므로 매도인의 하자담보책임이 성립하더라도 매수인이 중요부분에 착오가 있으면 착오를 이유로 취소할 수 있다.

29 (○) 표시상의 착오로서 착오로 인한 취소만 가능한 것으로 보았다.

30 (○) 상대방에게 시가를 고지할 의무가 없으므로 기망행위가 아니다.

31 (○) 공동묘지는 주거환경에 친한 시설이 아니므로 분양계약의 체결 및 가격에 상당한 영향을 미치는 요인이므로 이를 분양계약자에게 고지하지 않은 것은 기망행위에 해당한다.

32 (×) 신의칙에 비추어 비난받을 정도의 방법으로 허위로 고지한 경우에는 기망행위에 해당하지만, 다소 과장된 내용이 있다 하더라도 그것만으로 당연히 기망행위가 되는 것은 아니다.

정답 28 (○), 29 (○), 30 (○), 31 (○), 32 (×)

33 | 공인중개사 2014년

강박으로 의사결정의 자유가 완전히 박탈되어 법률행위의 외형만 갖춘 의사표시는 무효이다. ( )

34 | 공인중개사 2017년

어떤 해악의 고지 없이 단순히 각서에 서명날인할 것만을 강력히 요구한 행위는 강박에 의한 의사표시의 강박행위가 아니다. ( )

35 | 공인중개사 2014년

대리인의 기망행위로 계약을 체결한 상대방은 본인이 선의이면 계약을 취소할 수 없다. ( )

36 | 공인중개사 2016년

제3자의 사기에 의해 의사표시를 한 표의자는 상대방이 그 사실을 알았거나 알 수 있었을 경우에 그 의사표시를 취소할 수 있다. ( )

37 | 공인중개사 2014년

제3자의 사기로 계약을 체결한 경우, 피해자는 그 계약을 취소하지 않고 그 제3자에게 불법행위책임을 물을 수 있다. ( )

38 | 공인중개사 2014년

사기나 강박에 의한 소송행위는 원칙적으로 취소할 수 없다. ( )

---

33 (○) 강박으로 인한 의사표시는 취소할 수 있는 것이 원칙이나, 의사결정의 자유가 완전히 박탈된 경우에는 무효이다.

34 (○) 강방행위는 어떤 해악의 고지가 있어야 한다. 단순히 각서에 서명날인할 것만을 강력히 요구한 행위는 강박행위가 아니다.

35 (×) 대리인이 기망을 한 것은 본인이 기망을 한 경우와 동일하게 볼 수 있으므로 상대방은 계약을 취소할 수 있다.

36 (○) 거래 상대방을 보호하기 위한 제한규정이다.

37 (○) 제3자의 기망행위가 불법행위를 구성하는 경우, 피해자는 사기에 의한 의사표시를 이유로 그 계약을 취소할 수도 있고, 그 제3자에게 불법행위책임을 물을 수도 있다.

38 (○) 민법상 의사표시에 관한 규정은 소송행위에 대해서는 적용될 수 없다.

정답 33 (○), 34 (○), 35 (×), 36 (○), 37 (○), 38 (○)

39 | 공인중개사 2016년

표의자가 그 통지를 발송한 후 제한능력자가 된 경우, 그 법정대리인이 통지 사실을 알기 전에는 의사표시의 효력이 없다. ( )

40 | 공인중개사 2013년

상대방 있는 의사표시는 특별한 사정이 없으면 상대방에게 도달한 때에 그 효력이 생긴다. ( )

41 | 공인중개사 2016년

상대방이 정당한 사유 없이 통지의 수령을 거절한 경우에도 그가 통지의 내용을 알 수 있는 객관적 상태에 놓인 때에 의사표시의 효력이 생긴다. ( )

42 | 공인중개사 2016년

의사표시가 기재된 내용증명우편이 발송되고 달리 반송되지 않았다면 특별한 사정이 없는 한 그 의사표시는 도달된 것으로 본다. ( )

43 | 공인중개사 2019년

甲은 乙과 체결한 매매계약에 대한 적법한 해제의 의사표시를 내용증명우편을 통하여 乙에게 발송하였다. 乙이 甲의 해제의 의사표시를 실제로 알아야 해제의 효력이 발생한다. ( )

---

39 (×) 표의자가 의사표시를 발송한 후 사망하거나 제한능력자가 되더라도 의사표시의 효력에는 영향이 없다. 따라서 그 법정대리인이 통지 사실을 알기 전이라 하더라도 의사표시는 효력이 있다.

40 (○) 법률행위의 효력발생시기는 도달주의가 원칙이다.

41 (○) 상대방 있는 의사표시는 그 통지가 상대방에게 도달한 때 효력이 생기는 것이고, 여기서 도달이라 함은 사회통념상 상대방이 통지의 내용을 알 수 있는 객관적 상태에 놓여 있는 경우를 의미한다.

42 (○) 보통우편은 내용증명우편이나 등기우편과 달리 상대방의 수령사실을 확인할 수 없으므로 발송되었다는 사실만으로 상당한 기간 내에 도달하였다고 추정할 수는 없다.

43 (×) 상대방이 통지의 내용을 알 수 있는 객관적 상태에 있으면 효력을 발생하고, 현실적인 수령이나 상대방이 통지의 내용을 알았을 것까지는 필요하지 않다.

정답 39 (×), 40 (○), 41 (○), 42 (○), 43 (×)

44 | 공인중개사 2019년

甲은 乙과 체결한 매매계약에 대한 적법한 해제의 의사표시를 내용증명우편을 통하여 乙에게 발송하였다. 甲은 내용증명우편이 乙에게 도달한 후에도 일방적으로 해제의 의사표시를 철회할 수 있다. ( )

44 (×) 의사표시는 도달해야 효력이 발생하므로 도달하기 전에는 철회할 수 있다. 따라서 상대방에게 의사표시가 도달한 후에는 의사표시를 철회할 수 없다.

정답 44 (×)

핵심테마 03 대리

01 | 공인중개사 2019년

甲은 자신의 X토지를 매도하기 위하여 乙에게 대리권을 수여하였다. 甲의 수권행위는 불요식행위로서 묵시적인 방법에 의해서도 가능하다. ( )

02 | 공인중개사 2019년

甲은 자신의 X토지를 매도하기 위하여 乙에게 대리권을 수여하였다. 甲은 특별한 사정이 없는 한 언제든지 乙에 대한 수권행위를 철회할 수 있다. ( )

03 | 공인중개사 2020년

원인된 법률관계가 종료하기 전에는 본인은 수권행위를 철회하여 대리권을 소멸시킬 수 없다. ( )

04 | 공인중개사 2014년

매매계약을 체결할 대리권을 수여받은 대리인은 특별한 사정이 없는 한 중도금과 잔금을 수령할 권한이 있다. ( )

05 | 공인중개사 2018년

甲은 자신의 X토지를 매도하기 위해 乙에게 대리권을 수여하였고, 乙은 甲을 위한 것임을 표시하고 X토지에 대하여 丙과 매매계약을 체결하였다. 만약 甲이 매매계약의 체결과 이행에 관하여 포괄적 대리권을 수여한 경우, 乙은 특별한 사정이 없는 한 약정된 매매대금 지급기일을 연기해 줄 권한도 가진다. ( )

---

01 (○) 수권행위의 방식에는 제한이 없다.
02 (○) 임의대리는 언제든지 수권행위를 철회할 수 있다.
03 (×) 원인된 법률관계가 종료하기 전이라 하더라도 임의대리의 경우에는 수권행위를 철회하여 대리권을 소멸시킬 수 있다.
04 (○) 체결할 권한에는 중도금, 잔금을 수령할 권한이 있으나 해제권은 없다.
05 (○) 매매계약을 체결할 권한이 있으면, 매매계약에 따른 중도금이나 잔금을 수령할 수 있으며, 약정된 매매대금 지급기일을 연기해 줄 권한도 가진다.

정답 01 (○), 02 (○), 03 (×), 04 (○), 05 (○)

06 | 공인중개사 2020년

甲은 자신의 X부동산의 매매계약체결에 관한 대리권을 乙에게 수여하였다. 乙의 대리권은 특별한 사정이 없는 한 丙과의 계약을 해제할 권한을 포함한다. ( )

07 | 공인중개사 2017년

권한을 정하지 아니한 임의대리인은 본인의 미등기부동산에 관한 보존등기를 할 수 있다. ( )

08 | 공인중개사 2016년

대리인에 대한 본인의 금전채무가 기한이 도래한 경우 대리인은 본인의 허락 없이 그 채무를 변제하지 못한다. ( )

09 | 공인중개사 2020년

대리인이 여럿인 경우, 대리인은 원칙적으로 공동으로 대리해야 한다. ( )

10 | 공인중개사 2016년

대리인이 수인인 때에는 각자가 본인을 대리하지만, 법률 또는 수권행위에서 달리 정할 수 있다. ( )

11 | 공인중개사 2014년

대리인은 본인의 허락이 있으면 당사자 쌍방을 대리할 수 있다. ( )

---

06 (×) 매매계약을 체결할 수 있는 대리권에는 계약을 해제할 수 있는 권한까지는 포함되지 않는다.
07 (○) 권한을 정하지 아니한 대리인도 보존행위나 성질에 반하지 않는 이용 또는 개량행위는 가능하다.
08 (×) 기한이 도래한 금전채무의 변제는 보존행위에 해당하므로 본인의 허락이 없어도 할 수 있다.
09 (×) 대리인이 여럿인 경우라도 대리인은 각자가 대리하는 것이 원칙이다.
10 (○) 수권 또는 규정이 없는 한 각자 대리가 원칙이다.
11 (○) 쌍방대리는 허용되지 않는 것이 원칙이나, 본인의 허락이 있으면 가능하다.

정답 06 (×), 07 (○), 08 (×), 09 (×), 10 (○), 11 (○)

12 | 공인중개사 2019년

甲은 자신의 X토지를 매도하기 위하여 乙에게 대리권을 수여하였다. 乙은 甲의 허락이 있으면 甲을 대리하여 자신이 X토지를 매수하는 계약을 체결할 수 있다. ( )

13 | 공인중개사 2017년

본인의 허락이 없는 자기계약이라도 본인이 추인하면 유효한 대리행위로 될 수 있다. ( )

14 | 공인중개사 2019년

甲은 자신의 X토지를 매도하기 위하여 乙에게 대리권을 수여하였다. 乙이 한정후견개시의 심판을 받은 경우, 특별한 사정이 없는 한 乙의 대리권은 소멸한다. ( )

15 | 공인중개사 2014년

대리인이 파산선고를 받아도 그의 대리권은 소멸하지 않는다. ( )

16 | 공인중개사 2013년

甲의 대리인 乙은 甲소유의 부동산을 丙에게 매도하기로 약정하였다. 乙이 매매계약서에 甲의 이름을 기재하고 甲의 인장을 날인한 때에도 유효한 대리행위가 될 수 있다. ( )

17 | 공인중개사 2020년

甲은 자신의 X부동산의 매매계약체결에 관한 대리권을 乙에게 수여하였다. 乙이 미성년자인 경우, 甲은 乙이 제한능력자임을 이유로 계약을 취소할 수 있다. ( )

---

12 (○) 자기계약은 허용되지 않는 것이 원칙이나, 본인의 허락이 있으면 가능하다.
13 (○) 자기계약은 금지되는 것이 원칙이나, 본인의 허락이 있으면 가능하다.
14 (×) 대리권의 소멸사유는 본인의 사망, 대리인의 사망·성년후견개시·파산이다. 대리인의 한정후견개시는 소멸사유가 아니다.
15 (×) 대리인이 파산선고는 대리권의 소멸사유에 해당한다.
16 (○) 대리행위는 본인을 위한 것임을 표시하여야 하므로 '甲의 대리인 乙'이라고 기재하여야 하는 것이 원칙이나, 주위사정으로 대리의사가 인정되면 현명행위로 인정될 수 있다.
17 (×) 대리인은 행위능력자임을 요하지 않으므로 대리인 乙이 미성년자인 경우라 하더라도 본인인 甲은 乙이 제한능력자임을 이유로 계약을 취소할 수 없다.

정답 12 (○), 13 (○), 14 (×), 15 (×), 16 (○), 17 (×)

18 | 공인중개사 2017년

대리인이 자기의 이익을 위한 배임적 의사표시를 하였고 상대방도 이를 안 경우, 본인은 그 대리인의 행위에 대하여 책임이 없다. ( )

19 | 공인중개사 2022년

대리행위의 하자로 인한 취소권은 원칙적으로 대리인에게 귀속된다. ( )

20 | 공인중개사 2022년

대리인을 통한 부동산거래에서 상대방 앞으로 소유권이전등기가 마쳐진 경우, 대리권 유무에 대한 증명책임은 대리행위의 유효를 주장하는 상대방에게 있다. ( )

21 | 공인중개사 2013년

甲의 대리인 乙은 甲소유의 부동산을 丙에게 매도하기로 약정하였다. 乙이 丙의 기망행위로 매매계약을 체결한 경우, 甲은 이를 취소할 수 있다. ( )

22 | 공인중개사 2020년

대리인의 기망행위로 계약을 체결한 상대방은 본인이 그 기망행위를 알지 못한 경우, 사기를 이유로 계약을 취소할 수 없다. ( )

---

18 (○) 대리인이 대리권을 남용한 경우, 비진의표시에 관한 규정을 유추적용하여 상대방이 이를 알았거나 알 수 있었을 경우에 무효로 한다. 따라서 상대방이 대리권 남용을 알고 있는 경우에는 무효이므로 본인은 그 대리인의 행위에 대하여 책임이 없다.

19 (×) 대리행위의 효과는 대리인이 아니라 모두 본인에게 귀속된다.

20 (×) 등기에는 추정력이 인정되므로 상대방 명의로 소유권이전등기가 마쳐지면 상대방은 적법한 권리자로 추정된다. 따라서 등기의 무효를 주장하는 본인이 대리권이 없다는 사실을 증명할 책임이 있다.

21 (○) 사기나 강박으로 인한 규정은 대리인을 기준으로 하므로 대리인 乙이 상대방 丙으로부터 기망당한 경우 본인인 甲은 이를 취소할 수 있다.

22 (×) 대리행위의 하자는 대리인을 기준으로 한다. 따라서 대리인이 기망행위로 계약을 체결하고 본인은 그 기망행위를 알지 못한 경우라 하더라도 상대방은 사기를 이유로 계약을 취소할 수 있다.

정답 18 (○), 19 (×), 20 (×), 21 (○), 22 (×)

23 | 공인중개사 2018년

甲은 자신의 X토지를 매도하기 위해 乙에게 대리권을 수여하였고, 乙은 甲을 위한 것임을 표시하고 X토지에 대하여 丙과 매매계약을 체결하였다. 丙이 매매계약을 적법하게 해제한 경우, 그 해제로 인한 원상회복의무는 甲과 丙이 부담한다. ( )

24 | 공인중개사 2018년

甲은 자신의 X토지를 매도하기 위해 乙에게 대리권을 수여하였고, 乙은 甲을 위한 것임을 표시하고 X토지에 대하여 丙과 매매계약을 체결하였다. 丙이 매매계약을 적법하게 해제한 경우, 丙은 乙에게 손해배상을 청구할 수 있다. ( )

25 | 공인중개사 2020년

甲은 자신의 X부동산의 매매계약체결에 관한 대리권을 乙에게 수여하였다. 乙은 甲의 승낙이나 부득이한 사유가 없더라도 복대리인을 선임할 수 있다. ( )

26 | 공인중개사 2020년

복대리인은 대리인이 자기의 명의로 선임하므로 대리인의 대리인이다. ( )

27 | 공인중개사 2019년

임의대리인이 본인의 승낙을 얻어서 복대리인을 선임한 경우, 본인에 대하여 그 선임감독에 관한 책임이 없다. ( )

28 | 공인중개사 2019년

법정대리인은 부득이한 사유가 없더라도 복대리인을 선임할 수 있다. ( )

---

23 (○) 매매계약이 적법하게 해제되면 본인인 甲과 상대방인 丙사이에서 원상회복의무를 부담한다.

24 (×) 대리행위의 효과는 본인에게 귀속된다. 상대방이 매매계약을 적법하게 해제한 경우, 손해배상책임도 본인인 甲에게 있다.

25 (×) 乙은 임의대리인에 불과하므로 본인인 甲의 승낙이나 부득이한 사유가 없으면 복대리인을 선임할 수 없다.

26 (×) 복대리인은 대리인이 자기의 명의로 선임한 것이나 본인의 대리인이다.

27 (×) 임의대리인은 본인의 승낙이 있거나 부득이한 사유가 있는 경우에는 복대리인을 선임할 수 있다. 이때 대리인은 본인에 대하여 선임·감독상의 과실책임을 진다.

28 (○) 법정대리인은 원칙적으로 복대리인을 선임할 수 있다.

정답 23 (○), 24 (×), 25 (×), 26 (×), 27 (×), 28 (○)

29 | 공인중개사 2019년

대리인이 복대리인을 선임한 후 사망한 경우, 특별한 사정이 없는 한 그 복대리권도 소멸한다. ( )

30 | 공인중개사 2021년

복대리인을 적법하게 선임한 후 X토지 매매계약 전에 본인이 사망한 경우, 특별한 사정이 없다면 복대리인의 대리권은 소멸하지 않는다. ( )

31 | 공인중개사 2021년

만일 대리권이 소멸된 대리인이 복대리인을 선임하였다면, X토지 매매에 대하여 민법 제129조에 의한 표현대리의 법리가 적용될 여지가 없다. ( )

32 | 공인중개사 2014년

무권대리인이 체결한 매매계약은 무효이다. ( )

33 | 공인중개사 2019년

대리권이 없는 乙이 甲을 대리하여 甲의 토지에 대한 임대차계약을 丙과 체결하였다. 甲은 위 임대차계약을 묵시적으로 추인할 수 있다. ( )

34 | 공인중개사 2019년

대리권이 없는 乙이 甲을 대리하여 甲의 토지에 대한 임대차계약을 丙과 체결하였다. 甲이 임대기간을 단축하여 위 임대차계약을 추인한 경우. 丙의 동의가 없는 한 그 추인은 무효이다. ( )

---

29 (○) 대리권이 소멸되면 복대리권도 소멸된다. 대리인이 사망하면 대리권이 소멸하므로 복대리권도 소멸한다.

30 (×) 본인의 사망은 대리권의 소멸사유에 해당하므로 복대리권도 소멸한다.

31 (×) 민법 제129조에 의한 표현대리는 대리인의 권한이 소멸된 후 상대방과 거래하는 경우뿐만 아니라, 대리인의 대리권이 소멸된 후 복대리인을 선임한 경우에도 적용된다.

32 (○) 본인이 추인하기 전까지는 유동적 무효이다.

33 (○) 추인의 방법에는 제한이 없으므로 명시적 또는 묵시적으로도 가능하다.

34 (○) 일부에 대한 추인이나 내용을 변경한 추인은 상대방의 동의가 있어야 한다.

정답 29 (○), 30 (×), 31 (×), 32 (○), 33 (○), 34 (○)

35 | 공인중개사 2019년

대리권이 없는 乙이 甲을 대리하여 甲의 토지에 대한 임대차계약을 丙과 체결하였다. 丙이 계약 당시에 乙에게 대리권 없음을 알았던 경우에는 丙의 甲에 대한 최고권이 인정되지 않는다. ( )

36 | 공인중개사 2019년

무권대리인의 계약상대방은 계약 당시 대리권 없음을 안 경우에도 본인에 대해 계약을 철회할 수 있다. ( )

37 | 공인중개사 2022년

대리권 없는 甲은 乙 소유의 X부동산에 관하여 乙을 대리하여 丙과 매매계약을 체결하였고, 丙은 甲이 무권대리인이라는 사실에 대하여 선의·무과실이었다. 乙이 甲에게 매매계약을 추인하더라도 그 사실을 알지 못하고 있는 丙은 매매계약을 철회할 수 있다. ( )

38 | 공인중개사 2019년

무권대리행위의 추인의 의사표시는 본인이 상대방에게 하지 않으면, 상대방이 그 사실을 알았더라도 상대방에게 대항하지 못한다. ( )

39 | 공인중개사 2019년

무권대리행위를 추인한 경우 원칙적으로 추인한 때로부터 유권대리와 마찬가지의 효력이 생긴다. ( )

---

35 (×) 상대방의 최고는 선,악을 불문하고 가능하다.

36 (×) 철회는 선의인 경우에만 가능하다.

37 (○) 대리인 乙에 대하여 추인하더라도 상대방 丙이 알지 못하는 한 매매계약을 철회할 수 있다.

38 (×) 무권대리행위의 추인의 의사표시는 상대방이 아닌 무권대리인이나 전득자에 대해서도 할 수 있다. 다만 상대방에게 추인의 의사표시를 하지 않은 경우, 상대방이 추인의 사실을 모르고 있으면 상대방에게 대항할 수 없다.

39 (×) 무권대리행위를 추인하면 계약 시에 소급하여 그 효력이 생긴다.

정답 35 (×), 36 (×), 37 (○), 38 (×), 39 (×)

40 | 공인중개사 2020년

무권대리인 乙이 甲을 대리하여 甲소유의 X부동산을 丙에게 매도하는 계약을 체결하였다. 丙이 상당한 기간을 정하여 甲에게 추인 여부의 확답을 최고한 경우, 甲이 그 기간 내에 확답을 발하지 않은 때에는 추인을 거절한 것으로 본다. ( )

41 | 공인중개사 2020년

무권대리인 乙이 甲을 대리하여 甲소유의 X부동산을 丙에게 매도하는 계약을 체결하였다. 丙이 甲을 상대로 제기한 매매계약의 이행청구 소송에서 丙이 乙의 유권대리를 주장한 경우, 그 주장 속에는 표현대리의 주장도 포함된다. ( )

42 | 공인중개사 2020년

무권대리인 乙이 甲을 대리하여 甲소유의 X부동산을 丙에게 매도하는 계약을 체결하였다. 매매계약을 원인으로 丙명의로 소유권이전등기가 된 경우, 甲이 무권대리를 이유로 그 등기의 말소를 청구하는 때에는 丙은 乙의 대리권의 존재를 증명할 책임이 있다. ( )

43 | 공인중개사 2019년

무권대리행위가 무권대리인의 과실없이 제3자의 기망 등 위법행위로 야기된 경우, 특별한 사정이 없는 한 무권대리인은 상대방에게 책임을 지지 않는다. ( )

44 | 공인중개사 2016년

무권대리인의 상대방은 계약 당시에 대리권 없음을 안 경우 계약의 이행을 청구할 수 있다. ( )

---

40 (○) 무권대리 행위는 무효인 것이 원칙이므로 상대방 丙의 최고에 대하여 본인 甲은 대답할 의무가 없다. 따라서 본인 甲이 그 기간 내에 확답을 발하지 않은 때에는 추인을 거절한 것으로 본다.

41 (×) 표현대리는 무권대리의 일종이므로 유권대리의 주장 속에 표현대리의 주장은 포함되지 않는다.

42 (×) 등기에는 추정력이 인정되므로 상대방 丙명의로 소유권이전등기가 되어 있으면 丙은 적법한 권리자로 추정된다. 따라서 등기의 추정력을 부정하는 본인 甲이 乙에게 대리권이 없다는 사실을 증명할 책임이 있다.

43 (×) 무권대리 행위에 대해서 추인받지 못하거나 또는 대리권을 증명하지 못하면 무권대리인이 무과실책임을 진다. 따라서 무권대리인의 과실이 없어도 상대방에게 책임을 진다.

44 (×) 상대방이 대리권 없다는 사실을 알았거나 알 수 있었을 때 또는 대리인으로서 계약을 맺은 사람이 제한능력자일 때에는 책임을 지지 않는다.

정답 40 (○), 41 (×), 42 (×), 43 (×), 44 (×)

45 | 공인중개사 2017년

대리권 없는 乙이 甲을 대리하여 丙에게 甲소유의 토지를 매도하였다. 만약 乙이 미성년자라면, 甲이 乙의 대리행위에 대해 추인을 거절하더라도 丙은 乙에 대해 계약의 이행이나 손해배상을 청구할 수 없다. ( )

46 | 공인중개사 2017년

상대방 없는 단독행위의 무권대리는 본인의 추인 여부와 관계없이 확정적으로 유효하다. ( )

47 | 공인중개사 2020년

무권대리인이 본인을 단독상속한 경우, 본인의 지위에서 추인을 거절하는 것은 신의성실의 원칙에 반한다. ( )

48 | 공인중개사 2014년

대리권 없는 乙이 甲의 이름으로 甲의 부동산을 丙에게 매도하여 소유권이전등기를 해주었다. 그 후 乙이 甲을 단독상속하였다. 丙명의의 등기는 실체적 권리관계에 부합하므로 유효하다. ( )

49 | 공인중개사 2014년

대리권 없는 乙이 甲의 이름으로 甲의 부동산을 丙에게 매도하여 소유권이전등기를 해주었다. 그 후 乙이 甲을 단독상속하였다. 乙은 무권대리를 이유로 丙에게 등기의 말소를 청구할 수 없다. ( )

---

45 (○) 무권대리인이 제한능력자일 때에는 책임을 지지 않는다.

46 (×) 상대방 없는 단독행위의 무권대리는 상대방 보호가 필요 없으므로 언제나 무효이다.

47 (○) 무권대리인이 본인의 지위에서 추인을 거절하는 것은 신의성실의 원칙에 반하는 것이므로 허용되지 않는다.

48 (○) 무권대리에 의한 행위는 무권대리인이 책임을 져야한다. 무권대리인 乙이 본인 甲을 상속하게 되면 丙명의의 등기는 실체적 권리관계에 부합하므로 유효하다.

49 (○) 乙은 신의칙상 무권대리를 이유로 丙에게 등기의 말소를 청구할 수 없다.

정답 45 (○), 46 (×), 47 (○), 48 (○), 49 (○)

50 | 공인중개사 2014년

대리권 없는 乙이 甲의 이름으로 甲의 부동산을 丙에게 매도하여 소유권이전등기를 해주었다. 그 후 乙이 甲을 단독상속하였다. 乙은 무권대리를 이유로 丙에게 그 부동산의 점유로 인한 부당이득반환을 청구할 수 있다. ( )

51 | 공인중개사 2017년

대리행위가 강행법규에 위반하여 무효가 된 경우에는 표현대리가 적용되지 아니한다. ( )

52 | 공인중개사 2015년

대리권수여표시에 의한 표현대리에서 대리권수여표시는 대리권 또는 대리인이라는 표현을 사용한 경우에 한정된다. ( )

53 | 공인중개사 2021년

본인이 타인에게 대리권을 수여하지 않았지만 수여하였다고 상대방에게 통보한 경우, 그 타인이 통보받은 상대방 외의 자와 본인을 대리하여 행위를 한 때는 민법 제125조의 표현대리가 적용된다. ( )

54 | 공인중개사 2022년

권한을 넘은 표현대리의 경우, 기본대리권이 처음부터 존재하지 않는 경우에도 표현대리는 성립할 수 있다. ( )

---

50 (×) 신의칙상 무권대리를 이유로 丙에게 그 부동산의 점유로 인한 부당이득반환을 청구할 수 없다.
51 (○) 표현대리가 성립하기 위해서는 대리행위가 유효한 것이어야 한다.
52 (×) 대리권수여의 표시에는 반드시 대리권 또는 대리인이라는 표현을 사용한 경우에 한정되는 것은 아니고, 대리권을 추단할 수 있는 직함이나 명칭을 사용하는 것을 승낙 또는 묵인한 경우도 인정될 수 있다.
53 (×) 표현대리는 통보를 받은 상대방과 대리행위를 한 경우에 적용된다.
54 (×) 권한을 넘은 표현대리는 기본대리권이 존재해야 성립한다.

정답 50 (×), 51 (○), 52 (×), 53 (×), 54 (×)

55 | 공인중개사 2022년

권한을 넘은 표현대리는 법정대리권을 기본대리권으로 하는 표현대리는 성립할 수 없다.
( )

56 | 공인중개사 2015년

대리권소멸 후의 표현대리가 인정되고 그 표현대리의 권한을 넘는 대리행위가 있는 경우, 권한을 넘은 표현대리가 성립할 수 없다.
( )

57 | 공인중개사 2020년

권한을 넘은 표현대리의 경우, 기본대리권이 표현대리 행위와 동종 내지 유사할 필요는 없다.
( )

58 | 공인중개사 2018년

甲은 乙에게 자신의 X토지에 대한 담보권설정의 대리권만을 수여하였으나, 乙은 X토지를 丙에게 매도하는 계약을 체결하였다. 乙은 표현대리의 성립을 주장할 수 있다. ( )

59 | 공인중개사 2018년

甲은 乙에게 자신의 X토지에 대한 담보권설정의 대리권만을 수여하였으나, 乙은 X토지를 丙에게 매도하는 계약을 체결하였다. 乙이 X토지에 대한 매매계약을 甲명의가 아니라 자신의 명의로 丙과 체결한 경우, 丙이 선의·무과실이더라도 표현대리가 성립할 여지가 없다.
( )

---

55 (×) 법정대리권도 기본대리권에 포함된다.

56 (×) 대리권소멸 후의 표현대리가 인정되는 경우에도 그 표현대리의 권한을 넘는 대리행위가 있는 경우에는 권한을 넘은 표현대리가 성립한다.

57 (○) 권한을 넘은 표현대리의 기본대리권은 표현대리 행위와 반드시 동종이거나 유사할 필요는 없다. 따라서 공법행위인 등기신청행위의 대리권을 부여하였으나 매매계약을 체결한 경우에도 표현대리가 성립한다.

58 (×) 표현대리의 성립은 계약의 상대방인 丙만 주장할 수 있으며, 본인 甲이나 무권대리인 乙 스스로 주장할 수는 없다.

59 (○) 대리인 乙이 현명하지 않고 자신의 명의로 丙과 계약을 체결한 경우에는 丙이 선의·무과실이더라도 표현대리는 성립할 수 없으므로 본인에게 책임을 물을 수 없다.

정답 55 (×), 56 (×), 57 (○), 58 (×), 59 (○)

60 | 공인중개사 2018년

표현대리가 성립한 경우, 상대방에게 과실이 있으면 과실상계하여 甲의 책임을 경감할 수 있다.   (   )

61 | 공인중개사 2018년

X토지가 토지거래허가구역 내에 있는 경우, 토지거래허가를 받지 못해 계약이 확정적 무효가 되더라도 표현대리가 성립할 수 있다.   (   )

---

60 (×) 표현대리가 성립하면 본인 甲은 전적으로 책임을 져야 하고, 상대방 丙에게 과실이 있더라도 과실상계의 원리를 유추하여 본인의 책임을 경감할 수는 없다.

61 (×) 대리행위 자체가 무효인 경우에는 표현대리가 성립하지 않는다.

정답 60 (×), 61 (×)

무효와 취소

01 | 공인중개사 2018년

상대방이 유발한 착오에 의한 임대차계약은 무효이다. ( )

02 | 공인중개사 2021년

법률행위의 일부분이 무효일 때, 그 나머지 부분의 유효성을 판단함에 있어 나머지 부분을 유효로 하려는 당사자의 가정적 의사는 고려되지 않는다. ( )

03 | 공인중개사 2017년

무효인 가등기를 유효한 등기로 전용하기로 약정하면 그 가등기는 소급하여 유효한 등기가 된다. ( )

04 | 공인중개사 2018년

매도인이 통정한 허위의 매매를 추인한 경우, 다른 약정이 없으면 계약을 체결한 때로부터 유효로 된다. ( )

05 | 공인중개사 2017년

무효행위의 추인은 그 무효원인이 소멸한 후에 하여야 그 효력이 있다. ( )

---

01 (×) 착오로 인한 법률행위는 취소사유에 해당한다.

02 (×) 일부무효는 전부무효가 원칙이나, 그 무효부분이 없더라도 법률행위를 하였을 것이라고 인정될 때에는 나머지 부분은 유효가 된다.

03 (×) 전용하기로 약정한 때부터 유효하다.

04 (×) 통정허위표시로서 무효인 매매를 추인하면 추인한 때부터 새로운 법률행위로 본다.

05 (○) 무효행위는 추인할 수 없는 것이 원칙이나, 그 무효원인이 소멸한 후에는 추인할 수 있다.

정답 01 (×), 02 (×), 03 (×), 04 (×), 05 (○)

06 | 공인중개사 2021년

무효인 법률행위의 추인은 묵시적인 방법으로 할 수는 없다. ( )

07 | 공인중개사 2017년

무권리자가 甲의 권리를 자기의 이름으로 처분한 경우, 甲이 그 처분을 추인하면 처분행위의 효력이 甲에게 미친다. ( )

08 | 공인중개사 2014년

불법조건이 붙은 법률행위는 추인하여도 효력이 생기지 않는다. ( )

09 | 공인중개사 2021년

무효인 법률행위는 무효임을 안 날로부터 3년이 지나면 추인할 수 없다. ( )

10 | 공인중개사 2018년

토지거래허가구역 내의 토지매매계약은 관할관청의 불허가 처분이 있으면 확정적 무효이다. ( )

11 | 공인중개사 2019년

甲은 토지거래허가구역 내에 있는 그 소유 X토지에 관하여 乙과 매매계약을 체결하였다. 비록 이 계약이 토지거래허가를 받지는 않았으나 확정적으로 무효가 아닌 경우, 乙이 계약내용에 따른 채무를 이행하지 않더라도 甲은 이를 이유로 위 계약을 해제할 수 없다. ( )

---

06 (×) 무효인 법률행위의 추인은 명시적 또는 묵시적인 방법으로 할 수 있다.

07 (○) 무권대리의 추인을 유추하여 소급하여 유효가 된다.

08 (○) 불법조건이 붙은 법률행위는 절대적 무효이므로 추인해도 효력이 생기지 않는다.

09 (×) 무효인 법률행위는 제척기간의 제한이 없다.

10 (○) 토지거래허가구역 내의 토지매매계약은 허가를 받기 전에는 유동적 무효상태에 있으나, 관할관청의 불허가 처분이 있으면 확정적으로 무효가 된다.

11 (○) 유동적 무효상태인 경우에는 이행청구권이나 이행의무가 발생하지 않으므로 채무불이행이 될 수 없다. 따라서 계약해제나 손해배상청구는 허용되지 않는다.

정답 06 (×), 07 (○), 08 (○), 09 (×), 10 (○), 11 (○)

12 | 공인중개사 **2019년**

甲은 토지거래허가구역 내에 있는 그 소유 X토지에 관하여 乙과 매매계약을 체결하였다. 비록 이 계약이 토지거래허가를 받지는 않았으나 확정적으로 무효가 아닌 경우, 甲은 乙의 매매대금 이행제공이 없음을 이유로 토지거래허가 신청에 대한 협력의무의 이행을 거절할 수 없다. ( )

13 | 공인중개사 **2019년**

甲은 토지거래허가구역 내에 있는 그 소유 X토지에 관하여 乙과 매매계약을 체결하였다. 비록 이 계약이 토지거래허가를 받지는 않았으나 확정적으로 무효가 아닌 경우, 토지거래허가구역 지정기간이 만료되었으나 재지정이 없는 경우, 위 계약은 확정적으로 유효로 된다. ( )

14 | 공인중개사 **2022년**

토지거래허가구역 내의 토지에 대한 매매계약이 체결된 경우(유동적 무효), 위 매매계약 후 토지거래허가구역 지정이 해제되었다고 해도 그 계약은 여전히 유동적 무효이다. ( )

15 | 공인중개사 **2019년**

甲은 토지거래허가구역 내에 있는 그 소유 X토지에 관하여 乙과 매매계약을 체결하였다. 비록 이 계약이 토지거래허가를 받지는 않았으나 확정적으로 무효가 아닌 경우, 乙이 丙에게 X토지를 전매하고 丙이 자신과 甲을 매매 당사자로 하는 허가를 받아 甲으로부터 곧바로 등기를 이전받았다면 그 등기는 유효하다. ( )

---

12 (○) 유동적 무효상태인 경우에도 허가를 받도록 협력할 의무는 존재한다. 그러나 대금지급의무는 발생하지 않으므로 매매대금 이행제공이 없음을 이유로 토지거래허가 신청에 대한 협력의무의 이행을 거절할 수는 없다.

13 (○) 토지거래허가구역에서의 매매행위는 허가구역으로 지정되어 있는 기간 내에 매매계약을 체결하고 허가를 받아야 하는 것이다. 허가구역의 지정기간이 만료되고 재지정이 없으면 계약은 확정적으로 유효가 된다.

14 (×) 토지거래허가구역의 지정이 해제되면 계약은 허가를 받을 필요가 없으므로 확정적으로 유효가 된다.

15 (×) 중간생략등기가 이미 실행된 경우에는 원칙적으로 유효이나, 토지거래허가구역 내에서는 무효이다. 최초 매도인인 甲으로부터 중간 매수인 乙을 거치지 않고, 최종 매수인 丙의 명의로 바로 등기를 이전하는 것은 중간생략등기에 해당한다. 토지거래허가구역 내에서는 3자간 합의가 있더라도 무효이다.

정답 12 (○), 13 (○), 14 (×), 15 (×)

16 | 공인중개사 2018년

토지거래허가구역 내의 토지거래계약이 확정적으로 무효가 된 경우, 그 계약이 무효로 되는데 책임 있는 사유가 있는 자도 무효를 주장할 수 있다. ( )

17 | 공인중개사 2020년

처음부터 허가를 잠탈할 목적으로 체결된 토지거래허가구역 내의 토지거래계약은 추인할 수 있는 법률행위가 아니다. ( )

18 | 공인중개사 2015년

甲은 토지거래허가구역 내 자신의 토지를 乙에게 매도하였고 곧 토지거래허가를 받기로 하였다. 乙은 토지거래허가가 있을 것을 조건으로 하여 甲을 상대로 소유권이전등기절차의 이행을 청구할 수 없다. ( )

19 | 공인중개사 2015년

甲은 토지거래허가구역 내 자신의 토지를 乙에게 매도하였고 곧 토지거래허가를 받기로 하였다. 계약이 현재 유동적 무효 상태라는 이유로 乙은 이미 지급한 계약금 등을 부당이득으로 반환청구할 수 있다. ( )

20 | 공인중개사 2022년

토지거래허가구역 내의 토지에 대한 매매계약이 체결된 경우(유동적 무효), 해약금으로서 계약금만 지급된 상태에서 당사자가 관할관청에 허가를 신청하였다면 이는 이행의 착수이므로 더 이상 계약금에 기한 해제는 허용되지 않는다. ( )

---

16 (○) 토지거래허가구역 내에서 허가를 받지 못하는 등으로 토지거래계약이 확정적으로 무효가 되면 귀책사유가 있더라도 무효를 주장할 수 있다.

17 (×) 처음부터 허가를 잠탈할 목적으로 체결된 토지거래허가구역 내의 토지거래계약은 강행규정을 위반한 것으로서 확정적으로 무효이다. 추인하더라도 유효한 법률행위가 될 수 없으므로 추인할 여지가 없다.

18 (○) 토지거래허가에 협력할 의무와 소유권이전등기의무는 동시이행의 관계가 아니므로 甲을 상대로 소유권이전등기절차의 이행을 청구할 수 없다.

19 (×) 유동적 무효 상태에서는 이미 지급한 계약금 등을 부당이득으로 반환청구할 수 없으며, 확정적으로 무효가 된 경우에 가능하다.

20 (×) 계약금에 기한 해제는 일방이 이행에 착수하기 전까지 할 수 있다. 토지거래허가의 신청은 이행의 착수에 해당하지 않는다.

정답 16 (○), 17 (×), 18 (○), 19 (×), 20 (×)

21 | 공인중개사 2018년

취소된 법률행위는 처음부터 무효인 것으로 본다. ( )

22 | 공인중개사 2018년

제한능력자는 취소할 수 있는 법률행위를 단독으로 취소할 수 있다. ( )

23 | 공인중개사 2018년

취소할 수 있는 법률행위의 상대방이 확정된 경우에는 그 취소는 그 상대방에 대한 의사표시로 하여야 한다. ( )

24 | 공인중개사 2015년

미성년자 甲은 법정대리인 丙의 동의없이 자신의 토지를 甲이 미성년자임을 안 乙에게 매도하고 대금수령과 동시에 소유권이전등기를 해주었다. 甲이 미성년자임을 乙이 몰랐더라도 丙은 계약을 취소할 수 있다. ( )

25 | 공인중개사 2015년

미성년자 甲은 법정대리인 丙의 동의없이 자신의 토지를 甲이 미성년자임을 안 乙에게 매도하고 대금수령과 동시에 소유권이전등기를 해주었는데, 丙이 甲의 미성년을 이유로 계약을 적법하게 취소하였다. 만약 乙이 선의의 丁에게 매도하고 이전등기하였다면, 丙이 취소하였더라도 丁은 소유권을 취득한다. ( )

26 | 공인중개사 2016년

제한능력을 이유로 법률행위가 취소된 경우 악의의 제한능력자는 받은 이익에 이자를 붙여서 반환해야 한다. ( )

---

21 (○) 취소는 법률행위시로 소급하여 무효가 된다.
22 (○) 제한능력자라 하더라도 취소는 단독으로 할 수 있다. 추인은 단독으로 할 수 없다.
23 (○) 취소의 의사표시는 그 상대방에게 하여야 한다.
24 (○) 제한능력을 이유로 취소하는 것은 절대적 취소사유이므로 상대방의 선의, 악의를 불문하고 취소할 수 있다.
25 (×) 제한능력을 이유로 취소하는 것은 절대적 취소사유이므로 선의의 제3자를 보호하는 규정이 없다. 따라서 乙은 권리를 취득할 수 없고, 乙로부터 이전등기를 받은 丁도 소유권을 취득할 수 없다.
26 (×) 제한능력을 이유로 법률행위가 취소된 경우, 제한능력자는 선의, 악의를 불문하고 현존이익 범위 내에서만 반환한다.

정답 21 (○), 22 (○), 23 (○), 24 (○), 25 (×), 26 (×)

27 | 공인중개사 2016년

취소권은 취소할 수 있는 날로부터 3년 내에 행사하여야 한다. ( )

28 | 공인중개사 2016년

취소권은 취소사유가 있음을 안 날로부터 10년 내에 행사하여야 한다. ( )

29 | 공인중개사 2018년

제한능력자의 법률행위에 대한 법정대리인의 추인은 취소의 원인이 소멸된 후에 하여야 그 효력이 있다. ( )

30 | 공인중개사 2018년

제한능력자가 취소의 원인이 소멸된 후에 이의를 보류하지 않고 채무 일부를 이행하면 추인한 것으로 본다. ( )

31 | 공인중개사 2019년

상대방이 취소권자에게 이행을 청구한 경우는 법정추인이 인정되는 경우가 아니다. ( )

32 | 공인중개사 2014년

甲이 乙을 기망하여 건물을 매도하는 계약을 乙과 체결하였다. 기망상태에서 벗어난 乙이 이의 없이 매매대금을 지급한 경우, 법정추인사유에 해당한다. ( )

---

27 (×) 취소권은 추인할 수 있는 날로부터 3년 내에 행사하여야 한다.
28 (×) 취소권은 법률행위가 있은 날로부터 10년 내에 행사하여야 한다.
29 (×) 법정대리인은 취소의 원인이 소멸된 후가 아니라 하더라도 추인할 수 있다.
30 (○) 제한능력자가 취소의 원인이 소멸된 후에는 추인할 수 있으며, 이의를 보류하지 않고 채무 일부를 이행하면 법정추인사유에 해당하므로 추인한 것으로 본다.
31 (×) 이행의 청구는 법정추인사유에 해당한다. 그러나 취소권자가 청구한 경우에 한정되므로 상대방이 취소권자에게 이행을 청구한 경우는 해당하지 않는다.
32 (○) 기망을 당한 乙은 취소권자에 해당하고, 기망상태에서 벗어난 경우에는 추인할 수 있으므로 이의 없이 매매대금을 지급하면 채무를 이행한 것이므로 법정추인에 해당한다.

정답 27 (×), 28 (×), 29 (×), 30 (○), 31 (×), 32 (○)

33 | 공인중개사 2014년

甲이 乙을 기망하여 건물을 매도하는 계약을 乙과 체결하였다. 乙이 매매계약의 취소를 통해 취득하게 될 계약금 반환청구권을 丁에게 양도한 경우, 법정추인사유에 해당한다.
( )

34 | 공인중개사 2021년

취소할 수 있는 법률행위에 관하여 법정추인이 되려면 취소권자가 취소권의 존재를 인식해야 한다.
( )

33 (×) 취소권자인 乙이 매매계약을 취소한 것은 계약을 확정적으로 무효로 만드는 것이므로 법정추인에 해당하지 않는다.

34 (×) 임의추인은 취소권의 존재를 인식해야 하는 것이나, 법정추인은 그러하지 아니하다.

정답 33 (×), 34 (×)

조건과 기한

01 | 공인중개사 2021년

과거의 사실은 법률행위의 부관으로서의 조건으로 되지 못한다. ( )

02 | 공인중개사 2014년

소유권유보약정이 있는 경우, 특별한 사정이 없는 한 매매대금 전부의 지급이라는 조건이 성취될 때까지 매도인이 목적물의 소유권을 보유한다. ( )

03 | 공인중개사 2018년

정지조건 있는 법률행위는 조건이 성취한 때로부터 그 효력을 잃는다. ( )

04 | 공인중개사 2019년

해제조건 있는 법률행위는 조건이 성취한 때로부터 그 효력이 발생한다. ( )

05 | 공인중개사 2021년

법정조건은 법률행위의 부관으로서의 조건이 아니다. ( )

06 | 공인중개사 2022년

해제조건이 선량한 풍속 기타 사회질서에 위반한 것인 때에는 특별한 사정이 없는 한 조건 없는 법률행위로 된다. ( )

---

01 (○) 조건은 장래의 불확실한 사실의 발생여부에 법률행위의 효력을 의존하게 하는 것이므로 과거의 사실은 조건이 되지 못한다.

02 (○) 소유권유보약정은 정지조건으로 해석하므로 특별한 사정이 없는 한 매매대금을 전부 지급하기 전에는 매도인에게 소유권이 유보되고, 전부 지급하면 비로소 매수인이 소유권을 취득한다.

03 (×) 정지조건은 조건이 성취되어야 비로소 법률행위가 효력을 발생하는 것이다.

04 (×) 해제조건이란 조건이 성취되면 법률행위의 효력이 당연소멸된다.

05 (○) 법정조건은 법률의 내용에 해당하는 것이고, 법률행위의 부관으로서의 조건이 아니다.

06 (×) 해제조건이 반사회질서행위에 해당하면 불법조건으로서 법률행위 전부가 무효가 된다.

정답 01 (○), 02 (○), 03 (×), 04 (×), 05 (○), 06 (×)

07 | 공인중개사 2019년

조건이 법률행위 당시에 이미 성취할 수 없는 것인 경우, 그 조건이 정지조건이면 그 법률행위는 무효로 한다. ( )

08 | 공인중개사 2020년

조건부 법률행위에서 기성조건이 해제조건이면 그 법률행위는 무효이다. ( )

09 | 공인중개사 2014년

조건성취가 미정인 권리는 일반규정에 의하여 처분할 수 있다. ( )

10 | 공인중개사 2017년

상대방이 동의하면 채무면제에 조건을 붙일 수 있다. ( )

11 | 공인중개사 2017년

조건을 붙이는 것이 허용되지 않는 법률행위에 조건을 붙인 경우, 다른 정함이 없으면 그 조건만 분리하여 무효로 할 수 있다. ( )

12 | 공인중개사 2022년

신의성실에 반하는 방해로 말미암아 조건이 성취된 것으로 의제되는 경우, 성취의 의제시점은 그 방해가 없었더라면 조건이 성취되었으리라고 추산되는 시점이다. ( )

---

07 (○) 정지조건은 조건이 성취되어야 비로소 법률행위가 효력을 발생하는 것이므로 그 조건이 이미 성취될 수 없는 불능조건이면 그 법률행위는 무효이다.

08 (○) 해제조건이란 조건이 성취되면 법률행위의 효력이 당연소멸된다. 그 조건이 이미 성취된 것이라면 효력이 생길 여지가 없으므로 그 법률행위는 무효이다.

09 (○) 조건성취가 미정인 권리라 하더라도 처분, 상속, 보존 또는 담보로 할 수 있다.

10 (○) 단독행위는 조건을 붙일 수 없는 것이 원칙이나 상대방이 동의하거나 상대방에게 이익만을 부여하는 경우에는 붙일 수 있다. 채무면제는 상대방에게 이익만을 부여하는 단독행위이므로 조건을 붙일 수 있다.

11 (×) 조건을 붙이는 것이 허용되지 않는 법률행위에 조건을 붙이면 법률행위 전체가 무효가 된다.

12 (○) 조건의 성취로 불이익을 받는 자가 조건의 성취를 방해한 경우, 조건이 성취된 것으로 의제되고, 방해가 없었다면 조건이 성취되었을 때로 추산되는 시점에 성취된 것으로 본다.

정답 07 (○), 08 (○), 09 (○), 10 (○), 11 (×), 12 (○)

13 | 공인중개사 2020년

법률행위에 조건이 붙어 있다는 사실은 그 조건의 존재를 주장하는 자가 증명해야 한다.
(   )

14 | 공인중개사 2017년

정지조건의 경우에는 권리를 취득한 자가 조건성취에 대한 증명책임을 부담한다.   (   )

15 | 공인중개사 2017년

당사자가 조건성취의 효력을 그 성취 전에 소급하게 할 의사를 표시한 때에는 그 의사에 의한다.
(   )

16 | 공인중개사 2022년

이행지체의 경우 채권자는 상당한 기간을 정한 최고와 함께 그 기간 내에 이행이 없을 것을 정지조건으로 하여 계약을 해제할 수 있다.
(   )

17 | 공인중개사 2014년

정지조건부 권리는 조건이 성취되지 않은 동안 소멸시효가 진행되지 않는다.   (   )

18 | 공인중개사 2019년

상계의 의사표시에는 시기(始期)를 붙일 수 있다.   (   )

---

13 (○) 조건이 붙어 있다는 사실은 사실인정의 문제이므로 법률행위의 효력을 다투려는 자가 조건의 존재를 입증해야 한다.

14 (○) 정지조건의 경우에는 조건이 성취되면 권리를 취득하므로 권리를 취득하는 자가 조건이 성취되었음을 입증해야 한다.

15 (○) 조건성취의 효력은 장래효가 원칙이나 당사자 간의 특약으로 소급효를 가질 수 있다.

16 (○) 단독행위에는 조건을 붙일 수 없으나, 상대방에게 유리한 경우에는 가능하다. 정지조건부 계약의 해제는 상대방에게 유리하므로 가능하다.

17 (○) 정지조건부 권리는 조건이 성취되지 않으면 채권의 효력이 발생하지 않으므로 권리를 행사할 수 없어서 소멸시효가 진행되지 않는다.

18 (×) 기한은 장래효만 가능하고 특약에 의해서도 소급효를 미칠 수 없다. 상계는 소급효가 있으므로 시기(始期)를 붙일 수 없다.

정답 13 (○), 14 (○), 15 (○), 16 (○), 17 (○), 18 (×)

19 | 공인중개사 2018년

기한은 채권자의 이익을 위한 것으로 추정하며, 기한의 이익은 포기할 수 있다.   ( )

20 | 공인중개사 2020년

기한이익 상실특약은 특별한 사정이 없으면 정지조건부 기한이익 상실특약으로 추정된다.   ( )

21 | 공인중개사 2019년

불확정한 사실의 발생시기를 이행기한으로 정한 경우, 그 사실의 발생이 불가능하게 되었다고 하여 이행기간이 도래한 것으로 볼 수는 없다.   ( )

22 | 공인중개사 2022년

정지조건과 이행기로서의 불확정기한은 표시된 사실이 발생하지 않는 것으로 확정된 때에 채무를 이행하여야 하는지 여부로 구별될 수 있다.   ( )

---

19 (×) 기한은 채권자가 아니라 채무자의 이익을 위한 것으로 추정한다.

20 (×) 기한이익 상실특약은 기한이 도래하면 당연 상실되는 정지조건부 특약이 아니라 채권자의 의사표시가 있어야 비로소 기한의 이익이 상실되는 형성권적 기한이익 상실특약으로 추정하는 것이 판례의 입장이다.

21 (×) 불확정한 사실의 발생시기를 이행기한으로 정한 경우, 그 사실의 발생이 불가능하게 되면 이행기간이 도래한 것으로 본다.

22 (○) 표시된 사실이 발생하지 않은 경우 이행할 필요가 없으면 정지조건이고, 그래도 이행하여야 하는 것이면 불확정기한으로 본다.

정답 19 (×), 20 (×), 21 (×), 22 (○)

CHAPTER 02

물권법

2014년	2015년	2016년	2017년	2018년	2019년	2020년	2021년	2022년
12문	15문	15문	14문	14문	15문	14문	14문	14문

핵심테마 06 | 물권법 총론
핵심테마 07 | 물권의 변동
핵심테마 08 | 점유권
핵심테마 09 | 소유권
핵심테마 10 | 공동소유
핵심테마 11 | 용익물권
핵심테마 12 | 담보물권

물권법 총론

01 | 공인중개사 **2021년**
민법 제185조에서의 '법률'은 국회가 제정한 형식적 의미의 법률을 의미한다. ( )

02 | 공인중개사 **2021년**
사용·수익 권능을 대세적·영구적으로 포기한 소유권도 존재한다. ( )

03 | 공인중개사 **2021년**
처분권능이 없는 소유권은 인정되지 않는다. ( )

04 | 공인중개사 **2016년**
1동 건물의 일부도 구조상·이용상 독립성이 있으면 구분행위에 의하여 독립된 부동산이 될 수 있다. ( )

05 | 공인중개사 **2016년**
미분리의 과실은 명인방법을 갖추면 독립된 소유권의 객체로 된다. ( )

---

01 (○) 민법 제185조는 '물권은 법률 또는 관습법에 의하는 외에는 임의로 창설하지 못한다'라고 규정되어 있는 바 여기서의 '법률'은 국회가 제정한 형식적 의미의 법률을 의미한다.

02 (×) 사용·수익 권능의 행사에 제한을 설정하는 것을 넘어 이를 대세적·영구적으로 포기하는 것은 새로운 물권을 창설하는 것이므로 허용되지 않는다.

03 (○) 소유권의 핵심적인 내용인 처분권능이 없다고 하면 새로운 물권을 창설하는 것이므로 허용되지 않는다.

04 (○) 1동 건물을 구분한 구분건물에 대해서는 독립된 소유권의 객체가 된다.

05 (○) 미분리의 과실은 종속정착물로서 독립된 소유권의 객체가 될 수 없는 것이 원칙이나, 명인방법을 갖추면 독립된 소유권의 객체로 될 수 있다.

정답 01 (○), 02 (×), 03 (○), 04 (○), 05 (○)

06 | 공인중개사 2016년

토지에서 벌채되어 분리된 수목은 독립된 소유권의 객체로 된다. ( )

07 | 공인중개사 2016년

농지 소유자의 승낙 없이 농작물을 경작한 경우 명인방법을 갖추어야만 토지와 별도로 독립된 소유권의 객체로 된다. ( )

08 | 공인중개사 2015년

온천에 관한 권리는 관습법상의 물권이다. ( )

09 | 공인중개사 2015년

타인의 토지에 대한 관습법상 물권으로서 통행권이 인정된다. ( )

10 | 공인중개사 2015년

근린공원을 자유롭게 이용한 사정만으로 공원이용권이라는 배타적 권리를 취득하였다고 볼 수는 없다. ( )

11 | 공인중개사 2015년

미등기 무허가건물의 양수인은 소유권이전등기를 경료 받지 않아도 소유권에 준하는 관습법상의 물권을 취득한다. ( )

---

06 (○) 토지에서 벌채되어 분리된 수목은 토지에 정착된 물건이 아니라 동산으로서 독립된 소유권의 객체로 된다.

07 (×) 농경지는 농지 소유자의 승낙 없이 농작물을 경작한 경우라 하더라도 독립된 토지소유권의 객체가 되고, 명인방법을 갖추어야만 하는 것은 아니다.

08 (×) 온천에 관한 권리는 관습법상의 물권으로 인정되고 있지 않다.

09 (×) 사도통행권은 관습법상의 물권이 아니다.

10 (○) 공원이용권은 관습상 물권으로 인정되고 있지 않으므로 배타적 권리를 취득하였다고 볼 수는 없다.

11 (×) 미등기 무허가건물의 양수인은 소유권이전등기를 경료 받지 않으면 소유권자도 아니고 소유권에 준하는 관습법상의 물권을 취득하는 것도 아니다.

정답 06 (○), 07 (×), 08 (×), 09 (×), 10 (○), 11 (×)

12 | 공인중개사 2015년

지상권은 본권이 아니다. ( )

13 | 공인중개사 2019년

유치권자는 점유권에 기한 물권적 청구권을 행사할 수 있다. ( )

14 | 공인중개사 2019년

임차인은 임차목적물에 관한 임대인의 소유권에 기한 물권적 청구권을 대위행사할 수 없다. ( )

15 | 공인중개사 2018년

불법원인으로 물건을 급여한 사람은 원칙적으로 소유권에 기하여 반환청구를 할 수 있다. ( )

16 | 공인중개사 2019년

상대방의 귀책사유는 물권적 청구권의 행사요건이 아니다. ( )

17 | 공인중개사 2021년

소유권에 기한 물권적 청구권은 그 소유권과 분리하여 별도의 소멸시효의 대상이 된다. ( )

---

12 (×) 물권은 점유권과 본권으로 나뉜다. 지상권은 본권에 해당한다.

13 (○) 유치권자는 점유하고 있다는 점에서 점유권에 기한 물권적 청구권을 행사할 수 있다.

14 (×) 등기하지 않고, 대항력도 없는 임차인은 임대인의 소유권에 기한 물권적 청구권을 대위행사할 수 있다.

15 (×) 불법원인으로 물건을 급여한 사람은 소유권에 기초한 반환도 청구할 수 없다.

16 (○) 물권적 청구권은 침해자의 고의나 과실을 요구하지 않는다.

17 (×) 소유권에 기한 물권적 청구권은 그 소유권이 존재하는 한 소유권과 분리하여 별도로 소멸시효의 대상이 될 수 없다.

정답 12 (×), 13 (○), 14 (×), 15 (×), 16 (○), 17 (×)

18 | 공인중개사 2020년

저당권자는 목적물에서 임의로 분리, 반출된 물건을 자신에게 반환할 것을 청구할 수 있다. ( )

19 | 공인중개사 2018년

소유자는 물권적 청구권에 의하여 방해제거비용 또는 방해예방비용을 청구할 수 없다. ( )

20 | 공인중개사 2018년

소유권에 기한 방해제거청구권은 현재 계속되고 있는 방해의 원인과 함께 방해결과의 제거를 내용으로 한다. ( )

21 | 공인중개사 2022년

지상권을 설정한 토지의 소유자는 그 토지 일부의 불법점유자에 대하여 소유권에 기한 방해배제를 청구할 수 없다. ( )

22 | 공인중개사 2018년

소유권에 기한 물권적 청구권이 발생한 후에는 소유자가 소유권을 상실하더라도 그 청구권을 행사할 수 있다. ( )

---

18 (×) 저당권은 점유할 권리가 없으므로 소유물반환청구권에 대한 규정은 준용하지 않는다.

19 (○) 소유자는 물권적 청구권에 의하여 방해제거나 방해예방을 청구할 수 있으나, 비용을 청구할 수는 없다.

20 (×) 방해는 현재 물권이 침해되고 있는 상태가 지속되는 것을 의미한다. 따라서 소유권에 기한 방해제거청구권은 현재 계속되고 있는 방해의 원인 제거를 목적으로 하고, 방해결과의 제거를 내용으로 하는 것은 아니다.

21 (×) 토지 소유자는 소유권에 기한 물권적 청구권을 행사할 수 있다.

22 (×) 소유권에 기한 물권적 청구권은 소유권과 분리하여 처분할 수 있는 것이 아니므로 소유권을 상실하면 물권적 청구권도 소멸된다.

정답 18 (×), 19 (○), 20 (×), 21 (×), 22 (×)

23 | 공인중개사 2020년

타인 토지에 무단으로 신축된 미등기건물을 매수하여 대금을 지급하고 점유하는 자는 건물철거청구의 상대방이 될 수 있다. ( )

24 | 공인중개사 2020년

소유자는 허무인(虛無人) 명의로 등기한 행위자를 상대로 그 등기의 말소를 구할 수 없다. ( )

25 | 공인중개사 2018년

소유자는 소유물을 불법점유한 사람의 특별승계인에 대하여는 그 반환을 청구하지 못한다. ( )

26 | 공인중개사 2016년

甲소유 X토지에 대한 사용권한 없이 그 위에 乙이 Y건물을 신축한 후 아직 등기하지 않은 채 丙에게 일부를 임대하여 현재 乙과 丙이 Y건물을 일부분씩 점유하고 있다. 甲은 乙을 상대로 Y건물의 철거를 구할 수 있다. ( )

27 | 공인중개사 2016년

甲소유 X토지에 대한 사용권한 없이 그 위에 乙이 Y건물을 신축한 후 아직 등기하지 않은 채 丙에게 일부를 임대하여 현재 乙과 丙이 Y건물을 일부분씩 점유하고 있다. 甲은 乙을 상대로 Y건물에서의 퇴거를 구할 수 있다. ( )

---

23 (○) 무허가 미등기건물의 매수인도 아직 소유권자는 아니지만 법률상 또는 사실상 처분할 권한이 있으므로 건물철거청구의 상대방이 될 수 있다.

24 (×) 소유자는 허무인 명의로 등기되어 있는 경우 등기명의자인 허무인을 상대로 등기말소를 청구할 수 없고, 허무인 명의로 등기한 행위자를 상대로 그 등기의 말소를 구할 수 있다.

25 (×) 소유권에 기초한 물권적 청구권은 현재 물권을 침해하는 자, 그 특별승계인, 직접점유자, 간접점유자 모두에 대하여 행사할 수 있다. 다만 점유권에 기초한 반환청구는 악의의 특별승계인에 대해서만 가능하다.

26 (○) 甲은 소유권에 기초한 물권적 청구권을 행사하여 무단으로 건물을 신축한 乙에 대하여 건물의 철거와 대지의 인도를 구할 수 있다.

27 (×) 건물의 소유권은 신축한 乙에게 있으므로 甲은 乙을 상대로 Y건물에서의 퇴거를 구할 수는 없다.

정답 23 (○), 24 (×), 25 (×), 26 (○), 27 (×)

28 | 공인중개사 2016년

甲소유 X토지에 대한 사용권한 없이 그 위에 乙이 Y건물을 신축한 후 아직 등기하지 않은 채 丙에게 일부를 임대하여 현재 乙과 丙이 Y건물을 일부분씩 점유하고 있다. 乙이 Y건물을 丁에게 미등기로 매도하고 인도해 준 경우 甲은 丁을 상대로 Y건물의 철거를 구할 수 있다. ( )

29 | 공인중개사 2020년

소유자가 말소등기의무자에 의해 소유권을 상실하여 소유권에 기한 등기말소를 구할 수 없는 경우, 그 의무자에게 이행불능에 의한 전보배상청구권을 가진다. ( )

---

28 (○) 미등기 건물의 매수인인 丁은 사실상 처분할 수 있는 지위에 있으므로 甲은 丁을 상대로 Y건물의 철거를 구할 수 있다.

29 (×) 전보배상청구권이란 채무불이행의 경우에 이행에 갈음하는 손해배상을 청구하는 것을 말한다. 본래의 채권이 동일성을 유지하면서 그 내용이 확장되거나 변경된 경우에 발생한다. 그러나 소유권을 상실하여 등기말소를 청구할 수 없는 경우는 이행불능에 의한 손해배상청구권은 가질 수 없다. 다만 불법행위로 인한 손해배상청구권을 가질 수 있다.

정답 28 (○), 29 (×)

핵심테마 07 물권의 변동

01 | 공인중개사 2019년
부동산 물권변동 후 그 등기가 원인 없이 말소되었더라도 그 물권변동의 효력에는 영향이 없다. ( )

02 | 공인중개사 2014년
현물분할의 합의에 의하여 공유토지에 대한 단독소유권을 취득하는 경우에는 등기가 있어야 부동산물권을 취득한다. ( )

03 | 공인중개사 2016년
공유물분할청구소송에서 현물분할의 협의가 성립하여 조정이 된 때 공유자들의 소유권 취득은 등기가 있어야 물권이 변동된다. ( )

04 | 공인중개사 2015년
피담보채권이 소멸하더라도 저당권의 말소등기가 있어야 저당권이 소멸한다. ( )

05 | 공인중개사 2015년
상속인은 피상속인의 사망과 더불어 상속재산인 부동산에 대한 등기를 한 때 소유권을 취득한다. ( )

---

01 (○) 부동산 등기는 효력발생요건이고 효력존속요건이 아니므로 등기가 부적법하게 말소되더라도 물권이 소멸하는 것은 아니다.
02 (○) 현물분할의 합의에 의한 공유물분할은 법률행위에 의한 부동산물권변동에 해당하므로 등기하여야 한다.
03 (○) 공유물분할판결은 형성판결이므로 등기 없이 권리가 변동되나, 공유물분할청구소송에서 현물분할의 협의가 성립한 경우에는 등기해야 권리변동이 생긴다.
04 (×) 피담보채권이 소멸하면 저당권은 말소등기 없이 당연 소멸한다.
05 (×) 상속은 법률규정에 의한 권리변동이므로 피상속인의 사망시에 등기 없이 권리를 취득한다.

정답 01 (○), 02 (○), 03 (○), 04 (×), 05 (×)

06 | 공인중개사 2019년

등기를 요하지 않는 물권취득의 원인인 판결이란 이행판결을 의미한다. ( )

07 | 공인중개사 2015년

법률행위를 원인으로 하여 소유권이전등기를 명하는 판결에 따른 소유권의 취득에는 등기를 요하지 않는다. ( )

08 | 공인중개사 2020년

이행판결에 기한 부동산물권의 변동시기는 확정판결시이다. ( )

09 | 공인중개사 2015년

민사집행법상 경매의 매수인은 등기를 하여야 소유권을 취득할 수 있다. ( )

10 | 공인중개사 2019년

강제경매로 인해 성립한 관습상 법정지상권을 법률행위에 의해 양도하기 위해서는 등기가 필요하다. ( )

11 | 공인중개사 2022년

저당권 실행을 위한 경매절차에서 매수인이 된 자가 매각부동산의 소유권을 취득하기 위해서는 소유권이전등기를 완료하여야 한다. ( )

---

06 (×) 판결은 법률규정에 의한 물권변동이므로 등기를 요하지 않는다. 다만 이때 판결은 형성판결을 의미한다.

07 (×) 판결은 법률규정에 의한 권리변동에 해당하므로 등기가 없어도 되지만 형성판결을 의미하고, 이행판결을 의미하는 것이 아니다. 소유권이전등기를 명하는 판결은 이행판결이므로 소유권을 취득하기 위해서는 등기가 필요하다.

08 (×) 판결에 의하여 물권변동이 생기는 것은 형성판결이므로 이행판결은 등기한 때 물권이 변동한다.

09 (×) 경매로 인한 취득은 법률규정에 의한 것이므로 등기가 없어도 매각대금을 완납한 때 소유권을 취득할 수 있다.

10 (○) 강제경매로 인해 성립한 관습상 법정지상권의 성립은 등기 없이도 가능하지만, 그 권리를 양도하기 위해서는 등기가 필요하다.

11 (×) 법률규정에 의한 취득이므로 등기하지 않아도 소유권을 취득한다.

정답 06 (×), 07 (×), 08 (×), 09 (×), 10 (○), 11 (×)

12 | 공인중개사 2020년

건물의 신축에 의한 소유권취득은 소유권보존등기를 필요로 하지 않는다. ( )

13 | 공인중개사 2021년

등기청구권이란 등기권리자와 등기의무자가 함께 국가에 등기를 신청하는 공법상의 권리이다. ( )

14 | 공인중개사 2019년

소유권이전등기청구권의 보전을 위한 가등기에 기하여 본등기가 행해지면 물권변동의 효력은 본등기가 행해진 때 발생한다. ( )

15 | 공인중개사 2021년

가등기는 물권적 청구권을 보전하기 위해서는 할 수 없다. ( )

16 | 공인중개사 2021년

가등기에 기한 본등기 절차에 의하지 않고 별도의 본등기를 경료받은 경우, 제3자 명의로 중간처분의 등기가 있어도 가등기에 기한 본등기 절차의 이행을 구할 수 없다. ( )

17 | 공인중개사 2021년

소유권이전청구권을 보전하기 위한 가등기에 기한 본등기를 청구하는 경우, 가등기 후 소유자가 변경되더라도 가등기 당시의 등기명의인을 상대로 하여야 한다. ( )

---

12 (○) 건물의 신축에 의한 소유권취득은 법률규정에 의한 물권변동이므로 소유권보존등기를 하지 않아도 권리를 취득하지만 처분하기 위해서는 등기가 필요하다.
13 (×) 등기청구권이란 상대방에게 등기를 청구할 수 있는 사법(私法)상의 권리이고, 등기권리자와 등기의무자가 함께 국가에 등기를 신청하는 공법상의 권리는 등기신청권이라 한다.
14 (○) 가등기는 본등기의 순위만 보전할 뿐이고, 물권변동은 본등기가 행해진 때 발생한다.
15 (○) 물권적 청구권은 대세적 효력이 있으므로 보전할 필요성이 없다는 점에서 가등기 할 수 없다.
16 (×) 가등기에 기한 본등기를 하게 되면 중간등기는 직권으로 말소되지만, 다른 원인으로 별도의 본등기를 경료한 경우에는 중간등기가 직권으로 말소되지 않는다. 따라서 제3자 명의로 중간처분의 등기가 있으면 별도의 본등기를 하였다 하더라도 가등기에 기한 본등기 절차의 이행을 구할 수 있다.
17 (○) 가등기 후 소유자는 직권 말소의 대상이 되는 것이므로 가등기 당시의 등기명의인을 상대로 본등기를 하여야 한다.

정답 12 (○), 13 (×), 14 (○), 15 (○), 16 (×), 17 (○)

18 | 공인중개사 2019년

부동산 매수인이 매도인에 대해 갖는 소유권이전등기청구권은 물권적 청구권이다. ( )

19 | 공인중개사 2019년

가등기에 기한 소유권이전등기청구권이 시효완성으로 소멸된 후 그 부동산을 취득한 제3자가 가등기권자에 대해 갖는 등기말소청구권은 채권적 청구권이다. ( )

20 | 공인중개사 2020년

등기부상 권리변동의 당사자 사이에서는 등기의 추정력을 원용할 수 없다. ( )

21 | 공인중개사 2014년

소유권이전등기가 된 경우, 등기명의인은 전 소유자에 대하여 적법한 등기원인에 기한 소유권을 취득한 것으로 추정된다. ( )

22 | 공인중개사 2019년

건물 소유권보존등기 명의자가 전(前)소유자로부터 그 건물을 양수하였다고 주장하는 경우, 전(前)소유자가 양도사실을 부인하더라도 그 보존등기의 추정력은 깨어지지 않는다. ( )

---

18 (×) 매매로 인하여 매수인이 가지는 등기청구권은 채권적 청구권이다.

19 (×) 가등기에 기한 소유권이전등기청구권이 시효완성으로 소멸되면 말소등기 없이도 당연 소멸된다. 따라서 가등기 후에 그 부동산을 취득한 제3자는 소유권을 취득하므로 가등기권리자에 대하여 가지는 등기말소청구권은 소유권에 기초한 물권적 청구권이다.

20 (×) 등기의 추정력은 제3자에 대하여서뿐만 아니라, 그 전 소유자에 대하여서도 적법한 등기원인에 의하여 소유권을 취득한 것으로 추정된다.

21 (○) 소유권이전등기의 추정력은 전소유자에 대해서도 미친다.

22 (×) 등기의 추정력은 당사자 사이에서도 인정되지만, 소유권보존등기의 당사자 사이에서는 인정되지 않는다.

정답 18 (×), 19 (×), 20 (×), 21 (○), 22 (×)

23 | 공인중개사 2014년

소유권이전등기가 불법말소된 경우, 말소된 등기의 최종명의인은 그 회복등기가 경료되기 전이라도 적법한 권리자로 추정된다. ( )

24 | 공인중개사 2020년

소유권이전등기의 원인으로 주장된 계약서가 진정하지 않은 것으로 증명되면 등기의 적법추정은 깨진다. ( )

25 | 공인중개사 2014년

소유권이전청구권 보전을 위한 가등기가 있으면, 소유권이전등기를 청구할 어떠한 법률관계가 있다고 추정된다. ( )

26 | 공인중개사 2019년

사망자 명의로 신청하여 이루어진 이전등기에는 특별한 사정이 없는 한 추정력이 인정되지 않는다. ( )

27 | 공인중개사 2019년

대리에 의한 매매계약을 원인으로 소유권이전등기가 이루어진 경우, 대리권의 존재는 추정된다. ( )

---

23 (○) 등기는 효력발생요건이고 효력존속요건이 아니므로 소유권이전등기가 불법말소된 경우에도 권리가 소멸한 것으로 추정되지는 않는다.

24 (○) 소유권이전등기가 있으면 그 원인행위가 적법한 것으로 추정되지만, 원인으로 주장된 계약서가 진정하지 않은 것으로 증명되면 등기의 적법추정은 깨어진다.

25 (×) 가등기는 순위보전의 효력만 있을 뿐 어떤 실체관계에 대한 추정력은 없다.

26 (○) 사망자는 등기명의인이 될 수 없으므로 등기의 추정력이 인정되지 않는다.

27 (○) 대리행위에 의한 법률행위의 유효를 주장하기 위해서는 상대방이 대리권의 존재를 증명해야 한다. 그러나 대리인에 의하여 소유권이전등기가 마쳐진 경우에는 대리권의 존재도 추정되므로 그 효력을 부정하는 본인이 증명해야 한다.

정답 23 (○), 24 (○), 25 (×), 26 (○), 27 (○)

28 | 공인중개사 2019년

근저당권등기가 행해지면 피담보채권뿐만 아니라 그 피담보채권을 성립시키는 기본계약의 존재도 추정된다. ( )

29 | 공인중개사 2018년

전세권존속기간이 시작되기 전에 마친 전세권설정등기는 원칙적으로 무효이다. ( )

30 | 공인중개사 2020년

점유자의 권리추정 규정은 특별한 사정이 없는 한 부동산 물권에는 적용되지 않는다. ( )

31 | 공인중개사 2015년

기존 건물 멸실 후 건물이 신축된 경우, 기존 건물에 대한 등기는 신축건물에 대한 등기로서 효력이 없다. ( )

32 | 공인중개사 2017년

신축건물의 보존등기를 건물 완성 전에 하였더라도 그 후 그 건물이 곧 완성된 이상 등기를 무효라고 볼 수 없다. ( )

---

28 (×) 근저당권등기가 행해지면 피담보채권의 존재는 추정되지만, 그 피담보채권을 성립시키는 기본계약의 존재는 추정되지 않는다.

29 (×) 전세권 존속기간이 시작되기 전에 마친 전세권설정등기도 특별한 사정이 없는 한 유효한 것으로 추정된다.

30 (○) 점유자의 권리추정 규정은 동산에 대한 것이므로 특별한 사정이 없는 한 부동산 물권에는 적용되지 않는다.

31 (○) 건물은 완전히 동일한 것이 될 수 없으므로 소유권보존등기는 유용할 수 없다.

32 (○) 보존등기를 먼저 한 후에 건물이 완성된 경우에는 유효한 등기로 보는 것이 판례의 입장이다. 다만 건물이 멸실되고 다시 완성된 경우에 종전의 보존등기를 유효한 것으로 볼 수는 없다.

정답 28 (×), 29 (×), 30 (○), 31 (○), 32 (○)

33 | 공인중개사 2018년

중간생략등기의 합의는 적법한 등기원인이 될 수 없다. ( )

34 | 공인중개사 2020년

X토지는 甲→乙→丙으로 순차 매도되고, 3자간에 중간 생략등기의 합의를 하였다. 만약 X토지가 토지거래허가구역에 소재한다면, 丙은 직접 甲에게 허가신청절차의 협력을 구할 수 없다. ( )

35 | 공인중개사 2020년

X토지는 甲→乙→丙으로 순차 매도되고, 3자간에 중간 생략등기의 합의를 하였다. 만약 중간생략등기의 합의가 없다면, 丙은 甲의 동의나 승낙 없이 乙의 소유권이전등기청구권을 양도받아 甲에게 소유권이전등기를 청구할 수 있다. ( )

36 | 공인중개사 2019년

매수한 토지를 인도받아 점유하고 있는 미등기 매수인으로부터 그 토지를 다시 매수한 자는 특별한 사정이 없는 한 최초 매도인에 대하여 직접 자신에게로의 소유권이전등기를 청구할 수 없다. ( )

37 | 공인중개사 2018년

미등기 건물의 양수인이 그 건물을 신축한 양도인의 동의를 얻어 직접 자기명의로 보존등기를 한 경우, 그 등기는 유효하다. ( )

---

33 (○) 중간생략등기는 원칙적으로 허용되지 않는 것이므로 그 합의는 적법한 등기원인이 될 수 없다. 다만 그럼에도 불구하고 등기가 마쳐진 경우에는 실체관계는 존재하므로 유효하게 된다.

34 (○) 토지거래허가구역 내에서는 3자간의 합의가 있더라도 중간생략등기는 무효이므로 최종 매수인 丙은 직접 최초 매도인 甲에게 허가신청절차의 협력을 구할 수 없다.

35 (×) 최종 매수인이 최초 매도인에 대하여 등기를 청구하기 위해서는 3자간의 합의가 있어야 한다. 따라서 丙은 최초 매도인 甲의 동의나 승낙이 없으면 소유권이전등기를 청구할 수 없다.

36 (○) 최종 매수인이 최초 매도인에 대하여 직접 자신에게로의 소유권이전등기를 청구하는 것은 중간생략등기에 해당한다. 3자간 합의가 있는 경우에는 등기청구가 가능하다.

37 (○) 미등기 건물의 양수인이 그 건물을 신축한 양도인의 동의를 얻어 직접 자기명의로 보존등기를 한 것을 모두생략등기라 한다. 이 경우에도 실제로 양도했다는 점에서 실체관계는 존재하므로 그 등기는 유효하다.

정답 33 (○), 34 (○), 35 (×), 36 (○), 37 (○)

38 | 공인중개사 2019년

부동산을 매수하여 인도받아 사용·수익하는 자의 매도인에 대한 소유권이전등기청구권은 소멸시효에 걸린다. ( )

38 (×) 매매로 인한 등기청구권은 채권적 청구권이므로 소멸시효에 걸리는 것이 원칙이나, 부동산을 인도받아 점유하고 있는 경우에는 권리를 행사하고 있으므로 소멸시효에 걸리지 않는다.

정답 38 (×)

 점유권

01 | 공인중개사 2019년
주택임대차보호법상의 대항요건인 인도(引渡)는 임차인이 주택의 간접점유를 취득하는 경우에도 인정될 수 있다. ( )

02 | 공인중개사 2019년
점유취득시효의 기초인 점유에는 간접점유도 포함된다. ( )

03 | 공인중개사 2018년
점유매개관계의 직접점유자는 타주점유자이다. ( )

04 | 공인중개사 2017년
전세권, 임대차, 기타의 관계로 타인으로 하여금 물건을 점유하게 한 자는 간접으로 점유권이 있다. ( )

05 | 공인중개사 2019년
점유매개관계를 발생시키는 법률행위가 무효라 하더라도 간접점유는 인정될 수 있다. ( )

06 | 공인중개사 2018년
甲이 乙로부터 임차한 건물을 乙의 동의 없이 丙에게 전대한 경우, 乙만이 간접점유자이다. ( )

---

03 (○) 점유매개관계란 임대차 계약 등을 의미한다. 직접점유자는 임차인이므로 타주점유자이다.
04 (○) 점유매개관계를 근거로 간접점유한다.
05 (○) 점유매개관계는 반드시 유효일 필요는 없다.
06 (×) 전대는 임대인의 동의가 있어야 한다. 그러나 점유매개관계는 반드시 유효해야 하는 것이 아니므로 본래 임대인 乙과 전대인 甲이 모두 간접점유자에 해당하고, 전차인 丙은 직접 점유자이다.

정답 01 (○), 02 (○), 03 (○), 04 (○), 05 (○), 06 (×)

07 | 공인중개사 2021년

특별한 사정이 없는 한, 건물의 부지가 된 토지는 그 건물의 소유자가 점유하는 것으로 보아야 한다. ( )

08 | 공인중개사 2015년

점유자의 점유가 자주점유인지 타주점유인지의 여부는 점유자 내심의 의사에 의하여 결정된다. ( )

09 | 공인중개사 2018년

실제 면적이 등기된 면적을 상당히 초과하는 토지를 매수하여 인도받은 때에는 특별한 사정이 없으면 초과부분의 점유는 자주점유이다. ( )

10 | 공인중개사 2018년

甲이 乙과의 명의신탁약정에 따라 자신의 부동산 소유권을 乙명의로 등기한 경우, 乙의 점유는 자주점유이다. ( )

11 | 공인중개사 2021년

선의의 점유자가 본권의 소에서 패소하면 패소 확정시부터 악의의 점유자로 본다. ( )

12 | 공인중개사 2022년

양도인이 등기부상의 명의인과 동일인이며 그 명의를 의심할 만한 특별한 사징이 없는 경우, 그 부동산을 양수하여 인도받은 자는 과실(過失) 없는 점유자에 해당한다. ( )

---

07 (○) 건물은 부지를 떠나서는 존재할 수 없는 것이므로 건물의 소유자가 현실적으로 점유하지 않더라도 그 부지는 건물의 소유자가 점유하는 것으로 보아야 한다.

08 (×) 자주점유와 타주점유의 판단은 점유취득의 원인이 되는 권원의 성질에 의하여 객관적으로 결정한다.

09 (×) 실제 면적이 등기된 면적을 상당히 초과하는 토지를 매수하여 인도받은 때에는 특별한 사정이 없으면 초과부분의 점유는 타주점유이다. 소량을 초과한 경우에만 자주점유이다.

10 (×) 명의신탁약정에 따라 수탁자 乙명의로 소유권을 등기한 경우라 하더라도 乙의 점유는 타주점유이다.

11 (×) 선의의 점유자가 본권의 소에서 패소하면 소를 제기한 때부터 악의의 점유자로 보고, 패소판결이 확정된 때부터 타주점유로 본다.

12 (○) 등기는 추정력이 있으므로 등기부상 명의인을 믿은 것은 과실이 없다.

정답 07 (○), 08 (×), 09 (×), 10 (×), 11 (×), 12 (○)

13 | 공인중개사 2015년

점유자의 특정승계인이 자기의 점유와 전(前)점유자의 점유를 아울러 주장하는 경우, 그 하자도 승계한다. ( )

14 | 공인중개사 2018년

점유자는 소유의 의사로 과실 없이 점유한 것으로 추정한다. ( )

15 | 공인중개사 2022년

소유권의 시효취득을 주장하는 점유자는 특별한 사정이 없는 한 자신의 점유가 자주점유에 해당함을 증명하여야 한다. ( )

16 | 공인중개사 2017년

전후양시에 점유한 사실이 있는 때에는 그 점유는 계속한 것으로 추정한다. ( )

17 | 공인중개사 2015년

점유자의 점유권원에 관한 주장이 인정되지 않는다는 것만으로도 자유점유의 추정이 깨진다. ( )

18 | 공인중개사 2017년

점유권에 기인한 소는 본권에 관한 이유로 재판할 수 있다. ( )

19 | 공인중개사 2020년

이행지체로 인해 매매계약이 해제된 경우, 선의의 점유자인 매수인에게 과실취득권이 인정된다. ( )

---

14 (×) 점유의 효력으로서 자주, 선의, 평온, 공연 점유는 추정되나, 무과실은 추정되지 않는다.
15 (×) 자주점유는 추정되므로 증명할 필요가 없다.
16 (○) 점유자가 점유물에 대하여 행사하는 권리는 적법하게 보유한 것으로 추정한다.
17 (×) 점유자의 점유의 권원이 부정된다고 하여도 자유점유의 추정이 깨지는 것은 아니다.
18 (×) 점유권과 본권은 서로 다른 권리이므로 점유권에 기인한 소는 본권에 관한 이유로 재판할 수 없다.
19 (×) 선의의 점유자는 과실을 취득할 수 있으나, 이행지체로 매매계약이 해제된 경우에는 선의·악의를 불문하고 전부 반환하여야 한다.

정답 13 (○), 14 (×), 15 (×), 16 (○), 17 (×), 18 (×), 19 (×)

20 | 공인중개사 2014년

갑은 그의 X건물을 乙에게 매도하여 점유를 이전하였고, 乙은 X건물을 사용·수익하면서 건물의 보존·개량을 위하여 비용을 지출하였다. 甲과 乙 사이의 계약이 무효인 경우, 乙이 악의인 경우에도 과실수취권이 인정된다. ( )

21 | 공인중개사 2014년

甲은 그의 X건물을 乙에게 매도하여 점유를 이전하였고, 乙은 X건물을 사용·수익하면서 건물의 보존·개량을 위하여 비용을 지출하였다. 甲과 乙 사이의 계약이 무효인 경우, 선의의 乙은 甲에 대하여 점유·사용으로 인한 이익을 반환할 의무가 있다. ( )

22 | 공인중개사 2014년

甲은 그의 X건물을 乙에게 매도하여 점유를 이전하였고, 乙은 X건물을 사용·수익하면서 건물의 보존·개량을 위하여 비용을 지출하였다. 甲과 乙 사이의 계약이 무효인 경우, 선의의 乙은 甲에 대하여 통상의 필요비의 상환을 청구할 수 있다. ( )

23 | 공인중개사 2014년

甲은 그의 X건물을 乙에게 매도하여 점유를 이전하였고, 乙은 X건물을 사용·수익하면서 건물의 보존·개량을 위하여 비용을 지출하였다. 甲과 乙 사이의 계약이 무효인 경우, 乙의 비용상환청구권은 비용을 지출할 때 즉시 이행기가 도래한다. ( )

24 | 공인중개사 2018년

악의의 점유자는 받은 이익에 이자를 붙여 반환하고 그 이자의 이행지체로 인한 지연손해금까지 지급하여야 한다. ( )

---

20 (×) 과실수취권은 선의의 점유자에게만 인정된다.

21 (×) 점유·사용으로 인한 이익은 과실(果實)에 해당한다. 선의의 점유자는 과실을 취득할 수 있으므로 甲에 대하여 반환할 의무가 없다.

22 (×) 선의의 점유자는 과실을 취득할 수 있으므로 통상의 필요비 상환을 청구할 수 없다.

23 (×) 점유자의 비용상환청구권은 점유자가 회복자로부터 점유물의 반환을 청구받을 때에 이행기가 도래한다.

24 (○) 악의의 점유자는 과실을 취득할 수 없으므로 수취한 과실을 반환하여야 하고, 받은 이익에 이자를 붙여 반환하고 그 이자의 이행지체로 인한 지연손해금까지 지급하여야 한다.

정답 20 (×), 21 (×), 22 (×), 23 (×), 24 (○)

25 | 공인중개사 **2015년**

악의의 점유자는 과실(過失)없이 과실(果實)을 수취하지 못한 때에도 그 과실(果實)의 대가를 회복자에게 보상하여야 한다. ( )

26 | 공인중개사 **2022년**

은비(隱祕)에 의한 점유자는 점유물의 과실을 수취할 권리가 있다. ( )

27 | 공인중개사 **2020년**

악의의 점유자가 책임 있는 사유로 점유물을 훼손한 경우, 이익이 현존하는 한도에서 배상해야 한다. ( )

28 | 공인중개사 **2015년**

점유물이 멸실·훼손된 경우, 선의의 타주점유자는 이익이 현존하는 한도 내에서 회복자에게 배상책임을 진다. ( )

29 | 공인중개사 **2022년**

악의의 점유자는 특별한 사정이 없는 한 점유물에 지출한 통상의 필요비의 상환을 청구할 수 없다. ( )

30 | 공인중개사 **2020년**

선의의 점유자는 과실을 취득하더라도 통상의 필요비의 상환을 청구할 수 있다. ( )

---

25 (×) 과실(過失)로 과실(果實)을 수취하지 못한 때에는 그 과실(果實)의 대가를 회복자에게 보상하여야 한다.
26 (×) 폭력이나 은비에 의한 점유는 악의 점유자로 본다.
27 (×) 악의의 점유자가 책임 있는 사유로 점유물을 훼손한 경우에는 전액을 반환하여야 한다. 선의의 자주점유자인 경우에 한하여 그 이익이 현존하는 한도에서 배상한다.
28 (×) 점유물이 멸실·훼손된 경우, 선의의 자주점유자는 이익이 현존하는 한도 내에서 책임을 지나, 선의의 점유자라 하더라도 타주점유자의 경우에는 전부 책임을 진다.
29 (×) 비용상환청구권은 선악을 불문하고 인정된다.
30 (×) 통상의 필요비의 상환청구는 선의, 악의를 불문하고 청구할 수 있으나, 점유자가 과실을 수취한 경우에는 청구하지 못한다.

정답 25 (×), 26 (×), 27 (×), 28 (×), 29 (×), 30 (×)

31 | 공인중개사 2020년

점유자가 유익비를 지출한 경우, 점유자의 선택에 좇아 그 지출금액이나 증가액의 상환을 청구할 수 있다. ( )

32 | 공인중개사 2018년

유익비는 점유물의 가액 증가가 현존한 때에 한하여 상환을 청구할 수 있다. ( )

33 | 공인중개사 2018년

법원이 유익비의 상환을 위하여 상당한 기간을 허여한 경우, 유치권은 성립하지 않는다. ( )

34 | 공인중개사 2022년

점유자는 특별한 사정이 없는 한 회복자가 점유물의 반환을 청구하기 전에도 그 점유물의 반환 없이 그 회복자에게 유익비상환청구권을 행사할 수 있다. ( )

35 | 공인중개사 2016년

필요비상환청구권에 대하여 회복자는 법원에 상환기간의 허여를 청구할 수 있다. ( )

36 | 공인중개사 2020년

무효인 매매계약의 매수인이 점유목적물에 필요비 등을 지출한 후 매도인이 그 목적물을 제3자에게 양도한 경우, 점유자인 매수인은 양수인에게 비용상환을 청구할 수 있다. ( )

---

31 (×) 회복자의 선택에 좇아 그 지출금액이나 증가액의 상환을 청구할 수 있다.
33 (○) 법원이 상당한 기간을 허여한 경우에는 이행기가 도래하지 않은 것이므로 유치권은 성립하지 않는다.
34 (×) 비용상환청구권은 점유를 회복한 경우에 청구할 수 있다.
35 (×) 상환기간의 허여를 청구할 수 있는 것은 유익비 상환청구권이다.
36 (○) 점유자의 비용상환청구권은 비용을 지출할 당시의 소유자가 아니라 점유를 회복할 당시의 소유자에게 행사할 수 있다.

정답 31 (×), 32 (○), 33 (○), 34 (×), 35 (○), 36 (○)

37 | 공인중개사 2019년

간접점유자에게는 점유보호청구권이 인정되지 않는다. ( )

38 | 공인중개사 2022년

제3자가 직접점유자의 점유를 방해한 경우, 특별한 사정이 없는 한 간접점유자에게는 점유권에 기한 방해배제청구권이 인정되지 않는다. ( )

39 | 공인중개사 2019년

직접점유자가 그 점유를 임의로 양도한 경우, 그 점유이전이 간접점유자의 의사에 반하더라도 간접점유가 침탈된 것은 아니다. ( )

40 | 공인중개사 2021년

점유자가 상대방의 사기에 의해 물건을 인도한 경우 점유 침탈을 이유로 한 점유물반환청구권은 발생하지 않는다. ( )

41 | 공인중개사 2017년

점유자가 점유물반환청구권을 행사하는 경우, 그 침탈된 날로부터 1년 내에 행사하여야 한다. ( )

---

37 (×) 간접점유자라 하더라도 점유보호청구권이 인정되고, 자력구제권이 인정되지 않는다.
38 (×) 간접점유자에게도 물권적 청구권은 인정된다.
39 (○) 침탈이란 점유자 의사에 반하여 빼앗긴 경우를 말한다.
40 (○) 점유자가 상대방의 사기에 의해 물건을 인도한 것은 점유의 침탈로 보지 않으므로 점유물반환청구권은 발생하지 않는다.

정답 37 (×), 38 (×), 39 (○), 40 (○), 41 (○)

09 소유권

01 | 공인중개사 2018년

소유권자는 법률에 다른 규정이 없으면 선량한 관리자의 주의의무를 부담한다. ( )

02 | 공인중개사 2021년

토지가 포락되어 원상복구가 불가능한 경우, 그 토지에 대한 종전 소유권은 소멸한다. ( )

03 | 공인중개사 2018년

점유매개관계의 직접점유자는 법률에 다른 규정이 없으면 선량한 관리자의 주의의무를 부담한다. ( )

04 | 공인중개사 2016년

주위토지통행권은 토지와 공로 사이에 기존의 통로가 있더라도 그것이 그 토지의 이용에 부적합하여 실제로 통로로서의 충분한 기능을 하지 못하는 경우에도 인정된다. ( )

05 | 공인중개사 2016년

주위토지통행권의 범위는 장차 건립될 아파트의 건축을 위한 이용상황까지 미리 대비하여 정할 수 있다. ( )

---

01 (×) 소유권자는 자기 소유의 물건을 사용, 수익, 처분하는 자이므로 선관주의의무를 부담하지 않는다.

03 (○) 임차인, 전세권자, 유치권자, 점유매개관계의 직접점유자는 타인 소유의 물건을 점유하는 자이므로 선량한 관리자의 주의의무를 부담한다.

05 (×) 주위토지통행권의 범위는 현재의 토지의 용법에 따른 이용의 범위에서 인정할 수 있을 뿐, 장래의 이용상황까지 미리 대비하여 통행로를 정할 수 있는 것은 아니다.

정답 01 (×), 02 (○), 03 (○), 04 (○), 05 (×)

06 | 공인중개사 2021년

포위된 토지가 공로에 접하게 되어 주위토지통행권을 인정할 필요성이 없어진 경우에도 그 통행권은 존속한다. ( )

07 | 공인중개사 2016년

주위토지통행권의 성립에는 등기가 필요 없다. ( )

08 | 공인중개사 2017년

주위토지통행권자는 통행에 필요한 통로를 개설한 경우 그 통로개설이나 유지비용을 부담해야 한다. ( )

09 | 공인중개사 2017년

통행지 소유자가 주위토지통행권에 기한 통행에 방해가 되는 담장을 설치한 경우, 통행지 소유자가 그 철거의무를 부담한다. ( )

10 | 공인중개사 2015년

甲과 乙이 공유하는 토지가 甲의 토지와 乙의 토지로 분할됨으로 인하여 甲의 토지가 공로에 통하지 못하게 된 경우, 甲은 공로에 출입하기 위하여 乙의 토지를 통행할 수 있으나, 乙에게 보상할 의무는 없다. ( )

11 | 공인중개사 2021년

기술적 착오로 지적도상의 경계선이 진실한 경계선과 다르게 작성된 경우, 그 토지의 경계는 실제의 경계에 따른다. ( )

---

06 (×) 포위된 토지가 공로에 접하게 되어 주위토지통행권을 인정할 필요성이 없어진 경우에는 주위토지통행권은 목적이 상실되어 소멸한다.

07 (○) 주위토지통행권은 법률규정에 따라 인정되는 것이므로 등기가 필요 없으며, 등기할 수 있는 사항도 아니다.

10 (○) 주위토지통행권을 가지는 자는 손해를 보상할 의무가 있으나, 분할이나 일부 양도로 인하여 공로에 통하지 못하게 된 경우에는 보상할 의무는 없다.

11 (○) 지적도상의 경계선이 진실한 경계선과 다르게 작성된 경우, 지적도상의 경계에 따르는 것이 원칙이나, 그것이 기술적 착오로 인한 경우에는 실제의 경계에 따른다.

정답 06 (×), 07 (○), 08 (○), 09 (○), 10 (○), 11 (○)

12 | 공인중개사 2014년

경계에 설치된 경계표는 원칙적으로 상린자의 공유로 추정한다. ( )

13 | 공인중개사 2017년

경계에 설치된 담이 상린자의 공유인 경우, 상린자는 공유를 이유로 공유물분할을 청구하지 못한다. ( )

14 | 공인중개사 2017년

경계선 부근의 건축시 경계로부터 반미터 이상의 거리를 두어야 하는데 이를 위반한 경우, 건물이 완성된 후에도 건물의 철거를 청구할 수 있다. ( )

15 | 공인중개사 2014년

토지의 경계에 담이 없는 경우, 특별한 사정이 없는 한 인접지 소유자는 공동비용으로 통상의 담을 설치하는 데 협력할 의무가 없다. ( )

16 | 공인중개사 2015년

서로 인접한 토지의 통상의 경계표를 설치하는 경우, 측량비용을 제외한 설치비용은 다른 관습이 없으면 쌍방이 토지면적에 비례하여 부담한다. ( )

17 | 공인중개사 2015년

인지소유자는 자기의 비용으로 담의 높이를 통상보다 높게 할 수 있다. ( )

18 | 공인중개사 2015년

토지소유자는 과다한 비용이나 노력을 요하지 아니하고는 토지이용에 필요한 물을 얻기 곤란한 때에는 이웃토지소유자에게 보상하고 여수(餘水)의 급여를 청구할 수 있다. ( )

---

14 (×) 경계선 부근의 건축시 경계로부터 반미터 이상의 거리를 두어야 하고, 이를 위반한 경우 건물의 변경이나 철거를 청구할 수 있으나, 건축에 착수한 후 1년을 경과하거나 건물이 완성된 후에는 손해배상만을 청구할 수 있다.

15 (×) 인접지 소유자는 공동비용으로 통상의 담을 설치하는 데 협력할 의무가 있다.

16 (×) 서로 인접한 토지의 통상의 경계표를 설치하는 경우, 설치비용은 쌍방이 절반하여 부담하지만, 측량비용은 토지면적에 비례하여 부담한다.

정답 12 (○), 13 (○), 14 (×), 15 (×), 16 (×), 17 (○), 18 (○)

19 | 공인중개사 2015년

지상권자는 지상권의 목적인 토지의 경계나 그 근방에서 건물을 수선하기 위하여 필요한 범위 내에서 이웃토지의 사용을 청구할 수 있다. ( )

20 | 공인중개사 2017년

인접지의 수목뿌리가 경계를 넘은 때에는 임의로 제거할 수 있다. ( )

21 | 공인중개사 2021년

타인의 토지를 통과하지 않으면 필요한 수도를 설치할 수 없는 토지의 소유자는 그 타인의 승낙 없이도 수도를 시설할 수 있다. ( )

22 | 공인중개사 2022년

토지 주변의 소음이 사회통념상 수인한도를 넘지 않은 경우에도 그 토지소유자는 소유권에 기하여 소음피해의 제거를 청구할 수 있다. ( )

23 | 공인중개사 2022년

우물을 파는 경우에 경계로부터 2미터 이상의 거리를 두어야 하지만, 당사자 사이에 이와 다른 특약이 있으면 그 특약이 우선한다. ( )

24 | 공인중개사 2022년

토지소유자가 부담하는 자연유수의 승수의무(承水義務)에는 적극적으로 그 자연유수의 소통을 유지할 의무가 포함된다. ( )

---

21 (○) 타인의 토지를 통과하지 않으면 필요한 수도를 설치할 수 없거나 과도한 비용이 드는 경우에는 토지의 소유자는 그 타인의 승낙 없이도 수도를 시설할 수 있다.

22 (×) 토지소유자는 매연 등으로 이웃 토지의 사용을 방해하거나 이웃 거주자의 생활에 고통을 주면 안 되는 것이나, 통상의 용도에 적당한 것인 때에는 인용할 의무가 있다(제217조). 따라서 사회통념상 수인한도를 넘지 않는 경우에는 그 제거를 청구할 수 없다.

23 (○) 상린관계 규정은 강행규정이라고는 볼 수 없으므로 이와 다른 내용의 당사자간의 특약은 유효하다(대판 1982.10.26. 80다1634).

24 (×) 자연적으로 흘러나오는 물은 소극적으로 수인하여야 하는 것이지, 적극적으로 유지할 의무가 인정되는 것은 아니다.

정답 19 (○), 20 (○), 21 (○), 22 (×), 23 (○), 24 (×)

25 | 공인중개사 2019년

부동산에 대한 악의의 무단점유는 점유취득시효의 기초인 자주점유로 추정된다. ( )

26 | 공인중개사 2019년

집합건물의 공용부분은 별도로 취득시효의 대상이 되지 않는다. ( )

27 | 공인중개사 2016년

토지의 일부에 대하여도 점유취득시효로 소유권을 취득할 수 있다. ( )

28 | 공인중개사 2015년

저당권은 시효취득을 할 수 없다. ( )

29 | 공인중개사 2015년

계속되고 표현된 지역권은 시효취득을 할 수 없다. ( )

30 | 공인중개사 2015년

국유재산 중 일반재산은 시효취득을 할 수 없다. ( )

31 | 공인중개사 2015년

성명불상자(姓名不詳者)의 토지는 시효취득을 할 수 없다. ( )

---

25 (×) 부동산에 대한 악의의 무단점유는 타주점유로 추정된다.
26 (○) 집합건물의 공용부분은 전유부분과 일체성을 가지므로 별도로 취득시효의 대상이 되지 않는다.
27 (○) 토지의 일부는 등기부취득시효의 대상이 될 수는 없으나, 점유취득시효의 대상은 될 수 있다. 다만 분할절차를 밟은 후 등기하여야 한다.
28 (○) 저당권은 점유를 전제로 하지 않으므로 취득시효가 인정되지 않는다.
29 (×) 계속되고 표현된 지역권은 취득시효의 대상이 될 수 있다.
30 (×) 국유재산은 행정재산과 일반재산으로 구분되는데, 그 중 일반재산은 사물(私物)에 해당하므로 민법이 적용되어 취득시효의 대상이 될 수 있다.
31 (×) 성명불상자(姓名不詳者)의 토지나 자기소유의 토지도 시효취득의 대상이 될 수 있다.

정답 25 (×), 26 (○), 27 (○), 28 (○), 29 (×), 30 (×), 31 (×)

32 | 공인중개사 2022년

타주점유자는 자신이 점유하는 부동산에 대한 소유권을 시효취득할 수 없다. ( )

33 | 공인중개사 2021년

점유의 승계가 있는 경우 시효이익을 받으려는 자는 자기 또는 전(前)점유자의 점유개시일 중 임의로 점유기산점을 선택할 수 있다. ( )

34 | 공인중개사 2017년

부동산에 관하여 적법·유효한 등기를 하여 소유권을 취득한 사람이 부동산을 점유하는 경우, 사실상태를 권리관계로 높여 보호할 필요가 없다면 그 점유는 취득시효의 기초가 되는 점유라고 할 수 없다. ( )

35 | 공인중개사 2019년

아직 등기하지 않은 시효완성자는 그 완성 전에 이미 설정되어 있던 가등기에 기하여 시효완성 후에 소유권이전의 본등기를 마친 자에 대하여 시효완성을 주장할 수 있다. ( )

36 | 공인중개사 2019년

점유취득시효의 완성으로 점유자가 소유자에 대해 갖는 소유이전등기청구권은 통상의 채권양도 법리에 따라 양도될 수 있다. ( )

---

32 (○) 점유취득시효는 자주점유를 요건으로 한다.

33 (○) 시효취득의 기간은 자기만의 점유를 주장하거나 전점유자의 점유를 통산하여 주장할 수 있다. 점유기산점은 자기 또는 전(前)점유자의 점유개시일 중 임의로 선택할 수 있으나, 중간의 특정 시점을 지정할 수는 없다.

34 (○) 취득시효 제도는 사실상태를 진실한 권리관계로 높여서 보호하고, 점유자의 증명곤란을 구제하기 위한 제도이다. 소유권의 등기명의인이 점유하고 있으면 사실상태를 권리관계로 높여 보호할 필요성 등이 없으므로 그 점유는 취득시효에서의 점유라고 인정할 필요가 없다.

35 (×) 점유취득시효는 시효의 완성만으로 권리를 취득할 수 없고, 등기를 해야 취득한다. 그런데 시효완성 전에 이미 설정되어 있던 가등기에 기하여 시효완성 후에 소유권이전의 본등기를 마친 자에 대하여는 시효완성을 주장할 수 없다.

36 (○) 점유취득시효는 법률규정에 의한 권리변동에 해당하지만 예외적으로 등기를 해야 권리가 변동되는 경우이므로 점유자의 등기청구권은 채권적 청구권이다. 따라서 통상의 채권양도 법리에 따라 양도될 수 있다.

정답 32 (○), 33 (○), 34 (○), 35 (×), 36 (○)

37 | 공인중개사 2013년

시효취득으로 인한 소유권이전등기청구권이 발생하면 부동산소유자와 시효취득자 사이에 계약상의 채권관계가 성립한 것으로 본다. ( )

38 | 공인중개사 2021년

취득시효완성으로 인한 소유권이전등기청구권은 시효완성 당시의 등기명의인이 동의해야만 양도할 수 있다. ( )

39 | 공인중개사 2013년

등기부상 소유명의자가 진정한 소유자가 아니면 원칙적으로 그를 상대로 취득시효의 완성을 원인으로 소유권이전등기를 청구할 수 없다. ( )

40 | 공인중개사 2019년

부동산에 대한 압류 또는 가압류는 점유취득시효를 중단시킨다. ( )

41 | 공인중개사 2013년

취득시효 완성 후 시효취득자가 소유권이전등기절차 이행의 소를 제기하였으나 그 후 상대방의 소유를 인정하여 합의로 소를 취하한 경우, 특별한 사정이 없으면 이는 시효이익의 포기이다. ( )

---

37 (×) 시효취득으로 인한 소유권이전등기청구권이 발생하더라도 법률규정에 의한 것이지 부동산소유자와 시효취득자 사이에 계약상의 채권·채무관계가 성립한 것은 아니다.

38 (×) 취득시효완성으로 인한 소유권이전등기청구권은 채권자와 채무자 간의 신뢰관계가 형성될 것이 없으므로 채무자인 시효완성 당시의 등기명의인이 동의하지 않아도 양도할 수 있다.

39 (○) 시효완성으로 인한 소유권이전등기청구의 상대방은 시효완성 당시의 진정한 소유자이다. 따라서 등기부상 소유명의자가 진정한 소유자가 아니면 진성한 소유사를 내위하여 그 등기의 말소를 청구할 수 있을 뿐이고, 그를 상대로 취득시효의 완성을 원인으로 소유권이전등기를 청구할 수는 없다.

40 (×) 점유취득시효로 인한 권리의 취득은 원시취득이므로 시효 완성 전의 제한은 모두 소멸한다. 따라서 시효 완성 전에 부동산에 대한 압류 또는 가압류가 있다 하더라도 점유취득시효의 중단사유가 될 수 없다.

41 (○) 취득시효 완성 후 시효취득자가 제기한 소유권이전등기절차 이행의 소에서 소를 취하한 것은 시효이익의 포기로 볼 수 있으나, 단순히 매수를 제의한 것에 그친 경우에는 그러하지 아니하다.

정답 37 (×), 38 (×), 39 (○), 40 (×), 41 (○)

42 | 공인중개사 2021년

취득시효완성 후 소유권이전등기를 마치지 않은 시효완성자는 소유자에 대하여 취득시효 기간 중의 점유로 발생한 부당이득의 반환의무가 없다. ( )

43 | 공인중개사 2020년

취득시효완성 후 등기 전에 원소유자가 시효완성된 토지에 저당권을 설정하였고, 등기를 마친 시효취득자가 피담보채무를 변제한 경우, 원소유자에게 부당이득반환을 청구할 수 있다. ( )

44 | 공인중개사 2020년

취득시효완성 후 명의신탁 해지를 원인으로 명의수탁자에서 명의신탁자로 소유권이전등기가 된 경우, 시효완성자는 특별한 사정이 없는 한 명의신탁자에게 시효완성을 주장할 수 없다. ( )

45 | 공인중개사 2013년

시효취득자의 점유가 계속되는 동안 이미 발생한 소유권 이전등기청구권은 시효로 소멸되지 않는다. ( )

46 | 공인중개사 2020년

중복등기로 인해 무효인 소유권보존등기에 기한 등기부취득시효는 부정된다. ( )

47 | 공인중개사 2019년

부동산 간에도 부합이 인정될 수 있다. ( )

---

42 (○) 취득시효는 원시취득이다. 따라서 취득시효 기간 중의 점유는 부당이득이 아니므로 종전 소유자에게 반환할 의무는 없다.

43 (×) 취득시효완성 후 등기 전에 원소유자가 시효완성된 토지에 저당권을 설정한 것은 유효하므로 시효취득자는 저당권의 제한을 받는 소유권을 취득할 수밖에 없다. 따라서 등기를 마친 시효취득자가 피담보채무를 변제한 경우에도 원소유자에게 구상권을 행사하거나 부당이득반환을 청구할 수는 없다.

44 (○) 명의신탁자의 등기취득이 등기의무자의 배임행위에 적극 가담하여 무효가 아닌 한 명의신탁자의 등기는 취득시효완성 후에 소유권을 취득한 자이므로 시효의 완성을 주장 할 수 없다.

45 (○) 시효의 완성으로 생긴 소유권이전등기청구권은 채권적 청구권이므로 10년이라는 소멸시효에 걸린다. 다만, 취득자의 점유가 계속되는 동안에는 권리를 행사하고 있는 것이므로 소멸시효에 걸리지 않는다.

정답 42 (○), 43 (×), 44 (○), 45 (○), 46 (○), 47 (○)

48 | 공인중개사 2018년

건물은 토지에 부합한다. ( )

49 | 공인중개사 2017년

적법한 권원 없이 타인의 토지에 경작한 성숙한 배추의 소유권은 경작자에게 속한다.
( )

50 | 공인중개사 2018년

정당한 권원에 의하여 타인의 토지에서 경작·재배하는 농작물은 토지에 부합한다. ( )

51 | 공인중개사 2017년

적법한 권원 없이 타인의 토지에 식재한 수목의 소유권은 토지소유자에게 속한다. ( )

52 | 공인중개사 2019년

토지소유자와 사용대차계약을 맺은 사용차주가 자신 소유의 수목을 그 토지에 식재한 경우, 그 수목의 소유권자는 여전히 사용차주이다. ( )

53 | 공인중개사 2018년

토지임차인의 승낙만을 받아 임차 토지에 나무를 심은 사람은 다른 약정이 없으면 토지소유자에 대하여 그 나무의 소유권을 주장할 수 없다. ( )

---

48 (×) 건물은 토지와는 독립한 부동산이므로 건물은 토지에 부합하지 않는다.

49 (○) 농작물의 소유권은 정당한 권원유무를 불문하고 언제나 경작자의 소유에 속한다. 따라서 적법한 권원 없이 타인의 토지에서 경작한 경우라 하더라도 경작자의 소유에 속한다.

50 (×) 농작물은 언제나 경작자의 소유이고, 토지에 부합하지 않는다.

51 (○) 수목은 정당한 권원이 없으면 토지에 부합하므로 토지소유자에 속한다.

52 (○) 수목은 토지의 부합물이므로 원칙적으로 토지소유자가 수목의 소유권을 가진다. 다만 임대차나 사용대차와 같은 권원에 의하여 수목을 식재한 경우에는 그 수목의 소유권자는 수목을 식재한 자, 즉, 사용차주에게 있다.

53 (○) 토지임차인의 승낙만을 받은 사람은 정당한 권원이 인정되지 않으므로 토지소유자에 대하여 그 나무의 소유권을 주장할 수 없다.

정답 48 (×), 49 (○), 50 (×), 51 (○), 52 (○), 53 (○)

54 | 공인중개사 2017년

건물임차인이 권원에 기하여 증축한 부분은 구조상·이용상 독립성이 없더라도 임차인의 소유에 속한다. ( )

55 | 공인중개사 2018년

건물에 부합된 증축부분이 경매절차에서 경매목적물로 평가되지 않은 때에는 매수인은 그 소유권을 취득하지 못한다. ( )

56 | 공인중개사 2019년

부동산에 부합된 동산의 가격이 부동산의 가격을 초과하더라도 동산의 소유권은 원칙적으로 부동산의 소유자에게 귀속된다. ( )

57 | 공인중개사 2019년

부합으로 인하여 소유권을 상실한 자는 부당이득의 요건이 충족되는 경우에 보상을 청구할 수 있다. ( )

58 | 공인중개사 2019년

매도인에게 소유권이 유보된 시멘트를 매수인이 제3자 소유의 건물 건축공사에 사용한 경우, 그 제3자가 매도인의 소유권 유보에 대해 악의라면 특별한 사정이 없는 한 시멘트는 건물에 부합되지 않는다. ( )

59 | 공인중개사 2018년

매수인이 제3자와의 도급계약에 따라 매도인에게 소유권이 유보된 자재를 제3자의 건물에 부합한 경우, 매도인은 선의·무과실의 제3자에게 보상을 청구할 수 있다. ( )

---

54 (×) 증축된 부분이 독립성을 상실하여 기존 건물의 구성부분인 경우에는 건물소유자의 소유에 속하고, 독립부분인 경우에는 임차인의 소유에 속한다.

55 (×) 건물에 부합된 증축부분이 건물의 구성부분에 불과한 경우에는 경매절차에서 경매목적물로 평가되지 않는다. 따라서 이때 증축부분은 경락인의 소유에 속한다.

58 (×) 부동산에 부합된 물건이 독립성을 상실하여 부동산의 구성부분이 된 경우에는 그 물건의 소유권은 부동산 소유자에게 있다. 매도인에게 소유권이 유보된 시멘트라는 사실을 건물 소유자가 알았다 하더라도 시멘트는 건물에 부합된다.

59 (×) 매도인에게 소유권이 유보된 자재라는 사실을 과실 없이 모르는 제3자는 선의취득의 경우와 마찬가지로 법률상 원인이 있다고 봄이 상당하므로 매도인은 선의·무과실의 제3자에게 보상을 청구할 수 없다.

정답 54 (×), 55 (×), 56 (○), 57 (○), 58 (×), 59 (×)

60 | 공인중개사 2022년

무주(無主)의 부동산을 점유한 자연인은 그 부동산의 소유권을 즉시 취득한다. ( )

61 | 공인중개사 2022년

타인의 토지에서 발견된 매장물은 특별한 사정이 없는 한 발견자가 단독으로 그 소유권을 취득한다. ( )

62 | 공인중개사 2015년

乙은 丙의 토지 위에 있는 甲소유의 X건물을 매수하여 대금완납 후 그 건물을 인도받고 등기서류를 교부받았지만, 아직 이전등기를 마치지 않았다. X건물로 인해 丙의 토지가 불법점거당하고 있다면, 丙은 乙에게 X건물의 철거를 청구할 수 있다. ( )

63 | 공인중개사 2015년

乙은 丙의 토지 위에 있는 甲소유의 X건물을 매수하여 대금완납 후 그 건물을 인도받고 등기서류를 교부받았지만, 아직 이전등기를 마치지 않았다. 乙로부터 X건물을 다시 매수하여 점유·사용하고 있는 丁에 대하여 甲은 소유권에 기한 물권적 청구권을 행사할 수 있다. ( )

---

60 (×) 무주의 동산은 소유의 의사로 점유한 자가 그 소유권을 취득하고(제252조 제1항), 무주의 부동산은 국유로 한다(제252조 제1항)고 규정하므로 선점의 대상은 동산에 한정된다.

61 (×) 타인의 토지 기타 물건으로부터 발견한 매장물은 그 토지 기타 물건의 소유자와 발견자가 절반하여 취득한다(제254조).

62 (○) 미등기 매수인이라 하더라도 법률상 또는 사실상 처분할 권한이 있으므로 토지소유자 丙은 건물의 양수인 乙에게 X건물의 철거를 청구할 수 있다.

63 (×) 소유권에 기한 물권적 청구권은 점유할 권리가 있는 자에게는 청구할 수 없다. 미등기 상태라 하더라도 대금을 완납한 매수인 乙은 점유할 권리가 있으며, 乙로부터 다시 매수한 丁도 점유할 권리가 있으므로 甲은 소유권에 기한 물권적 청구권을 행사할 수 없다.

정답 60 (×), 61 (×), 62 (○), 63 (×)

64 | 공인중개사 2015년

乙은 丙의 토지 위에 있는 甲소유의 X건물을 매수하여 대금완납 후 그 건물을 인도받고 등기서류를 교부받았지만, 아직 이전등기를 마치지 않았다. X건물의 점유를 방해하는 자에 대해 乙은 점유권에 기한 방해제거청구권을 행사할 수 있다. ( )

65 | 공인중개사 2015년

乙은 丙의 토지 위에 있는 甲소유의 X건물을 매수하여 대금완납 후 그 건물을 인도받고 등기서류를 교부받았지만, 아직 이전등기를 마치지 않았다. 乙은 X건물로부터 생긴 과실(果實)의 수취권을 가진다. ( )

66 | 공인중개사 2015년

乙은 丙의 토지 위에 있는 甲소유의 X건물을 매수하여 대금완납 후 그 건물을 인도받고 등기서류를 교부받았지만, 아직 이전등기를 마치지 않았다. 甲의 채권자가 X건물에 대해 강제집행하는 경우, 乙은 이의를 제기하지 못한다. ( )

---

64 (○) 미등기 매수인 乙이 건물을 인도받아 점유하고 있는 경우, ×건물의 점유를 방해하는 자에 대하여 점유권에 기한 방해제거청구권을 행사할 수 있으나, 아직 소유권이전등기가 없으므로 소유권에 기한 방해제거청구는 할 수 없다.

65 (○) 선의의 점유자는 과실을 수취할 권리가 있다. 미등기 상태라 하더라도 대금을 완납한 매수인 乙은 선의의 점유자라고 할 수 있으므로 과실수취권이 있다.

66 (○) 乙은 아직 소유권 이전등기가 없으므로 이의를 제기하지 못한다.

정답 64 (○), 65 (○), 66 (○)

공동소유

01 | 공인중개사 2020년

甲, 乙, 丙은 각 1/3 지분으로 나대지인 X토지를 공유하고 있다. 甲은 단독으로 자신의 지분에 관한 제3자의 취득시효를 중단시킬 수 없다. ( )

02 | 공인중개사 2013년

제3자가 권원 없이 자기명의로 X토지의 소유권이전등기를 한 경우, 甲은 공유물의 보존행위로 원인무효의 등기 전부의 말소를 청구할 수 있다. ( )

03 | 공인중개사 2013년

甲의 지분에 관하여 제3자 명의로 원인무효의 등기가 이루어진 경우, 乙은 공유물의 보존행위로 그 등기의 말소를 청구할 수 있다. ( )

04 | 공인중개사 2015년

X토지를 甲이 2/3지분, 乙이 1/3지분으로 등기하여 공유하면서 그 관리방법에 관해 별도로 협의하지 않았다. 戊가 X토지 위에 무단으로 건물을 신축한 경우, 乙은 특별한 사유가 없는 한 자신의 지분에 대응하는 비율의 한도 내에서만 戊를 상대로 손해배상을 청구할 수 있다. ( )

---

01 (×) 제3자의 취득시효를 중단시키는 것은 보존행위에 해당하므로 甲은 단독으로 할 수 있다.

02 (○) 공유물의 보존행위는 공유자 각자가 단독으로 할 수 있다. 따라서 제3자가 권원 없이 자기명의로 X토지의 소유권이전등기를 한 경우, 甲이나 乙은 단독으로 그 등기 전부의 말소를 청구할 수 있다.

03 (×) 공유자가 '다른 공유자'의 지분권을 대외적으로 주장하는 것은 공유물의 보존행위가 아니다. 甲의 지분에 관하여 제3자 명의로 원인무효의 등기가 이루어진 경우, 乙은 공유물의 보존행위로 그 등기의 말소를 청구할 수는 없다.

04 (○) 공유자 중 1인도 보존행위로서 건물의 철거를 청구할 수 있으나, 손해배상은 자신의 지분에 대응하는 비율의 한도 내에서만 청구할 수 있으며, 다른 공유자의 지분에 대하여는 청구할 수 없다.

정답 01 (×), 02 (○), 03 (×), 04 (○)

05 | 공인중개사 2019년

공유자 전원이 임대인으로 되어 공유물을 임대한 경우, 그 임대차계약을 해지하는 것은 특별한 사정이 없는 한 공유물의 보존행위이다. ( )

06 | 공인중개사 2016년

과반수 지분권자로부터 공유물의 특정 부분에 대한 배타적인 사용·수익을 허락받은 제3자의 점유는 다른 소수지분권자와 사이에서도 적법하다. ( )

07 | 공인중개사 2017년

甲은 3/5, 乙은 2/5의 지분으로 X토지를 공유하고 있다. 甲이 乙과 협의 없이 X토지를 丙에게 임대한 경우, 乙은 丙에게 X토지의 인도를 청구할 수 없다. ( )

08 | 공인중개사 2017년

甲은 3/5, 乙은 2/5의 지분으로 X토지를 공유하고 있다. 乙이 甲과 협의 없이 X토지를 丙에게 임대한 경우, 甲은 丙에게 X토지의 인도를 청구할 수 있다. ( )

09 | 공인중개사 2017년

甲은 3/5, 乙은 2/5의 지분으로 X토지를 공유하고 있다. 甲이 X토지 전부를 乙의 동의 없이 매도하여 매수인 명의로 소유권이전등기를 마친 경우, 甲의 지분 범위 내에서 등기는 유효하다. ( )

---

05 (×) 공유자가 공유물을 타인에게 임대하거나 해지하는 행위는 공유물의 관리행위에 해당한다.

06 (○) 과반수 지분권자로부터 공유물의 특정 부분에 대한 배타적인 사용·수익을 허락받은 제3자의 점유는 적법하므로 다른 소수지분권자 사이에서도 적법하다. 따라서 소수지분권자는 제3자에 대해서 토지의 인도를 청구할 수 없다.

07 (○) 甲은 과반수 지분권자이므로 단독으로 공유물의 이용, 개량행위를 할 수 있다. 따라서 丙에 대한 임대행위는 적법하다. 따라서 乙은 丙에게 X토지의 인도를 청구할 수 없다.

08 (○) 乙은 소수지분권자이므로 단독으로 임대할 수 없다. 따라서 丙에게 임대한 행위는 부적법하다. 따라서 과반수 지분권자인 甲은 丙에게 X토지의 인도를 청구할 수 있다.

09 (○) 공유물의 처분·변경은 공유자 전원의 동의가 있어야 한다. 그러나 과반수 지분권자 甲이 X토지 전부를 제3자에게 매도하여 매수인 명의로 소유권이전등기를 마친 경우라 하더라도 甲의 지분 범위 내에서는 유효한 등기이다.

정답 05 (×), 06 (○), 07 (○), 08 (○), 09 (○)

10 | 공인중개사 **2017년**

甲은 3/5, 乙은 2/5의 지분으로 X토지를 공유하고 있다. 甲이 乙과 협의 없이 X토지를 丙에게 임대한 경우, 丙은 乙의 지분에 상응하는 차임 상당액을 乙에게 부당이득으로 반환할 의무가 없다. ( )

11 | 공인중개사 **2019년**

과반수지분권자가 단독으로 공유토지를 임대한 경우, 소수지분권자는 과반수지분권자에게 부당이득반환을 청구할 수 없다. ( )

12 | 공인중개사 **2021년**

甲, 乙, 丙은 X토지를 각 1/2, 1/4, 1/4의 지분으로 공유하고 있다. 당사자 간의 특약이 없는 경우, 甲은 단독으로 X토지를 제3자에게 임대할 수 있다. ( )

13 | 공인중개사 **2019년**

공유부동산에 대해 공유자 중 1인의 단독 명의로 원인 무효의 소유권이전등기가 행해졌다면 다른 공유자는 등기명의인인 공유자를 상대로 등기 전부의 말소를 청구할 수 있다. ( )

14 | 공인중개사 **2016년**

공유자는 특약이 없는 한 지분비율로 공유물의 관리비용을 부담한다. ( )

---

10 (○) 丙에 대한 임대행위는 적법하므로 丙은 乙에게 부당이득을 반환할 의무가 없고, 甲은 乙의 지분에 상응하는 차임 상당액을 乙에게 부당이득으로 반환할 의무가 있다.

11 (×) 공유물의 관리는 그 지분의 과반수 찬성으로 한다. 공유물의 임대행위는 관리행위에 해당하므로 과반수지분권자가 단독으로 공유토지를 임대한 것은 적법하다. 다만, 소수지분권자는 과반수지분권자에게 그 지분에 상응하는 부당이득반환을 청구할 수 있다.

12 (×) 토지를 임대하는 것은 관리행위에 해당하므로 공유자 과반수의 찬성으로 할 수 있다. 1/2 지분은 과반수가 아니다.

13 (×) 공유자 중 1인의 단독 명의로 원인 무효의 소유권이전등기가 행해진 경우라 하더라도 지분 범위 내에서는 유효한 것이므로 다른 공유자는 등기 전부의 말소를 청구할 수는 없고, 그 공유자의 공유지분을 제외한 나머지 공유지분 전부에 관하여 소유권이전등기 말소등기절차의 이행을 청구할 수 있다.

14 (○) 공유자는 공유물 전부를 지분의 비율로 사용·수익할 수 있으며, 그 관리비용도 지분의 비율로 부담하는 것이 원칙이다.

정답 10 (○), 11 (×), 12 (×), 13 (×), 14 (○)

15 | 공인중개사 2016년

공유지분권의 본질적 부분을 침해한 공유물의 관리에 관한 특약은 공유지분의 특정승계인에게 효력이 미친다. ( )

16 | 공인중개사 2016년

공유자는 다른 공유자의 동의 없이 공유물을 처분하지 못한다. ( )

17 | 공인중개사 2016년

공유물의 소수지분권자가 다른 공유자와의 협의 없이 자신의 지분 범위를 초과하여 공유물의 일부를 배타적으로 점유하고 있는 경우 다른 소수지분권자가 공유물의 인도를 청구할 수 없다. ( )

18 | 공인중개사 2017년

甲은 3/5, 乙은 2/5의 지분으로 X토지를 공유하고 있다. 乙은 甲과의 협의 없이 X토지 면적의 2/5에 해당하는 특정 부분을 배타적으로 사용·수익할 수 있다. ( )

19 | 공인중개사 2020년

甲, 乙, 丙은 각1/3 지분으로 나대지인 X토지를 공유하고 있다. 甲이 단독으로 丁에게 X토지를 임대한 경우, 乙은 丁에게 부당이득반환을 청구할 수 있다. ( )

---

15 (×) 공유물의 사용·수익의 특약은 특정승계인에게 승계된다. 그러나 공유지분권의 본질적 부분을 침해하는 경우에는 효력이 미치지 않는다.

16 (○) 공유물의 처분은 다른 공유자 전원의 동의가 있어야 한다.

17 (○) 공유자는 공유물 전부를 지분의 비율로 사용·수익할 수 있으며, 특정부분을 배타적으로 사용·수익할 수는 없다. 그리고 공유물의 관리는 지분의 과반수의 찬성이 있어야 한다. 다른 공유자의 협의 없이 특정 공유자가 공유물의 전부나 일부를 배타적으로 점유하고 있는 경우 다른 소수지분권자는 공유물의 인도를 청구할 수는 없고, 방해제거만 청구할 수 있다.

18 (×) 공유물은 공유물의 전부를 지분 비율대로 사용·수익할 수 있다. 공유자의 1인이 공유물의 특정부분을 배타적으로 사용·수익할 수는 없다.

19 (○) 甲은 소수지분권자이므로 단독으로 丁에게 X토지를 임대한 행위는 부적법하다. 따라서 丁의 사용은 부당이득에 해당하므로 乙은 丁에게 부당이득반환을 청구할 수 있다.

정답 15 (×), 16 (○), 17 (○), 18 (×), 19 (○)

20 | 공인중개사 2020년

甲, 乙, 丙은 각 1/3 지분으로 나대지인 X토지를 공유하고 있다. 甲과 乙이 X토지에 건물을 신축하기로 한 것은 공유물 관리방법으로 부적법하다. ( )

21 | 공인중개사 2021년

甲, 乙, 丙은 X토지를 각 1/2, 1/4, 1/4의 지분으로 공유하고 있다. 甲, 乙은 X토지에 대한 관리방법으로 X토지에 건물을 신축할 수 있다. ( )

22 | 공인중개사 2021년

甲, 乙, 丙은 X토지를 각 1/2, 1/4, 1/4의 지분으로 공유하고 있다. 乙이 X토지에 대한 자신의 지분을 포기한 경우, 乙의 지분은 甲, 丙에게 균등한 비율로 귀속된다. ( )

23 | 공인중개사 2018년

합유자의 1인이 사망하면 특별한 사정이 없는 한 그의 상속인이 그 지분을 포괄승계한다. ( )

24 | 공인중개사 2019년

부동산 공유자 중 1인의 공유지분 포기에 따른 물권변동은 그 포기의 의사표시가 다른 공유자에게 도달함으로써 효력을 발생하며 등기를 요하지 않는다. ( )

25 | 공인중개사 2022년

공유자끼리 그 지분을 교환하는 것은 지분권의 처분이므로 이를 위해서는 교환당사자가 아닌 다른 공유자의 동의가 필요하다. ( )

---

20 (○) 건물을 신축하는 것은 공유물의 변경행위이므로 공유자 전원의 찬성이 있어야 한다.
21 (×) 공유토지에 건물을 신축하는 것은 관리행위가 아니라 처분행위에 해당하므로 공유자 전원의 찬성이 있어야 한다.
22 (×) 공유자 중 1인이 지분을 포기하면 그 지분은 다른 공유자의 지분비율로 귀속된다.
23 (×) 합유자의 1인이 사망하면 특별한 사정이 없는 한 상속되지 않으며, 잔존 합유자의 합유로 귀속된다.
24 (×) 공유지분의 포기는 상대방 있는 단독행위로서 등기해야 물권변동의 효력이 발생한다.
25 (×) 공유지분은 처분의 자유가 인정되므로 각 공유자가 단독으로 할 수 있으며, 다른 공유자의 동의가 필요한 것이 아니다.

정답 20 (○), 21 (×), 22 (×), 23 (×), 24 (×), 25 (×)

26 | 공인중개사 2018년

공유물분할금지의 약정은 갱신할 수 있다. ( )

27 | 공인중개사 2018년

공유자의 1인이 그 지분에 저당권을 설정한 후 공유물이 분할된 경우, 다른 약정이 없으면 저당권은 저당권 설정자 앞으로 분할된 부분에 집중된다. ( )

28 | 공인중개사 2016년

합유물에 대한 보존행위는 특약이 없는 한 합유자 각자가 할 수 있다. ( )

29 | 공인중개사 2018년

합유자는 다른 합유자의 동의 없이 합유지분을 처분할 수 있다. ( )

30 | 공인중개사 2016년

합유재산에 관하여 합유자 중 1인이 임의로 자기 단독명의의 소유권보존등기를 한 경우, 자신의 지분 범위 내에서는 유효한 등기이다. ( )

31 | 공인중개사 2016년

조합체의 해산으로 인하여 합유는 종료한다. ( )

32 | 공인중개사 2018년

비법인사단의 사원은 단독으로 총유물의 보존행위를 할 수 있다. ( )

---

26 (○) 공유물분할금지의 약정은 5년 내의 기간으로 할 수 있으며, 갱신도 가능하다. 다만 그 기간은 5년을 넘지 못한다.

27 (×) 공유자의 1인이 그 지분에 저당권을 설정한 후 공유물이 분할된 경우, 다른 약정이 없으면 종전 지분비율대로 공유물 전부에 존속하다.

29 (×) 합유지분의 처분은 다른 합유자 전원의 동의가 있어야 할 수 있다.

30 (×) 합유지분의 처분은 합유자 전원의 동의가 있어야 한다. 따라서 합유자의 1인 명의로 소유권보존등기한 것은 원인무효의 등기이다.

32 (×) 총유물의 보존행위는 사단총회의 결의로 하여야 하고, 비법인사단의 사원이 단독으로 할 수 없다.

정답 26 (○), 27 (×), 28 (○), 29 (×), 30 (×), 31 (○), 32 (×)

33 | 공인중개사 2022년

법인 아닌 종중이 그 소유 토지의 매매를 중개한 중개업자에게 중개수수료를 지급하기로 하는 약정을 체결하는 것은 총유물의 관리·처분행위에 해당한다. ( )

34 | 공인중개사 2019년

개별 채권자들이 같은 기회에 특정 부동산에 관하여 하나의 근저당권을 설정받은 경우, 그들은 해당 근저당권을 준공유한다. ( )

35 | 공인중개사 2014년

甲과 乙은 X토지에 관하여 구분소유적 공유관계에 있다. 甲과 乙은 자신들의 특정 구분부분을 단독으로 처분할 수 있다. ( )

36 | 공인중개사 2014년

甲과 乙은 X토지에 관하여 구분소유적 공유관계에 있다. 甲의 특정 구분부분에 대한 乙의 방해행위에 대하여, 甲은 소유권에 기한 방해배제를 청구할 수 있다. ( )

37 | 공인중개사 2014년

甲과 乙은 X토지에 관하여 구분소유적 공유관계에 있다. 乙의 특정 구분부분에 대한 丙의 방해행위에 대하여, 甲은 丙에게 공유물의 보존행위로서 방해배제를 청구할 수 없다. ( )

---

33 (×) 총유물 그 자체의 관리·처분이 따르지 아니하는 단순한 채무부담행위에 불과하여 이를 총유물의 관리·처분행위라고 할 수 없다(대판 2012.4.12. 2011다107900).

34 (○) 소유권 이외의 권리는 준공유에 해당한다.

35 (○) 구분소유적 공유관계의 경우 내부적으로는 각자의 소유권이므로 단독으로 처분할 수 있다.

36 (○) 구분소유적 공유관계의 경우 특정부분을 배타적으로 지배하고 있으므로 다른 공유자의 방해행위에 대해서는 배제를 청구할 수 있다.

37 (×) 구분소유적 공유관계인 경우에 대외적으로는 공유의 성질을 가지므로 보존행위는 단독으로 할 수 있다. 따라서 제3자인 丙의 방해행위에 방해배제를 청구할 수 있다.

정답 33 (×), 34 (○), 35 (○), 36 (○), 37 (×)

38 | 공인중개사 2014년

甲과 乙은 X토지에 관하여 구분소유적 공유관계에 있다. 丁이 경매를 통하여 乙의 지분을 취득한 경우, 甲·丁 사이에 구분소유적 공유관계가 당연히 인정되는 것은 아니다. ( )

39 | 공인중개사 2014년

甲과 乙은 X토지에 관하여 구분소유적 공유관계에 있다. 甲이 자신의 특정 구분부분에 Y건물을 신축하여 소유한 경우, 乙이 강제경매를 통하여 甲의 지분을 취득하더라도 甲은 Y건물에 대한 관습법상의 법정지상권을 취득할 수 있다. ( )

---

38 (○) 구분소유적 공유관계의 경우, 대외적으로는 공유관계이므로 丁이 경매를 통하여 乙의 지분을 취득하면 구분소유적 공유관계가 형성되는 것이 아니라 甲과 보통의 공유관계가 되는 것이 원칙이다.

39 (○) 구분소유적 공유관계에서 甲이 자신의 특정 구분부분에 Y건물을 신축한 경우에 건물의 소유권은 甲에게 있으므로 乙이 강제경매를 통하여 甲의 지분을 취득하게 되면 토지의 소유자는 乙이 되고, 건물의 소유자는 甲이 된다. 따라서 건물소유자 甲은 Y건물에 대하여 관습법상의 법정지상권을 취득할 수 있다.

정답 38 (○), 39 (○)

용익물권

01 | 공인중개사 **2014년**
지료의 지급은 지상권의 성립요건이 아니다. ( )

02 | 공인중개사 **2017년**
지상권설정계약 당시 건물 기타 공작물이 없더라도 지상권은 유효하게 성립할 수 있다. ( )

03 | 공인중개사 **2015년**
乙은 甲의 X토지에 건물을 소유하기 위하여 지상권을 설정받았다. X토지를 양수한 자는 지상권의 존속 중에 乙에게 그 토지의 인도를 청구할 수 없다. ( )

04 | 공인중개사 **2014년**
지상권에 기하여 토지에 부속된 공작물은 토지에 부합하지 않는다. ( )

05 | 공인중개사 **2014년**
지상권자는 토지소유자의 의사에 반하여 지상권을 타인에게 양도할 수 없다. ( )

---

01 (○) 지상권은 유상, 무상 모두 가능하므로 지료가 반드시 성립요건이 되는 것은 아니다.

02 (○) 지상권은 건물 기타 공작물의 소유를 목적으로 하는 것이고, 사용을 목적으로 하는 것이 아니므로 지상권설정계약 당시에 지상물이 없더라도 지상권은 유효하게 성립할 수 있다.

03 (○) 지상권은 물권이므로 제3자에게 대항할 수 있다. 따라서 지상권의 존속 중에 X토지를 양수한 자는 지상권자인 乙에게 그 토지의 인도를 청구할 수 없다.

04 (○) 토지에 부속된 공작물은 토지에 부합하여 토지소유자의 소유가 되는 것이 원칙이나, 정당한 권원에 의하여 부속시킨 경우에는 부속시킨 자의 소유에 속한다. 따라서 지상권에 기하여 부속시킨 공작물은 지상권자의 소유에 속하고 토지에 부합하지 않는다.

05 (×) 지상권은 물권이므로 토지소유자의 의사에 반하여 타인에게 양도할 수 있다.

정답 01 (○), 02 (○), 03 (○), 04 (○), 05 (×)

06 | 공인중개사 2018년

甲은 그가 乙의 토지에 신축한 X건물의 소유권을 유보하여 지상권을 양도할 수 있다. ( )

07 | 공인중개사 2020년

기간만료로 지상권이 소멸하면 지상권자는 갱신청구권을 행사할 수 있다. ( )

08 | 공인중개사 2017년

지상권의 소멸시 지상권설정자가 상당한 가액을 제공하여 공작물 등의 매수를 청구한 때에는 지상권자는 정당한 이유 없이 이를 거절하지 못한다. ( )

09 | 공인중개사 2020년

지료체납 중 토지소유권이 양도된 경우, 양도 전·후를 통산하여 2년에 이르면 지상권소멸 청구를 할 수 있다. ( )

10 | 공인중개사 2015년

乙은 甲의 X토지에 건물을 소유하기 위하여 지상권을 설정받았다. 지상권의 존속기간을 정하지 않은 경우, 甲은 언제든지 지상권의 소멸을 청구할 수 있다. ( )

11 | 공인중개사 2018년

지료를 연체한 甲이 丙에게 지상권을 양도한 경우, 乙은 지료약정이 등기된 때에만 연체사실로 丙에게 대항할 수 있다. ( )

---

06 (○) 지상물을 양도하면 지상권도 이전되는 것이 원칙이나, 지상물만 양도하거나 지상권만 양도할 수도 있다.

07 (○) 기간만료로 지상권이 소멸하고 지상물이 현존하면 갱신의 합의가 성립되지 않았더라도 지상권자는 갱신청구권을 행사할 수 있다.

09 (×) 지료체납 중 토지소유권이 양도된 경우, 지상권 소멸청구는 토지의 양수인에 대하여 지료의 2년분이 연체된 경우에 할 수 있으며, 연체가 양도 전·후를 걸쳐서 2년분에 해당하는 경우에는 청구할 수 없다.

10 (×) 지상권의 존속기간을 정하지 않은 경우에는 최단존속기간을 존속기간으로 한다. 따라서 지상권설정자 甲은 언제든지 지상권의 소멸을 청구할 수는 없다.

11 (○) 지료는 등기해야 제3자에게 대항할 수 있는 임의적 기재사항이다. 따라서 지료약정이 등기되어 있지 않으면 그 연체사실을 양수인 丙에게 대항할 수 없다.

정답 06 (○), 07 (○), 08 (○), 09 (×), 10 (×), 11 (○)

12 | 공인중개사 **2021년**

지상권자의 지료지급 연체가 토지소유권의 양도 전후에 걸쳐 이루어진 경우, 토지양수인은 자신에 대한 연체기간이 2년 미만이더라도 지상권의 소멸을 청구할 수 있다. ( )

13 | 공인중개사 **2017년**

지상권이 저당권의 목적인 경우 지료연체를 이유로 한 지상권소멸청구는 저당권자에게 통지하면 즉시 그 효력이 생긴다. ( )

14 | 공인중개사 **2014년**

구분지상권은 건물 기타 공작물의 소유를 위해 설정할 수 있다. ( )

15 | 공인중개사 **2015년**

제사 주재자인 장남 甲은 1985년 乙의 토지에 허락없이 부친의 묘를 봉분 형태로 설치한 이래 2015년 현재까지 평온·공연하게 분묘의 기지(基地)를 점유하여 분묘의 수호와 봉사를 계속하고 있다. 乙은 甲에게 분묘의 이장을 청구할 수 있다. ( )

16 | 공인중개사 **2015년**

제사 주재자인 장남 甲은 1985년 乙의 토지에 허락없이 부친의 묘를 봉분 형태로 설치한 이래 2015년 현재까지 평온·공연하게 분묘의 기지(基地)를 점유하여 분묘의 수호와 봉사를 계속하고 있다. 甲은 부친의 묘에 모친의 시신을 단분(單墳) 형태로 합장할 권능이 있다. ( )

---

12 (×) 지상권자의 지료지급 연체가 토지소유권의 양도 전후에 걸쳐 이루어진 경우, 토지양수인은 자신에 대한 연체기간이 2년 미만이면 지상권의 소멸을 청구할 수 없다.

13 (×) 지상권이 저당권의 목적인 경우 지료연체를 이유로 한 지상권소멸청구는 저당권자에게 통지한 후 상당한 기간이 경과한 후에 그 효력이 생긴다.

14 (○) 구분지상권은 건물 기타 공작물의 소유를 위해 설정할 수 있으며, 수목의 소유를 위해 설정할 수는 없다.

15 (×) 甲은 분묘기지권을 시효취득하였으므로 乙은 甲에게 분묘의 이장을 청구할 수 없다.

16 (×) 분묘기지권을 시효로 취득하더라도 새로운 분묘를 설치하거나 합장할 권능은 없다.

정답 12 (×), 13 (×), 14 (○), 15 (×), 16 (×)

17 | 공인중개사 2021년

분묘기지권을 시효취득한 자는 토지소유자가 지료를 청구한 날부터의 지료를 지급할 의무가 있다. ( )

18 | 공인중개사 2018년

토지 또는 그 지상건물이 경매된 경우, 매각대금 완납시를 기준으로 토지와 건물의 동일인 소유 여부를 판단한다. ( )

19 | 공인중개사 2018년

저당목적물인 토지에 대하여 법정지상권을 배제하는 저당권설정 당사자 사이의 약정은 효력이 없다. ( )

20 | 공인중개사 2018년

법정지상권자가 지상건물을 제3자에게 양도한 경우, 제3자는 그 건물과 함께 법정지상권을 당연히 취득한다. ( )

21 | 공인중개사 2018년

법정지상권이 있는 건물을 양수한 사람은 지상권등기를 마쳐야 양도인의 지상권갱신청구권을 대위행사할 수 있다. ( )

---

17 (○) 과거에는 분묘기지권을 시효취득한 경우, 지료를 지급할 필요가 없었으나, 형평의 원칙에 맞지 않는 것으로 보아 토지소유자가 지료를 청구한 날부터 지료를 지급할 의무가 있는 것으로 판례가 변경되었다.

18 (×) 법정지상권이 성립하기 위해서는 저당권을 설정할 당시에 토지와 건물이 동일인 소유이어야 한다.

19 (○) 법정지상권은 건물소유자 보호를 위하여 법률규정에 따라 성립하는 것이므로 이를 배제하는 당사자 사이의 약정은 효력이 없다.

20 (×) 법정지상권은 등기 없이 성립하지만, 지상건물을 제3자에게 양도하는 경우에는 건물과 함께 지상권도 이전한다는 합의가 있는 것이므로 건물의 양수인에게 등기청구권이 발생한다. 따라서 건물양수인은 지상권이전등기를 해야 지상권자가 될 수 있다.

21 (×) 법정지상권이 붙은 건물의 양수인은 법정지상권에 대한 등기를 하지 않았다 하더라도 토지소유자에 대한 관계에서 적법하게 토지를 점유사용하고 있는 자 할 것이고, 따라서 건물을 양도한 자라고 하더라도 지상권갱신청구권이 있고 건물의 양수인은 법정지상권자인 양도인의 갱신청구권을 대위행사할 수 있다.

정답 17 (○), 18 (×), 19 (○), 20 (×), 21 (×)

22 | 공인중개사 2018년

甲의 권리가 법정지상권일 경우, 지료에 관한 협의나 법원의 지료결정이 없으면 乙은 지료연체를 주장하지 못한다. ( )

23 | 공인중개사 2017년

甲은 자신의 토지와 그 지상건물 중 건물만을 乙에게 매도하고 건물 철거 등의 약정 없이 건물의 소유권이전등기를 해 주었다. 乙은 이 건물을 다시 丙에게 매도하고 소유권이전등기를 마쳐주었다. 甲의 丙에 대한 건물철거 및 토지인도청구는 신의성실의 원칙상 허용될 수 없다. ( )

24 | 공인중개사 2017년

甲은 자신의 토지와 그 지상건물 중 건물만을 乙에게 매도하고 건물 철거 등의 약정 없이 건물의 소유권이전등기를 해 주었다. 乙은 이 건물을 다시 丙에게 매도하고 소유권이전등기를 마쳐주었다. 만약 丙이 경매에 의하여 건물의 소유권을 취득한 경우라면, 특별한 사정이 없는 한 丙은 등기 없이도 관습상의 법정지상권을 취득한다. ( )

25 | 공인중개사 2017년

甲은 자신의 토지와 그 지상건물 중 건물만을 乙에게 매도하고 건물 철거 등의 약정 없이 건물의 소유권이전등기를 해 주었다. 乙은 이 건물을 다시 丙에게 매도하고 소유권이전등기를 마쳐주었다. 甲은 丙에게 토지의 사용에 대한 부당이득반환청구를 할 수 있다. ( )

---

22 (○) 지료에 관한 협의나 법원의 지료결정이 없으면 지료의 지급을 연체한 것으로 볼 수 없으므로 乙은 지료연체를 주장하지 못한다.

23 (○) 丙은 건물에 대한 소유권이전등기를 마쳤으나, 지상권이전등기를 마친 것이 아니므로 아직 지상권자가 아닙니다. 그러나 토지소유자 甲은 지상권설정등기의 의무를 부담하는 자이므로 丙에 대하여 건물철거 및 토지인도를 청구하는 것은 신의성실의 원칙상 허용될 수 없다.

24 (○) 丙이 매매에 의하여 건물의 소유권을 취득한 경우에는 관습상의 법정지상권이 승계되지 않으나, 경매에 의하여 취득한 경우에는 특별한 사정이 없는 한 승계한다.

25 (○) 법정지상권이 있는 건물의 양수인은 장차 법정지상권을 취득할 지위에 있으나, 그 대지를 점유, 사용함으로 인하여 얻은 이익은 부당이득이므로 甲은 丙에게 토지의 사용에 대한 부당이득반환청구를 할 수 있다.

정답 22 (○), 23 (○), 24 (○), 25 (○)

26 | 공인중개사 2019년

甲은 乙은행에 대한 채무의 이행을 담보하고자 그 소유 토지(X)에 乙명의의 저당권과 함께 X의 담보가치 유지만을 위한 乙명의의 지상권을 설정하였다. 이후 甲과 丙은 X에 건축물(Y)을 축조하였다. 乙은 丙에게 X의 사용·수익을 이유로 부당이득의 반환을 청구할 수 있다. ( )

27 | 공인중개사 2019년

甲은 乙은행에 대한 채무의 이행을 담보하고자 그 소유 토지(X)에 乙명의의 저당권과 함께 X의 담보가치 유지만을 위한 乙명의의 지상권을 설정하였다. 이후 甲과 丙은 X에 건축물(Y)을 축조하였다. Y의 축조로 X의 교환가치가 피담보채권액 미만으로 하락하면 乙은 甲에게 저당권침해를 이유로 손해배상을 청구할 수 있다. ( )

28 | 공인중개사 2019년

甲은 乙은행에 대한 채무의 이행을 담보하고자 그 소유 토지(X)에 乙명의의 저당권과 함께 X의 담보가치 유지만을 위한 乙명의의 지상권을 설정하였다. 乙의 지상권은 담보물권이므로 그 피담보채무의 범위 확인을 구하는 청구는 적법하다.

29 | 공인중개사 2021년

담보목적의 지상권이 설정된 경우 피담보채권이 변제로 소멸하면 그 지상권도 소멸한다. ( )

---

26 (×) 乙의 지상권은 담보지상권이므로 토지의 사용·수익은 여전히 甲에게 있다. 따라서 甲과 丙이 함께 건물을 축조하여 토지를 사용·수익하더라도 부당이득은 아니므로 그 반환을 청구할 수는 없다.

27 (○) 토지에 건물을 신축하여 토지의 교환가치가 피담보채권액 미만으로 하락하였다면 저당권이 침해된 것이므로 손해배상을 청구할 수 있다.

28 (×) 담보지상권은 피담보채권이 존재하는 것은 아니므로 그 피담보채무의 범위 확인을 구하는 청구는 부적법하다.

29 (○) 담보목적의 지상권은 부종성을 가지므로 피담보채권이 변제로 소멸하면 그 지상권도 소멸한다.

정답 26 (×), 27 (○), 28 (×), 29 (○)

30 | 공인중개사 2020년

채권담보를 위하여 토지에 저당권과 함께 무상의 담보지상권을 취득한 채권자는 특별한 사정이 없는 한 제3자가 토지를 불법점유하더라도 임료상당의 손해배상청구를 할 수 없다. ( )

31 | 공인중개사 2018년

자기 소유의 토지에 도로를 개설하여 타인에게 영구적으로 사용하도록 약정하고 대금을 수령하는 것은 지역권설정에 관한 합의이다. ( )

32 | 공인중개사 2022년

지역권의 존속기간을 영구무한으로 약정할 수는 없다. ( )

33 | 공인중개사 2015년

1필의 토지 일부를 승역지로 하여 지역권을 설정할 수 있다. ( )

34 | 공인중개사 2020년

어느 토지에 대하여 통행지역권을 주장하려면 그 토지의 통행으로 편익을 얻는 요역지가 있음을 주장·증명해야 한다. ( )

35 | 공인중개사 2018년

지역권은 요역지와 분리하여 양도하거나 처분하지 못한다. ( )

36 | 공인중개사 2020년

요역지의 소유권이 양도되면 지역권은 원칙적으로 이전되지 않는다. ( )

---

30 (○) 무상의 담보지상권은 저당 부동산의 담보가치를 확보하는 데에 그 목적이 있고, 지상권의 목적 토지를 점유, 사용함으로써 임료 상당의 이익이나 기타 소득을 얻을 수 있었다고 보기 어려우므로, 제3자가 토지를 불법점유하더라도 임료상당의 손해가 발생하였다고 볼 수 없다.

32 (×) 지역권은 존속기간을 영구무한으로 할 수 있는 것으로 해석된다.

33 (○) 승역지는 1필의 토지 일부에 대해서도 가능하나, 요역지는 1필지 토지의 전부에 대해서만 가능하다.

35 (○) 지역권은 부종성을 가지므로 요역지와 분리하여 양도하거나 처분하지 못한다.

36 (×) 지역권은 수반성을 가지므로 다른 특약이 없는 한 요역지의 소유권이 양도되면 지역권은 이전된다.

정답 30 (○), 31 (○), 32 (×), 33 (○), 34 (○), 35 (○), 36 (×)

37 | 공인중개사 2016년

요역지와 분리하여 지역권만을 저당권의 목적으로 할 수 없다. ( )

38 | 공인중개사 2014년

지역권은 상속에 의해서 취득할 수 있다. ( )

39 | 공인중개사 2020년

공유자의 1인이 지역권을 취득한 때에는 다른 공유자도 이를 취득한다. ( )

40 | 공인중개사 2019년

요역지의 불법점유자는 통행지역권을 시효취득할 수 없다. ( )

41 | 공인중개사 2020년

승역지에 관하여 통행지역권을 시효취득한 경우, 특별한 사정이 없는 한 요역지 소유자는 승역지 소유자에게 승역지의 사용으로 입은 손해를 보상해야 한다. ( )

42 | 공인중개사 2020년

점유로 인한 지역권취득기간의 중단은 지역권을 행사하는 모든 공유자에 대한 사유가 아니면 그 효력이 없다. ( )

43 | 공인중개사 2017년

지상권자는 인접한 토지에 통행지역권을 시효취득할 수 없다. ( )

---

38 (○) 지역권도 물권변동의 일반적 취득원인에 의하여 취득할 수 있으므로 상속과 같이 법률규정에 의하여 취득할 수 있다.

39 (○) 지역권은 불가분성을 가지므로 공유자의 1인이 지역권을 취득한 때에는 다른 공유자도 이를 취득한다.

40 (○) 지역권은 소유자 기타 적법한 사용권자만 시효취득할 수 있고, 불법점유자는 시효취득할 수 없다.

42 (○) 지역권은 불가분성을 가지므로 점유로 인한 지역권취득기간의 중단은 모든 공유자에 대한 사유가 아니면 그 효력이 없다.

43 (×) 통행지역권을 시효취득할 수 있는 자는 소유자 기타 적법한 사용권을 가진 자이다. 적법한 사용권을 가진 자에는 지상권자, 전세권자, 임차권자가 포함된다.

정답 37 (○), 38 (○), 39 (○), 40 (○), 41 (○), 42 (○), 43 (×)

44 | 공인중개사 2018년

소유권에 기한 소유물반환청구권에 관한 규정은 지역권에 준용된다. ( )

45 | 공인중개사 2015년

요역지의 소유자는 지역권에 필요한 부분의 토지소유권을 지역권설정자에게 위기(委棄)하여 공작물의 설치나 수선의무의 부담을 면할 수 있다. ( )

46 | 공인중개사 2016년

요역지 공유자 중 1인은 자신의 지분만에 대해서 지역권을 소멸시킬 수 있다. ( )

47 | 공인중개사 2017년

승역지에 수개의 용수지역권이 설정된 때에는 후순위의 지역권자는 선순위의 지역권자의 용수를 방해하지 못한다. ( )

48 | 공인중개사 2021년

전세금의 지급은 전세권 성립의 요소이다. ( )

49 | 공인중개사 2016년

전세금의 지급은 반드시 현실적으로 수수되어야 하고, 기존의 채권으로 갈음할 수 없다. ( )

---

44 (×) 소유권에 기한 물권적 청구권 중 소유물반환청구권에 관한 규정은 지역권에 준용되지 않으며, 방해제거 및 방해예방청구권만이 인정된다.

45 (×) 위기(委棄)에 의한 부담면제는 승역지의 소유자가 할 수 있다.

46 (×) 토지공유자의 1인은 지분에 관하여 그 토지를 위한 지역권 또는 그 토지가 부담한 지역권을 소멸하게 하지 못한다. 따라서 요역지 공유자 중 1인 뿐만 아니라 승역지 공유자 중 1인도 자신의 지분만에 대해서 지역권을 소멸시킬 수 없다.

49 (×) 전세금의 지급은 전세권의 성립요소이지만, 전세금의 지급이 반드시 현실적으로 수수되어야만 하는 것은 아니고 기존의 채권으로 전세금의 지급에 갈음할 수도 있다.

정답 44 (×), 45 (×), 46 (×), 47 (○), 48 (○), 49 (×)

50 | 공인중개사 2016년

채권담보 목적의 전세권의 경우 채권자와 전세권설정자 및 제3자의 합의가 있으면 전세권의 명의를 그 제3자로 하는 것도 가능하다. ( )

51 | 공인중개사 2020년

甲은 자신의 X건물에 관하여 乙과 전세금 1억 원으로 하는 전세권설정계약을 체결하고 乙명의로 전세권설정등기를 마쳐주었다. 합의한 전세권 존속기간이 시작되기 전에 乙앞으로 전세권설정등기가 마쳐진 경우, 그 등기는 특별한 사정이 없는 한 무효로 추정된다. ( )

52 | 공인중개사 2016년

전세권은 용익물권적 성격과 담보물권적 성격을 겸비하고 있다. ( )

53 | 공인중개사 2019년

甲은 그 소유 X건물의 일부에 관하여 乙명의의 전세권을 설정하였다. 존속기간 만료시 乙은 특별한 사정이 없는 한 전세금반환채권을 타인에게 양도할 수 있다. ( )

54 | 공인중개사 2016년

채권담보의 목적으로 전세권을 설정한 경우, 그 설정과 동시에 목적물을 인도하지 않았으나 장래 전세권자의 사용·수익을 완전히 배제하는 것이 아니라면, 그 전세권은 유효하다. ( )

---

50 (○) 담보물권은 부종성이 있으므로 채권자와 저당권자가 동일해야 하는 것이 원칙이나, 채권자와 채무자, 그리고 제3자 사이에 합의가 있고, 실질적으로 채권이 제3자에게 귀속된 사정이 있으면 채권자와 저당권자가 다르게 될 수 있다. 이러한 원리는 전세권에도 동일하게 적용될 수 있다.

51 (×) 합의한 전세권 존속기간이 시작되기 전에 乙앞으로 전세권설정등기가 마쳐진 경우, 그 등기는 특별한 사정이 없는 한 유효로 추정된다.

53 (○) 전세권의 존속기간이 만료되기 전에는 전세금반환채권만 양도할 수 없지만, 존속기간이 만료되어 전세권이 소멸하면 전세금반환채권을 양도할 수 있다.

54 (○) 전세권은 목적물의 인도는 성립요건이 아니므로 인도하지 않아도 장래 전세권자의 사용·수익을 완전히 배제하는 것이 아니라면, 그 전세권은 유효하다.

정답 50 (○), 51 (×), 52 (○), 53 (○), 54 (○)

55 | 공인중개사 2015년

제3자가 불법 점유하는 건물에 대해 용익목적으로 전세권을 취득한 자는 제3자를 상대로 건물의 인도를 청구할 수 있다. ( )

56 | 공인중개사 2013년

건물의 사용·수익을 목적으로 하는 전세권에는 상린관계에 관한 규정이 준용되지 않는다. ( )

57 | 공인중개사 2020년

甲은 자신의 X건물에 관하여 乙과 전세금 1억 원으로 하는 전세권설정계약을 체결하고 乙명의로 전세권설정등기를 마쳐주었다. 전세권존속기간을 15년으로 정하더라도 그 기간은 10년으로 단축된다. ( )

58 | 공인중개사 2022년

토지전세권의 존속기간을 1년 미만으로 정한 때에는 1년으로 한다. ( )

59 | 공인중개사 2022년

토지전세권을 처음 설정할 때에는 존속기간에 제한이 없다. ( )

60 | 공인중개사 2022년

토지전세권의 설정은 갱신할 수 있으나 그 기간은 갱신한 날로부터 10년을 넘지 못한다. ( )

---

55 (○) 전세권은 물권이므로 제3자에 대항할 수 있다. 따라서 건물을 불법 점유하고 있는 제3자를 상대로 건물의 인도를 청구할 수 있다.

56 (×) 전세권도 건물의 사용·수익을 목적으로 하므로 상린관계에 관한 규정이 준용된다.

57 (○) 전세권의 최장존속기간은 10년이므로 15년으로 정하더라도 그 기간은 10년으로 단축된다.

58 (×) 토지전세권은 최단 존속기간의 제한이 없다.

59 (×) 토지전세권도 최장 존속기간의 제한이 있다.

60 (○) 토지전세권도 갱신할 수 있으며, 최장 존속기간은 10년이므로 갱신한 날로부터 10년을 넘지 못한다.

정답 55 (○), 56 (×), 57 (○), 58 (×), 59 (×), 60 (○)

61 | 공인중개사 2021년

건물전세권이 법정갱신된 경우 전세권자는 전세권갱신에 관한 등기없이도 제3자에게 전세권을 주장할 수 있다. ( )

62 | 공인중개사 2015년

건물에 대한 전세권이 법정갱신되는 경우 그 존속기간은 2년으로 본다. ( )

63 | 공인중개사 2022년

토지전세권설정자가 존속기간 만료 전 6월부터 1월 사이에 갱신거절의 통지를 하지 않은 경우, 특별한 사정이 없는 한 동일한 조건으로 다시 전세권을 설정한 것으로 본다. ( )

64 | 공인중개사 2013년

전세권자는 그의 점유가 침해당한 때에는 점유보호청구권을 행사할 수 있다. ( )

65 | 공인중개사 2013년

전세권설정자가 전세금의 반환을 지체하면 전세권자는 그 목적물의 경매를 청구할 수 있다. ( )

66 | 공인중개사 2016년

건물 일부에 대한 전세권자는 건물 전부의 경매를 청구할 수 없다. ( )

---

61 (○) 건물전세권의 법정갱신은 법률규정에 의한 권리취득이므로 등기없이도 제3자에게 대항할 수 있다.

62 (×) 건물에 대한 전세권이 법정갱신되는 경우 그 존속기간은 기간의 정함이 없는 것으로 본다.

63 (×) 법정갱신은 건물전세권의 경우에만 인정되고, 토지전세권에는 인정되지 않는다.

64 (○) 전세권자는 부동산을 점유하고 있다는 점에서 점유보호청구권을 행사할 수 있다.

65 (○) 전세권은 담보물권의 성질도 가지므로 경매를 신청하여 우선변제를 받을 권리가 있다.

66 (○) 건물 일부에 대한 전세권자는 분할등기를 거쳐 일부에 대한 경매를 청구할 수 있으나, 건물 전부의 경매를 청구할 수는 없다.

정답 61 (○), 62 (×), 63 (×), 64 (○), 65 (○), 66 (○)

67 | 공인중개사 2014년

甲은 乙소유 단독주택의 일부인 X부분에 대해 전세권을 취득하였다. 甲은 주택 전부에 대하여 후순위권리자보다 전세금의 우선변제를 받을 권리가 있다. ( )

68 | 공인중개사 2020년

甲은 자신의 X건물에 관하여 乙과 전세금 1억 원으로 하는 전세권설정계약을 체결하고 乙명의로 전세권설정등기를 마쳐주었다. 甲이 X건물의 소유를 위해 그 대지에 지상권을 취득하였다면, 乙의 전세권의 효력은 그 지상권에 미친다. ( )

69 | 공인중개사 2015년

전세권자는 특약이 없는 한 목적물의 현상을 유지하기 위해 지출한 필요비의 상환을 청구할 수 있다. ( )

70 | 공인중개사 2014년

甲은 乙소유 단독주택의 일부인 X부분에 대해 전세권을 취득하였다. 전세권의 존속기간이 만료한 경우, 甲은 지상물매수를 청구할 수 있다. ( )

71 | 공인중개사 2022년

토지전세권자에게는 토지임차인과 달리 지상물매수청구권이 인정될 수 없다. ( )

72 | 공인중개사 2021년

전세권의 존속기간 중 전세목적물의 소유권이 양도되면, 그 양수인이 전세권설정자의 지위를 승계한다. ( )

---

67 (○) 건물의 일부에 대하여 전세권을 취득한 자도 경매절차에서 주택 전부에 대하여 후순위권리자 기타 일반채권자 보다 전세금의 우선변제를 받을 권리가 있다.

69 (×) 전세권자는 건물에 대한 수선, 관리 의무를 부담하므로 특별한 사정이 없는 한 필요비의 상환은 청구할 수 없다.

70 (×) 지상물매수청구권은 토지에 대한 전세권에 인정되는 것이고, 건물에 대한 전세권의 경우에는 인정되지 않는다. 건물의 경우에는 부속물매수청구권이 인정되는 경우가 있을 뿐이다.

71 (×) 토지전세권자에게도 토지임차인의 규정을 유추적용하여 지상물매수청구권이 인정될 수 있다.

정답 67 (○), 68 (○), 69 (×), 70 (×), 71 (×), 72 (○)

73 | 공인중개사 2013년

설정행위로 금지하지 않으면 전세권자는 전세권을 타인에게 양도할 수 있다. ( )

74 | 공인중개사 2019년

甲은 그 소유 X건물의 일부에 관하여 乙명의의 전세권을 설정하였다. 甲이 X건물의 소유권을 丙에게 양도한 후 존속기간이 만료되면 乙은 甲에 대하여 전세금반환을 청구할 수 없다. ( )

75 | 공인중개사 2015년

원전세권자가 소유자의 동의 없이 전전세를 하면 원전세권은 소멸한다. ( )

76 | 공인중개사 2015년

전전세권자는 원전세권이 소멸하지 않은 경우에도 전전세권의 목적 부동산에 대해 경매를 신청할 수 있다. ( )

77 | 공인중개사 2013년

전세권자가 그 목적물의 성질에 의하여 정하여진 용도에 따라 목적물을 사용·수익하지 않으면 전세권설정자는 전세권의 소멸을 청구할 수 있다. ( )

78 | 공인중개사 2017년

토지전세권의 존속기간을 약정하지 않은 경우, 각 당사자는 6개월이 경과해야 상대방에게 전세권의 소멸통고를 할 수 있다. ( )

---

73 (○) 전세권은 물권이지만 양도금지 특약을 설정할 수 있다. 따라서 금지 특약이 없다면 타인에게 양도할 수 있다.

74 (○) 전세권이 설정된 후 건물의 소유권이 양도되면 현재의 소유자인 丙에게 전세금 반환을 청구할 수 있다.

75 (×) 전세권은 물권이므로 소유자의 동의 없이 전전세를 하더라도 원전세권은 소멸하지 않는다.

76 (×) 전전세권자는 원전세권도 소멸한 경우에 목적 부동산에 대한 경매를 신청할 수 있다.

78 (×) 각 당사자는 언제든지 소멸통고를 할 수 있다. 다만, 소멸통고를 받은 날로부터 6개월이 경과해야 전세권은 소멸한다. 다만 건물전세권은 최단 존속기간으로서 1년의 제한이 있으므로 1년 이내에는 소멸통고를 할 수 없다.

정답 73 (○), 74 (○), 75 (×), 76 (×), 77 (○), 78 (×)

# 담보물권

01 | 공인중개사 2016년

甲은 자신이 점유하고 있는 건물에 관하여 乙을 상대로 유치권을 주장하고 있다. 甲이 건물의 수급인으로서 소유권을 갖는다면, 甲의 유치권은 인정되지 않는다. ( )

02 | 공인중개사 2020년

유치권이 인정되기 위한 유치권자의 점유는 직접점유이든 간접점유이든 관계없다. ( )

03 | 공인중개사 2015년

목적물에 대한 점유를 취득한 뒤 그 목적물에 관하여 성립한 채권을 담보하기 위한 유치권은 인정되지 않는다. ( )

04 | 공인중개사 2015년

채권자가 채무자를 직접점유자로 하여 간접점유하는 경우에도 유치권은 성립할 수 있다. ( )

05 | 공인중개사 2016년

甲은 자신이 점유하고 있는 건물에 관하여 乙을 상대로 유치권을 주장하고 있다. 丙이 건물의 점유를 침탈하였더라도 甲이 점유물반환청구권을 행사하여 점유를 회복하면, 甲의 유치권은 되살아난다. ( )

---

01 (○) 유치권은 타인의 물건에 대하여 성립한다. 건물의 수급인 甲이 재료비를 출재하여 소유권을 가지는 경우에는 자신의 물건이 되므로 甲의 유치권은 인정되지 않는다.

02 (○) 유치권은 목적물을 점유하여야 성립한다. 이때의 점유는 직접점유·간접점유를 불문한다.

03 (×) 유치권은 목적물과 채권 간에 견련성이 있어야 하고, 목적물의 점유와의 견련성은 필요 없다. 따라서 목적물에 대한 점유를 취득한 뒤 그 목적물에 관하여 성립한 채권을 담보하기 위한 유치권도 인정된다.

04 (×) 유치권이 성립하기 위한 점유는 직접점유와 간접점유를 불문하나, 채무자를 직접점유자로 하는 유치권은 성립할 수 없다.

05 (○) 점유는 유치권의 성립요건이면서 존속요건이 된다. 따라서 점유를 침탈당하여 유치권이 소멸하였더라도 점유물반환청구권을 행사하여 점유를 회복하면, 甲의 유치권은 되살아난다.

정답 01 (○), 02 (○), 03 (×), 04 (×), 05 (○)

06 | 공인중개사 2021년

건물의 임대차에서 임차인의 임차보증금반환청구권으로써 임차인이 그 건물에 유치권을 주장하는 경우, 유치권 성립을 위한 견련관계가 인정된다.   (   )

07 | 공인중개사 2020년

임차인은 임대인과의 약정에 의한 권리금반환채권으로 임차건물에 유치권을 행사할 수 없다.   (   )

08 | 공인중개사 2021년

가축이 타인의 농작물을 먹어 발생한 손해에 관한 배상청구권에 기해 그 타인이 그 가축에 대한 유치권을 주장하는 경우, 유치권 성립을 위한 견련관계가 인정된다.   (   )

09 | 공인중개사 2015년

임대차종료 후 법원이 임차인의 유익비상환청구권에 유예기간을 인정한 경우, 임차인은 그 기간 내에는 유익비상환청구권을 담보하기 위해 임차목적물을 유치할 수 없다.   (   )

10 | 공인중개사 2016년

甲은 자신이 점유하고 있는 건물에 관하여 乙을 상대로 유치권을 주장하고 있다. 甲은 유치권의 행사를 위해 자신의 점유가 불법행위로 인한 것이 아님을 증명해야 한다.   (   )

---

06 (×) 임차인의 임차보증금반환청구권은 그 건물에 관하여 생긴 것이 아니므로 유치권을 주장할 수 없다.

07 (○) 유치권은 목적물과 채권 간에 견련성이 있어야 한다. 권리금은 그 물건에 관하여 생긴 채권이 아니므로 견련성이 없어서 유치권을 행사할 수 없다.

08 (○) 가축이 타인의 농작물을 먹어 발생한 손해배상청구권은 그 물건에 관하여 생긴 채권이므로 유치권을 주장할 수 있다.

09 (○) 유치권은 변제기가 도래해야 성립한다. 임대차종료 후 법원이 임차인의 유익비상환청구권에 유예기간을 인정한 경우에는 변제기가 도래한 것이 아니므로 유치권이 성립하지 않는다.

10 (×) 유치권이 성립하기 위해서는 적법한 점유가 있어야 한다. 어떤 물건을 점유하는 자의 점유는 적법한 것으로 추정된다. 따라서 불법 점유라는 것은 유치권을 부정하는 상대방이 입증해야 한다.

정답 06 (×), 07 (○), 08 (○), 09 (○), 10 (×)

11 | 공인중개사 2020년

유치권자와 유치물의 소유자 사이에 유치권을 포기하기로 특약한 경우, 제3자는 특약의 효력을 주장할 수 없다. ( )

12 | 공인중개사 2015년

유치권자가 점유를 침탈당한 경우 점유보호청구권과 유치권에 기한 반환청구권을 갖는다. ( )

13 | 공인중개사 2015년

유치권자는 유치물의 보존에 필요하더라도 채무자의 승낙 없이는 유치물을 사용할 수 없다. ( )

14 | 공인중개사 2022년

유치권자는 채무자의 승낙 없이 유치물을 담보로 제공할 수 있다. ( )

15 | 공인중개사 2022년

유치권자는 유치물에 관해 지출한 필요비를 소유자에게 상환 청구할 수 없다. ( )

16 | 공인중개사 2022년

유치권자는 유치물의 과실인 금전을 수취하여 다른 채권보다 먼저 피담보채권의 변제에 충당할 수 있다. ( )

---

11 (×) 유치권은 특약에 의하여 배제할 수 있다. 그 특약의 효력은 제3자도 주장할 수 있다.

12 (×) 유치권자가 점유를 침탈당한 경우, 점유권에 기한 점유보호청구권은 인정되나, 유치권에 기한 반환청구권은 없다.

13 (×) 유치권자는 채무자의 승낙 없이는 유치물을 사용할 수 없는 것이 원칙이다. 그러나 유치물의 보존에 필요한 사용은 채무자의 승낙 없이도 가능하다. 다만 그로 인한 이익은 부당이득으로 반환하여야 한다.

14 (×) 유치권자는 선량한 관리자의 주의로 유치물을 점유하여야 하므로 채무자의 승낙없이 유치물의 사용, 대여 또는 담보제공을 하지 못한다.

15 (×) 유치권자가 유치물에 관하여 필요비를 지출한 때에는 소유자에게 그 상환을 청구할 수 있다(제325조 제1항).

16 (○) 유치권자는 과실수취권이 있다.

정답 11 (×), 12 (×), 13 (×), 14 (×), 15 (×), 16 (○)

17 | 공인중개사 2020년

유치권자는 채권의 변제를 받기 위하여 유치물을 경매할 수 있다. ( )

18 | 공인중개사 2017년

甲은 乙과의 계약에 따라 乙소유의 구분건물 201호, 202호 전체를 수리하는 공사를 완료하였지만, 乙이 공사대금을 지급하지 않자 甲이 201호만을 점유하고 있다. 甲은 201호에 대한 경매절차에서 매각대금으로부터 우선변제를 받을 수 있다. ( )

19 | 공인중개사 2018년

甲은 X건물에 관하여 생긴 채권을 가지고 있다. 乙의 경매신청에 따라 X건물에 압류의 효력이 발생하였고, 丙은 경매절차에서 X건물의 소유권을 취득하였다. X건물에 위 압류의 효력이 발생한 후에 甲이 X건물의 점유를 이전받은 경우, 甲은 丙에게 유치권을 행사할 수 있다. ( )

20 | 공인중개사 2018년

甲은 X건물에 관하여 생긴 채권을 가지고 있다. 乙의 경매신청에 따라 X건물에 압류의 효력이 발생하였고, 丙은 경매절차에서 X건물의 소유권을 취득하였다. X건물에 위 압류의 효력이 발생하기 전에 甲이 유치권을 취득하였지만, 乙의 저당권이 甲의 유치권보다 먼저 성립한 경우, 甲은 丙에게 유치권을 행사할 수 있다. ( )

21 | 공인중개사 2020년

채무자는 상당한 담보를 제공하고 유치권의 소멸을 청구할 수 있다. ( )

---

17 (○) 유치권자는 경매권이 있다. 다만 우선변제권은 없다.

18 (×) 유치권은 경매권이 인정되지만, 우선변제권은 인정되지 않는다.

19 (×) 유치권은 목적물의 점유와의 견련성은 성립요건이 아니므로 채권이 발생한 후에 점유하더라도 유치권은 성립할 수 있다. 그러나 압류의 효력이 발생한 후에 생긴 유치권은 경락인에게 대항하지 못한다.

20 (○) 乙의 저당권이 甲의 유치권보다 먼저 성립한 경우에도 압류의 효력이 발생하기 전에 유치권을 취득한 경우에는 경락인에게 대항할 수 있다.

21 (○) 채무자는 상당한 담보를 제공하고 유치권의 소멸을 청구할 수 있다.

정답 17 (○), 18 (×), 19 (×), 20 (○), 21 (○)

22 | 공인중개사 2016년

甲은 자신이 점유하고 있는 건물에 관하여 乙을 상대로 유치권을 주장하고 있다. 甲이 건물의 점유에 관하여 선관주의의무를 위반하면, 채무자 乙은 유치권의 소멸을 청구할 수 있다. ( )

23 | 공인중개사 2017년

지상권은 저당권의 객체가 될 수 있다. ( )

24 | 공인중개사 2015년

저당권자는 목적물 반환청구권을 갖지 않는다. ( )

25 | 공인중개사 2017년

저당권은 그 담보한 채권과 분리하여 타인에게 양도할 수 있다. ( )

26 | 공인중개사 2017년

저당권으로 담보한 채권이 시효완성으로 소멸하면 저당권도 소멸한다. ( )

27 | 공인중개사 2018년

저당목적물의 하자로 인한 손해배상금은 저당권의 피담보채권의 범위에 속하지 않는다. ( )

28 | 공인중개사 2021년

건물 소유를 목적으로 토지를 임차한 자가 그 토지 위에 소유하는 건물에 저당권을 설정한 경우 건물 소유를 목적으로 한 토지 임차권에도 저당권의 효력이 미친다. ( )

---

23 (○) 저당권의 객체가 될 수 있는 것은 부동산과 일정한 권리이다. 일정한 권리에는 지상권과 전세권이 있다.
24 (○) 저당권자는 목적물을 점유할 권리가 없으므로 저당물 반환청구권은 인정되지 않는다.
25 (×) 저당권은 담보물권으로서 수반성이 있으므로 담보한 채권과 분리하여 타인에게 양도할 수 없다.
26 (○) 저당권은 독립하여 시효에 걸리지 않지만, 피담보채권이 시효완성으로 소멸하면 저당권도 소멸한다.
27 (×) 저당권의 피담보채권의 범위에 속하는 것은 원본, 이자, 1년분의 지연배상금, 저당권의 실행비용, 등기된 위약금이다. 저당목적물의 하자로 인한 손해배상금은 포함되지 않는다.

정답 22 (○), 23 (○), 24 (○), 25 (×), 26 (○), 27 (×), 28 (○)

29 | 공인중개사 2022년

토지에 저당권이 설정된 후 토지소유자가 그 토지에 매설한 유류저장탱크는 법률에 특별한 규정 또는 설정행위에 다른 약정이 없는 경우, 저당권의 우선변제적 효력이 미친다.
( )

30 | 공인중개사 2022년

토지에 저당권이 설정된 후 토지의 전세권자가 그 토지에 식재하고 등기한 입목은 법률에 특별한 규정 또는 설정행위에 다른 약정이 없는 경우, 저당권의 우선변제적 효력이 미친다.
( )

31 | 공인중개사 2016년

저당권의 목적인 건물에 증축되어 독립적 효용이 없는 부분도 법률이나 규약에 특별한 규정 또는 별도의 약정이 없는 경우, 저당권의 효력이 미친다. ( )

32 | 공인중개사 2016년

구분건물의 전유부분에 관하여 저당권이 설정된 후, 전유부분의 소유자가 취득하여 전유부분과 일체가 된 대지사용권도 법률이나 규약에 특별한 규정 또는 별도의 약정이 없는 경우, 저당권의 효력이 미친다. ( )

33 | 공인중개사 2017년

저당권의 효력은 특별한 사정이 없는 한 저당부동산의 종물에도 미친다. ( )

---

29 (○) 유류저장탱크는 부합물에 해당하므로 저당권 설정 전후를 불문하고 미친다.

30 (×) 등기된 입목은 별개의 부동산으로 취급된다.

31 (○) 건물이 증축되어 독립적 효용이 없이 기존 건물의 구성부분이 되면 기존건물에 부합되므로 저당권의 효력이 미친다.

32 (○) 구분건물에 대하여 대지권 등기가 된 후에는 전유부분과 대지사용권은 일체성이 있으므로 전유부분에 대한 저당권이 설정되면 대지사용권에도 미친다.

33 (○) 저당권은 그 설정 전후를 불문하고 배제특약이 없는 한 부합물이나 종물에 미친다.

정답 29 (○), 30 (×), 31 (○), 32 (○), 33 (○)

34 | 공인중개사 2015년

저당부동산의 종물에는 저당권의 효력이 미치지 않는다는 약정은 등기하지 않더라도 제3자에 대해 효력이 있다. ( )

35 | 공인중개사 2018년

저당부동산에 대한 압류가 있으면 압류 이전의 저당권 설정자의 저당부동산에 관한 차임채권에도 저당권의 효력이 미친다. ( )

36 | 공인중개사 2016년

대위할 물건이 제3자에 의하여 압류된 경우에는 물상대위성이 없다. ( )

37 | 공인중개사 2016년

저당권설정자에게 대위할 물건이 인도된 후에 저당권자가 그 물건을 압류한 경우 물상대위권을 행사할 수 있다. ( )

38 | 공인중개사 2016년

저당권자는 저당목적물의 소실로 인하여 저당권설정자가 취득한 화재보험금청구권에 대하여 물상대위권을 행사할 수 있다. ( )

---

34 (×) 저당권은 설정 전후를 불문하고 배제특약이 없는 한 종물에 대해서도 그 효력이 미친다. 다만 이러한 특약은 등기해야 제3자에게 대항할 수 있다.

35 (×) 저당권은 저당권자가 목적물을 직접 점유하고 있는 것이 아니므로 과실수취권은 없으나, 저당부동산에 대한 압류가 있은 후에는 과실에도 저당권의 효력이 미친다. 따라서 압류 이전의 차임채권에는 미치지 않는다.

36 (×) 물상대위권 행사를 위해서는 저당권설정자에게 대위할 물건이 인도 또는 지급 전에 압류해야 한다. 그 압류는 제3자에 의한 것도 허용된다.

37 (×) 물상대위권 행사하기 위한 압류는 저당권설정자에게 대위할 물건이 인도 또는 지급되기 전이어야 한다.

38 (○) 물상대위권은 저당물의 멸실, 훼손 또는 공용징수로 인하여 저당권설정자가 받을 금전 기타 물건에 대하여서도 행사할 수 있다.

정답 34 (×), 35 (×), 36 (×), 37 (×), 38 (○)

39 | 공인중개사 2016년

저당권이 설정된 토지가 「공익사업을 위한 토지 등의 취득 및 보상에 관한 법률」에 따라 협의취득된 경우, 저당권자는 그 보상금에 대하여 물상대위권을 행사할 수 있다. ( )

40 | 공인중개사 2016년

전세권을 저당권의 목적으로 한 경우 저당권자에게 물상대위권이 인정되지 않는다. ( )

41 | 공인중개사 2020년

甲은 乙소유의 X토지에 저당권을 취득하였다. 甲이 저당권을 취득하기 전, 이미 X토지 위에 乙의 Y건물이 존재한 경우, 甲이 X토지와 Y건물에 대해 일괄경매를 청구할 수 있다.
( )

42 | 공인중개사 2013년

저당권설정자가 저당권 설정 후 건물을 축조하였으나 경매 당시 제3자가 그 건물을 소유하는 때에도 일괄경매청구권이 인정된다. ( )

43 | 공인중개사 2014년

지상권을 목적으로 제3자에게 저당권이 설정된 후 토지 소유자가 그 지상권을 취득한 경우, 저당권은 소멸한다. ( )

---

39 (×) 물상대위권은 매매대금이나 협의취득으로 인한 보상금에는 적용되지 않는다.

40 (×) 전세권을 저당권의 목적으로 한 경우에도 저당권자의 물상대위권은 인정된다.

41 (×) 일괄경매권은 토지에 대한 저당권이 설정된 후 저당권설정자가 건물을 신축한 경우에 인정되는 것이다. 따라서 甲이 저당권을 취득하기 전에 이미 ×토지 위에 乙의 Y건물이 존재하는 경우에는 인정되지 않는다.

42 (×) 일괄경매청구권은 경매실행 당시 토지소유자와 건물소유자가 동일해야 한다. 따라서 저당권설정자가 저당권 설정 후 건물을 축조하였으나 제3자에게 양도하여 경매 당시 다른 소유자에게 속하게 된 경우에는 일괄경매청구권은 인정되지 않는다.

43 (×) 토지 소유자가 지상권을 취득하면 이해관계인이 없는 한 혼동으로 지상권은 소멸한다. 따라서 지상권을 목적으로 제3자의 저당권이 존재하는 경우에는 저당권자 보호를 위하여 지상권은 소멸하지 않는다.

정답 39 (×), 40 (×), 41 (×), 42 (×), 43 (×)

44 | 공인중개사 2017년

저당물의 제3취득자가 그 부동산에 유익비를 지출한 경우, 저당물의 경매대가에서 우선 상환을 받을 수 있다. ( )

45 | 공인중개사 2018년

저당물의 소유권을 취득한 제3자는 그 저당물의 경매에서 경매인이 될 수 없다. ( )

46 | 공인중개사 2018년

저당부동산의 제3취득자는 부동산의 보존·개량을 위해 지출한 비용을 그 부동산의 경매대가에서 우선 변제받을 수 없다. ( )

47 | 공인중개사 2015년

원본의 반환이 2년간 지체된 경우 채무자는 원본 및 지연배상금의 전부를 변제하여야 저당권등기의 말소를 청구할 수 있다. ( )

48 | 공인중개사 2021년

저당부동산에 대한 후순위저당권자는 저당부동산의 피담보채권을 변제하고 그 저당권의 소멸을 청구할 수 있는 제3취득자에 해당하지 않는다. ( )

---

44 (○) 저당물의 제3취득자가 그 부동산에 지출한 필요비 또는 유익비는 저당물의 경매대가에서 선순위 권리자보다 우선변제를 받을 수 있다.

45 (×) 물상보증인이나 저당물의 소유권을 취득한 제3자는 채무자와 달리 그 저당물의 경매에서 경매인이 될 수 있다.

46 (×) 저당물의 제3취득자가 그 부동산에 지출한 필요비 또는 유익비는 저당물의 경매대가에서 선순위 권리자보다 우선변제를 받을 수 있다.

47 (○) 저당권이 실행된 경우에 원본의 전부와 1년간의 지연이자는 저당권의 효력이 미치는 피담보채권의 범위에 포함될 수 있으나, 채무자가 변제하는 경우에는 지연이자라 하더라도 전부를 변제해야 저당권등기의 말소를 청구할 수 있다.

48 (○) 저당부동산의 제3취득자는 저당권 설정 이후에 소유권, 지상권, 전세권을 취득한 자를 의미하고 후순위저당권자는 저당권의 소멸을 청구할 수 있는 제3취득자에 해당하지 않는다.

정답 44 (○), 45 (×), 46 (×), 47 (○), 48 (○)

49 | 공인중개사 2015년

근저당권이 성립하기 위해서는 그 설정행위와 별도로 피담보채권을 성립시키는 법률행위가 있어야 한다. ( )

50 | 공인중개사 2020년

채권자가 아닌 제3자 명의의 근저당권설정등기는 특별한 사정이 없는 한 무효이다. ( )

51 | 공인중개사 2020년

근저당권에 의해 담보될 채권최고액에 채무의 이자는 포함되지 않는다. ( )

52 | 공인중개사 2020년

근저당권설정자가 적법하게 기본계약을 해지하면 피담보채권은 확정된다. ( )

53 | 공인중개사 2015년

피담보채무의 확정 전에는 채무자를 변경할 수 없다. ( )

54 | 공인중개사 2015년

1년분이 넘는 지연배상금이라도 채권최고액의 한도 내라면 전액 근저당권에 의해 담보된다. ( )

---

49 (○) 근저당권 설정계약과 피담보채권을 성립시키는 법률행위는 서로 다른 것이므로 별도로 계약이 있어야 한다.

50 (○) 채권자가 아닌 제3자 명의의 근저당권설정등기는 원칙적으로 무효가 되나, 3자간 합의가 있고, 실질적으로 제3자에게 저당권이 귀속되었다고 볼 수 있는 특별한 사정이 있으면 제3자 명의의 저당권도 유효이다.

51 (×) 근저당권에 의해 담보될 채권최고액에는 원본과 이자가 모두 포함된다. 지연이자도 1년분에 한정되지 않는다.

52 (○) 근저당권의 존속기간이나 결산기에 대하여 정함이 없고, 피담보채권의 확정방법에 관한 약정이 없는 경우에는 근저당권설정자가 해지의 의사표시를 하여 기본계약이 소멸되면 피담보채권이 확정된다.

53 (×) 근저당권은 피담보채무가 확정되기 전에는 채무자를 변경할 수 있다.

54 (○) 근저당권은 저당권과 달리 채권최고액의 한도 내라면 지연배상금이 1년분에 한정되지 않는다.

정답 49 (○), 50 (○), 51 (×), 52 (○), 53 (×), 54 (○)

55 | 공인중개사 2020년

근저당권자가 피담보채무의 불이행을 이유로 경매신청을 한 경우에는 경매신청시에 피담보채권액이 확정된다. ( )

56 | 공인중개사 2015년

후순위 근저당권자가 경매를 신청한 경우 선순위 근저당권의 피담보채권은 매각대금이 완납된 때에 확정된다. ( )

57 | 공인중개사 2013년

채권최고액은 저당목적물로부터 우선변제를 받을 수 있는 한도액을 의미한다. ( )

---

55 (○) 근저당권자가 경매신청을 한 경우에는 경매신청시에 피담보채권액이 확정되고, 후순위저당권자가 경매신청을 하면 선순위 저당권자의 피담보채권은 매각대금을 완납한 때 확정된다.

56 (○) 근저당권자가 경매를 신청한 경우에는 경매를 신청한 때 피담보채권이 확정되지만, 후순위 근저당권자가 경매를 신청한 경우에는 선순위 근저당권의 피담보채권은 매각대금이 완납된 때에 확정된다.

정답 55 (○), 56 (○), 57 (○)

 MEMO

CHAPTER 03

계약법

2014년	2015년	2016년	2017년	2018년	2019년	2020년	2021년	2022년
10문	10문	10문	10문	10문	10문	10문	10문	10문

핵심테마 13 | 계약법 총론
핵심테마 14 | 매매와 교환
핵심테마 15 | 임대차

13 계약법 총론

01 | 공인중개사 2017년

부동산매매계약은 유상, 요물계약이다. ( )

02 | 공인중개사 2017년

중개계약은 민법상의 전형계약이다. ( )

03 | 공인중개사 2015년

전형계약 중 쌍무계약은 유상계약이다. ( )

04 | 공인중개사 2021년

약관내용이 명백하지 못한 때에는 약관작성자에게 불리하게 제한 해석해야 한다. ( )

05 | 공인중개사 2021년

보통거래약관의 내용은 개개 계약체결자의 의사나 구체적인 사정을 고려하여 구체적·주관적으로 해석해야 한다. ( )

06 | 공인중개사 2021년

불특정다수인에 대한 청약은 효력이 없다. ( )

---

01 (×) 부동산 매매계약은 당사자의 합의만으로 성립하는 낙성계약이다.
02 (×) 민법은 전형적인 계약으로서 15가지의 계약을 명시하고 있다. 중개계약은 이에 해당하지 않는다.
03 (○) 쌍무계약은 언제나 유상계약이 되지만, 유상계약이 항상 쌍무계약인 것은 아니다.
05 (×) 보통거래약관의 내용은 계약체결자의 의사나 구체적인 사정을 고려하여 구체적·객관적으로 해석해야 한다.
06 (×) 불특정다수인에 대한 청약도 가능하다.

정답 01 (×), 02 (×), 03 (○), 04 (○), 05 (×), 06 (×)

07 | 공인중개사 2014년

불특정 다수인에 대한 승낙은 효력이 없다. ( )

08 | 공인중개사 2021년

청약이 상대방에게 도달하여 그 효력이 발생하더라도 청약자는 이를 철회할 수 있다.
( )

09 | 공인중개사 2021년

당사자간에 동일한 내용의 청약이 상호교차된 경우, 양청약이 상대방에게 발송된 때에 계약이 성립한다. ( )

10 | 공인중개사 2021년

계약내용이 제시되지 않은 광고는 청약에 해당한다. ( )

11 | 공인중개사 2021년

하도급계약을 체결하려는 교섭당사자가 견적서를 제출하는 행위는 청약의 유인에 해당한다. ( )

12 | 공인중개사 2018년

청약자가 청약의 의사표시를 발송한 후 제한능력자가 되어도 청약의 효력에 영향을 미치지 않는다. ( )

13 | 공인중개사 2018년

청약자가 청약에 "일정기간 내에 이의를 제기하지 않으면 승낙한 것으로 본다."는 뜻을 표시한 경우, 이의 없이 그 기간이 지나면 당연히 그 계약은 성립한다. ( )

---

07 (○) 승낙은 청약자에 대해서만 할 수 있다.
08 (×) 청약이 상대방에게 도달하여 그 효력이 발생하면 청약자는 이를 철회할 수 없다.
09 (×) 당사자 간에 동일한 내용의 청약이 상호교차된 경우, 양 청약이 상대방에게 도달된 때에 계약이 성립한다.
10 (×) 구체적인 계약내용이 제시되지 않은 광고는 청약의 유인에 해당한다.
13 (×) 승낙여부는 상대방의 자유이므로 청약자가 '일정한 기간 내에 회답이 없으면 승낙한 것으로 본다'고 표시한 경우라 하더라도 특별한 사정이 없는 한 상대방은 이에 구속되지 않는다.

정답 07 (○), 08 (×), 09 (×), 10 (×), 11 (○), 12 (○), 13 (×)

14 | 공인중개사 2018년

격지자 간의 계약은 다른 의사표시가 없으면 승낙의 통지를 발송한 때에 성립한다. ( )

15 | 공인중개사 2014년

청약과 승낙은 각각 그 발송시에 효력이 생긴다. ( )

16 | 공인중개사 2015년

승낙기간을 정하여 청약을 하였으나 청약자가 승낙의 통지를 그 기간 내에 받지 못한 경우, 원칙적으로 청약은 효력을 상실한다. ( )

17 | 공인중개사 2014년

승낙기간을 정하지 않은 청약은 상당한 기간 내에 승낙의 통지를 받지 못한 때 그 효력을 잃는다. ( )

18 | 공인중개사 2014년

승낙기간을 정하지 않은 청약에 대하여 연착된 승낙은 청약자가 이를 새로운 청약으로 볼 수 있다. ( )

19 | 공인중개사 2016년

계약의 본질적인 내용에 대하여 무의식적 불합의가 있는 경우, 계약을 취소할 수 있다. ( )

20 | 공인중개사 2017년

승낙자가 청약에 대하여 조건을 붙여 승낙한 때에는 그 청약의 거절과 동시에 새로 청약한 것으로 본다. ( )

---

15 (×) 청약과 승낙은 모두 상대방 있는 의사표시이므로 상대방에게 그 의사표시가 도달한 때에 효력이 발생하는 것이 원칙이다. 다만, 승낙의 경우 격지자 간의 계약은 승낙의 통지를 발송한 때에 성립한다.

16 (○) 승낙기간을 정한 청약의 경우에는 그 기간 내에 승낙의 의사표시가 도달해야 계약이 성립되는 것이 원칙이다. 다만, 승낙기간 내에 도달할 수 있는 발송이었으나 도달하지 않은 경우, 청약자가 연착통지를 하지 않으면 승낙의 의사표시가 도달하지 않더라도 계약은 성립한다.

19 (×) '무의식적 불합의'는 당사자가 의사표시의 불일치를 인식하지 못한 것으로서, 계약이 성립하지 않은 것이다. 계약의 취소는 계약이 성립한 경우를 전제로 하므로 무의식적 불합의를 이유로 계약을 취소할 수는 없다.

정답 14 (○), 15 (×), 16 (○), 17 (○), 18 (○), 19 (×), 20 (○)

21 | 공인중개사 2020년

피담보채권을 변제할 의무와 근저당권설정등기 말소의무는 동시이행의 관계에 있다.
( )

22 | 공인중개사 2020년

매도인의 토지거래허가 신청절차에 협력할 의무와 매수인의 매매대금지급의무는 동시이행의 관계에 있다. ( )

23 | 공인중개사 2020년

토지임차인이 건물매수청구권을 행사한 경우, 토지임차인의 건물인도 및 소유권이전등기의무와 토지임대인의 건물대금지급의무는 동시이행의 관계에 있다. ( )

24 | 공인중개사 2014년

구분소유적 공유관계가 해소되는 경우, 공유지분권자 상호간의 지분이전등기의무는 동시이행관계에 있다. ( )

25 | 공인중개사 2014년

임차권등기명령에 의해 등기된 임차권등기말소의무와 보증금반환의무는 동시이행관계에 있다. ( )

26 | 공인중개사 2014년

동시이행관계에 있는 어느 일방의 채권이 양도되더라도 그 동일성이 인정되는 한 동시이행관계는 존속한다. ( )

---

21 (×) 피담보채권을 변제할 의무는 선이행의무이므로 근저당권설정등기말소의무와 동시이행관계가 아니다.

22 (×) 매도인의 토지거래허가 신청절차에 협력할 의무는 선이행의무에 해당한다.

23 (○) 임대인이 계약 갱신을 거절하여 임차인이 지상물매수를 청구한 경우, 토지 임차인의 건물인도 및 소유권이전등기의무와 토지 임대인의 건물대금지급의무는 동시이행관계에 있다.

25 (×) 임차권등기명령에 의해 등기된 임차권등기말소의무와 보증금반환의무는 동시이행관계가 아니라 임대인의 보증금반환의무가 임차인의 임차권등기말소의무보다 먼저 이행되어야 할 의무이다.

정답 21 (×), 22 (×), 23 (○), 24 (○), 25 (×), 26 (○)

27 | 공인중개사 2014년

일방당사자가 선이행의무를 부담하더라도 상대방의 채무이행이 곤란할 현저한 사유가 있는 경우에는 동시이행항변권을 행사할 수 있다. ( )

28 | 공인중개사 2018년

근저당권 실행을 위한 경매가 무효인 경우, 낙찰자의 채무자에 대한 소유권이전등기말소의무와 근저당권자의 낙찰자에 대한 배당금반환의무는 동시이행관계에 있다. ( )

29 | 공인중개사 2018년

가등기담보에 있어 채권자의 청산금지급의무와 채무자의 목적부동산에 대한 본등기 및 인도의무는 동시이행관계에 있다. ( )

30 | 공인중개사 2015년

임대차 종료 후 보증금을 반환받지 못한 임차인이 동시이행의 항변권에 기하여 임차목적물을 점유하는 경우, 불법점유로 인한 손해배상책임을 진다. ( )

31 | 공인중개사 2015년

동시이행의 항변권은 당사자의 주장이 없어도 법원이 직권으로 고려할 사항이다. ( )

32 | 공인중개사 2015년

채권자의 이행청구소송에서 채무자가 주장한 동시이행의 항변이 받아들여진 경우, 채권자는 전부 패소판결을 받게 된다. ( )

---

27 (○) 선이행의무가 인정되는 경우에는 동시이행항변권이 인정되지 않는 것이 원칙이나, 선이행의무를 이행하더라도 상대방의 신용불안 등으로 채무이행이 곤란할 현저한 사유가 있는 경우에는 동시이행항변권을 행사할 수 있다.

28 (×) 이행상 견련성이 없으므로 동시이행관계가 아니다.

30 (×) 임대차종료시 보증금반환의무와 목적물인도의무는 동시이행관계에 있으므로 보증금을 반환받지 못하고 있는 동안에도 임차인은 목적물을 적법하게 점유할 권원이 있다. 따라서 불법점유로 인한 손해배상책임을 지지 않는다.

31 (×) 동시이행의 항변권은 당사자가 소송에서 이를 주장하는 경우에 효력이 생긴다. 법원이 직권으로 항변권의 존재여부를 판단하는 것은 아니다.

32 (×) 채권자의 이행청구소송에서 채무자가 주장한 동시이행의 항변이 받아들여진 경우라 하더라도 채권자가 전부 패소판결을 받는 것이 아니라 원고 일부승소판결, 즉 상환이행판결을 받게 된다.

정답 27 (○), 28 (×), 29 (○), 30 (×), 31 (×), 32 (×)

33 | 공인중개사 2015년

선이행의무자가 이행을 지체하는 동안에 상대방의 채무의 변제기가 도래한 경우, 특별한 사정이 없는 한 쌍방의 의무는 동시이행관계가 된다. ( )

34 | 공인중개사 2014년

유치권과 동시이행항변권은 동시에 서로 병존할 수 있다. ( )

35 | 공인중개사 2014년

유치권은 독립한 물권인 반면, 동시이행항변권은 이행거절권능에 해당한다. ( )

36 | 공인중개사 2019년

편무계약의 경우 원칙적으로 위험부담의 법리가 적용되지 않는다. ( )

37 | 공인중개사 2020년

채무자의 책임 있는 사유로 후발적 불능이 발생한 경우, 위험부담의 법리가 적용된다. ( )

38 | 공인중개사 2016년

甲과 乙이 乙소유의 주택에 대한 매매계약을 체결하였는데, 주택이 계약 체결 후 소유권 이전 및 인도 전에 소실되었다. 乙의 과실로 주택이 소실된 경우, 甲은 계약을 해제할 수 있다. ( )

39 | 공인중개사 2020년

계약당사자는 위험부담에 관하여 민법 규정과 달리 정할 수 있다. ( )

---

34 (○) 유치권과 동시이행항변권은 서로 성립요건이 다른 것이므로 병존할 수 있다.

36 (○) 위험부담의 법리는 쌍무계약인 경우에 적용된다.

37 (×) 위험부담은 일방의 채무가 채무자의 책임 없는 사유로 후발적으로 전부 불능이 된 경우에 성립하는 것이다. 이행불능이 채무자의 책임 있는 사유로 발생한 경우에는 채무불이행 책임이 문제된다.

38 (○) 채무자의 乙의 과실로 주택이 소실된 경우에는 채무불이행의 문제이므로 채권자 甲은 계약을 해제하거나 손해배상을 청구할 수 있다.

39 (○) 위험부담에 관한 규정은 임의규정이므로 당사자 사이의 특약으로 다르게 정할 수 있다.

정답 33 (○), 34 (○), 35 (○), 36 (○), 37 (×), 38 (○), 39 (○)

40 | 공인중개사 2020년

매매목적물이 이행기 전에 강제수용된 경우, 매수인이 대상청구권을 행사하면 매도인은 매매대금 지급을 청구할 수 있다. ( )

41 | 공인중개사 2019년

당사자 일방이 대상청구권을 행사하려면 상대방에 대하여 반대급부를 이행할 의무가 있다. ( )

42 | 공인중개사 2020년

채권자의 수령지체 중 당사자 모두에게 책임 없는 사유로 불능이 된 경우, 채무자는 상대방의 이행을 청구할 수 있다. ( )

43 | 공인중개사 2019년

당사자 쌍방의 귀책사유가 없는 이행불능으로 매매계약이 종료된 경우, 매도인은 이미 지급받은 계약금을 반환하지 않아도 된다. ( )

44 | 공인중개사 2017년

계약당사자가 제3자에 대하여 가진 채권에 관하여 그 채무를 면제하는 계약도 제3자를 위한 계약에 준하는 것으로서 유효하다. ( )

45 | 공인중개사 2021년

채무자와 인수인의 계약으로 체결되는 병존적 채무인수는 제3자를 위한 계약으로 볼 수 있다. ( )

---

40 (○) 매수인이 대상청구권을 행사하면 매도인은 매매대금 지급을 청구할 수 있으므로 위험부담의 문제는 발생하지 않는다.

41 (○) 대상청구권을 행사하는 경우는 위험부담의 문제가 아니므로 상대방에 대하여 반대급부를 이행할 의무가 있다.

43 (×) 당사자 쌍방의 귀책사유가 없는 이행불능으로 매매계약이 종료된 경우에는 채무자가 위험을 부담하므로 이미 지급받은 계약금을 반환하여야 한다.

45 (○) 채무자와 인수인의 계약으로 체결되는 병존적 채무인수는 제3자를 위한 계약으로 볼 수 있으나, 면책적 채무인수는 그러하지 아니하다.

정답 40 (○), 41 (○), 42 (○), 43 (×), 44 (○), 45 (○)

46 | 공인중개사 2016년

제3자는 계약체결 당시에 현존하고 있어야 한다. ( )

47 | 공인중개사 2016년

낙약자는 요약자와의 계약에 기한 동시이행의 항변으로 제3자에게 대항할 수 없다. ( )

48 | 공인중개사 2018년

수익자는 요약자의 제한행위능력을 이유로 계약을 취소하지 못한다. ( )

49 | 공인중개사 2016년

요약자의 채무불이행을 이유로 제3자는 요약자와 낙약자의 계약을 해제할 수 있다. ( )

50 | 공인중개사 2017년

수익자는 계약의 해제권이나 해제를 원인으로 한 원상회복청구권이 없다. ( )

51 | 공인중개사 2018년

낙약자의 채무불이행이 있으면, 요약자는 수익자의 동의 없이 계약을 해제할 수 있다.
( )

52 | 공인중개사 2021년

제3자의 권리는 그 제3자가 채무자에 대해 수익의 의사표시를 하면 계약의 성립시에 소급하여 발생한다. ( )

---

46 (×) 제3자를 위한 계약은 기본계약이 유효하게 성립하고, 제3자의 권리취득을 위한 의사표시가 존재하면 성립한다. 다만, 제3자가 계약체결 당시에 현존하고 있어야 하는 것은 아니다.

47 (×) 기본관계에서 발생한 항변사유로 낙약자는 수익자에게 대항할 수 있다.

48 (○) 수익자는 계약의 당사자가 아니므로 기본계약을 취소하지 못한다.

49 (×) 제3자는 계약의 당사자가 아니므로 당사자 간의 채무불이행을 이유로 기본계약을 해제할 수 없다.

50 (○) 계약의 해제권이나 해제를 원인으로 한 원상회복은 계약의 당사자 사이에서 이루어진다.

51 (○) 기본계약의 해제나 해지는 수익자의 동의 없이 기본계약의 당사자 간에 할 수 있다.

52 (×) 제3자의 권리는 그 제3자가 채무자에 대하여 수익의 의사표시를 한 때 생긴다.

정답 46 (×), 47 (×), 48 (○), 49 (×), 50 (○), 51 (○), 52 (×)

53 | 공인중개사 2018년

제3자가 하는 수익의 의사표시의 상대방은 낙약자이다. ( )

54 | 공인중개사 2021년

채무자에게 수익의 의사표시를 한 제3자는 그 채무자에게 그 채무의 이행을 직접 청구할 수 있다. ( )

55 | 공인중개사 2021년

채무자는 상당한 기간을 정하여 계약이익의 향수 여부의 확답을 제3자에게 최고할 수 있다. ( )

56 | 공인중개사 2016년

낙약자가 상당한 기간을 정하여 제3자에게 수익 여부의 확답을 최고하였음에도 그 기간 내에 확답을 받지 못한 때에는 제3자가 수익의 의사를 표시한 것으로 본다. ( )

57 | 공인중개사 2014년

매도인 甲과 매수인 乙이 계약을 하면서 그 대금을 丙에게 지급하기로 하는 제3자를 위한 계약을 체결하였다. 乙이 丙에게 대금을 지급한 후 계약이 해제된 경우, 특별한 사정이 없는 한 乙은 丙에게 대금의 반환을 청구할 수 없다. ( )

58 | 공인중개사 2016년

제3자의 수익의 의사표시 후 특별한 사정이 없는 한, 계약당사자의 합의로 제3자의 권리를 변경시킬 수 없다. ( )

---

55 (○) 채무자는 상당한 기간을 정하여 계약이익의 향수 여부의 확답을 제3자에게 최고할 수 있으며, 기간 내에 확답을 받지 못하면 거절한 것으로 본다.

56 (×) 낙약자가 상당한 기간을 정하여 제3자에게 수익 여부의 확답을 최고하였음에도 그 기간 내에 확답을 받지 못한 때에는 제3자가 수익의 의사를 거절한 것으로 본다.

57 (○) 기본계약이 무효가 되면 원상회복이나 부당이득반환은 계약의 당사자 사이에서 이루어져야 하고, 제3자에게 급부한 것이 있더라도 제3자를 상대로 반환을 구할 수는 없다.

정답 53 (○), 54 (○), 55 (○), 56 (×), 57 (○), 58 (○)

59 | 공인중개사 2020년

甲은 자신의 X부동산을 乙에게 매도하면서 대금채권을 丙에게 귀속시키기로 하고, 대금지급과 동시에 소유권이전등기를 해 주기로 했다. 그 후 丙은 乙에게 수익의 의사를 표시하였다. 甲과 乙은 특별한 사정이 없는 한 계약을 합의해제할 수 있다. ( )

60 | 공인중개사 2020년

甲은 자신의 X부동산을 乙에게 매도하면서 대금채권을 丙에게 귀속시키기로 하고, 대금지급과 동시에 소유권이전등기를 해 주기로 했다. 그 후 丙은 乙에게 수익의 의사를 표시하였다. 甲이 乙의 채무불이행을 이유로 계약을 해제한 경우, 丙은 乙에 대하여 손해배상을 청구할 수 있다. ( )

61 | 공인중개사 2019년

甲(요약자)과 乙(낙약자)은 丙을 수익자로 하는 제3자를 위한 계약을 체결하였다. 甲과 乙 간의 계약이 甲의 착오로 취소된 경우, 丙은 착오취소로써 대항할 수 없는 제3자의 범위에 속한다. ( )

62 | 공인중개사 2017년

이행의 최고는 반드시 미리 일정기간을 명시하여 최고하여야 하는 것은 아니다. ( )

63 | 공인중개사 2017년

당사자 일방이 정기행위를 일정한 시기에 이행하지 않으면 상대방은 이행의 최고 없이 계약을 해제할 수 있다. ( )

---

59 (×) 제3자가 수익의 의사표시를 하여 제3자의 권리가 발생한 후에는 당사자는 이를 변경 또는 소멸시키지 못한다. 따라서 당사자는 기본계약을 합의해제할 수 없고, 합의해제를 하더라도 하더라도 제3자에게 대항하지 못한다.

60 (○) 수익의 의사표시가 있은 후에도 수익자는 낙약자의 채무불이행을 이유로 기본계약을 해제할 수는 없으나, 손해배상은 청구할 수 있다.

61 (×) 기본계약이 착오로 취소된 경우, 선의의 제3자는 보호된다. 그러나 제3자를 위한 계약에서의 제3자는 제3자에 포함되지 않는다.

63 (○) 이행지체로 인한 해제는 이행의 최고가 있어야 하는 것이 원칙이나, 정기행위의 경우에는 이행의 최고 없이 계약을 해제할 수 있다.

정답 59 (×), 60 (○), 61 (×), 62 (○), 63 (○)

64 | 공인중개사 2015년

성질상 일정한 기간 내에 이행하지 않으면 그 목적을 달성할 수 없는 계약에서 당사자 일방이 그 시기에 이행하지 않으면 해제의 의사표시가 없더라도 해제의 효과가 발생한다.
( )

65 | 공인중개사 2014년

매도인의 이행불능을 이유로 매수인이 계약을 해제하려면 매매대금의 변제제공을 하여야 한다. ( )

66 | 공인중개사 2018년

매도인의 책임 있는 사유로 이행불능이 되면 매수인은 최고 없이 계약을 해제할 수 있다.
( )

67 | 공인중개사 2017년

쌍무계약에서 당사자의 일방이 이행을 제공하더라도 상대방이 채무를 이행할 수 없음이 명백한지의 여부는 계약해제시를 기준으로 판단하여야 한다. ( )

68 | 공인중개사 2020년

일부 이행불능의 경우, 계약목적을 달성할 수 없으면 계약 전부의 해제가 가능하다. ( )

69 | 공인중개사 2017년

당사자의 쌍방이 수인인 경우, 계약의 해제는 그 1인에 대하여 하더라도 효력이 있다.
( )

---

64 (×) 정기행위의 경우에는 이행의 최고 없이도 해제권을 행사할 수 있으나, 해제의 의사표시는 하여야 한다.

65 (×) 이행불능의 경우에는 이행할 수 없는 경우이므로 상대방의 변제제공은 의미가 없다. 따라서 최고 없이 곧바로 계약을 해제할 수 있다.

66 (○) 이행불능으로 인한 계약해제는 최고 없이 할 수 있다.

67 (○) 쌍무계약에서 당사자의 일방이 이행을 제공하더라도 상대방이 채무를 이행할 수 없음이 명백한 경우에는 이행을 제공하지 않고 해제할 수 있다. 이행할 수 없음이 명백한지 여부는 계약해제시를 기준으로 판단하여야 한다.

69 (×) 당사자의 일방 또는 쌍방이 수인인 경우에는 계약의 해지나 해제는 그 전원으로부터 또는 전원에 대하여 하여야 한다.

정답 64 (×), 65 (×), 66 (○), 67 (○), 68 (○), 69 (×)

70 | 공인중개사 2016년

당사자 일방이 수인인 경우, 그 중 1인에 대하여 해지권이 소멸한 때에는 다른 당사자에 대하여도 소멸한다. ( )

71 | 공인중개사 2015년

매매계약의 해제로 인하여 양 당사자가 부담하는 원상회복의무는 동시이행의 관계에 있다. ( )

72 | 공인중개사 2013년

계약해제의 효과로 반환할 이익의 범위는 특별한 사정이 없으면 이익의 현존 여부나 선의·악의를 불문하고 받은 이익의 전부이다. ( )

73 | 공인중개사 2020년

매도인으로부터 매수인에게 이전되었던 소유권은 매도인에게 당연히 복귀한다. ( )

74 | 공인중개사 2015년

매매대금채권이 양도된 후 매매계약이 해제된 경우, 그 양수인은 해제로 권리를 침해당하지 않는 제3자에 해당하지 않는다. ( )

75 | 공인중개사 2019년

계약해제 전 그 계약상의 채권을 양수하고 이를 피보전권리로 하여 처분금지가처분결정을 받은 채권자는 계약해제 시 보호되는 제3자에 해당하지 않는다. ( )

---

70 (○) 해제와 해지는 불가분성이 있으므로 당사자 일방이 수인인 경우, 그 중 1인에 대하여 해지권이 소멸한 때에는 다른 당사자에 대하여도 소멸한다.

72 (○) 계약해제의 효과로 발생하는 원상회복의무는 부당이득반환의무의 특칙에 해당하므로 이익의 현존 여부나 선의·악의를 불문하고 받은 이익의 전부를 반환한다.

73 (○) 계약의 해제는 소급효를 가지므로 매도인으로부터 매수인에게 이전되었던 소유권은 매도인에게 당연히 복귀한다.

74 (○) 계약해제시 보호되는 제3자는 계약으로부터 생긴 법률적 효과를 기초로 새로운 이해관계를 가지고, 등기나 인도 등으로 완전한 권리를 취득한 자를 의미한다. 따라서 매매대금채권을 양수한 자는 채권에 불과한 권리이므로 권리를 침해하지 못하는 제3자에 해당하지 않는다.

75 (○) 계약이 해제되기 전에 계약상의 채권을 양수하고 이를 피보전권리로 하여 처분금지가처분결정을 받은 자는 완전한 권리를 취득한 자가 아니므로 계약해제시 보호되는 제3자에 해당하지 않는다.

정답 70 (○), 71 (○), 72 (○), 73 (○), 74 (○), 75 (○)

76 | 공인중개사 2019년

매매계약에 의하여 매수인 명의로 이전등기된 부동산을 계약해제 전에 가압류 집행한 자는 계약해제 시 보호되는 제3자에 해당하지 않는다. ( )

77 | 공인중개사 2014년

토지매수인으로부터 그 토지 위에 신축된 건물을 매수한 자는 토지매매계약의 해제로 인하여 보호받는 제3자에 해당하지 않는다. ( )

78 | 공인중개사 2016년

甲소유의 X토지와 乙소유의 Y주택에 대한 교환계약에 따라 각각 소유권이전등기가 마쳐진 후 그 계약이 해제되었다. 계약의 해제 전 乙로부터 X토지를 매수하여 그에 기한 소유권이전청구권보전을 위한 가등기를 마친 자는 계약해제의 소급효로부터 보호되는 제3자에 해당하지 않는다. ( )

79 | 공인중개사 2014년

공유자가 공유토지에 대한 매매계약을 체결한 경우, 특별한 사정이 없는 한 공유자 중 1인은 다른 공유자와 별개로 자신의 지분에 관하여 매매계약을 해제할 수 있다. ( )

80 | 공인중개사 2021년

매도인이 잔금기일 경과 후 해제를 주장하며 수령한 대금을 공탁하고 매수인이 이의 없이 수령한 경우, 특별한 사정이 없는 한 합의해제된 것으로 본다. ( )

---

76 (×) 매매계약에 의하여 매수인 명의로 이전등기된 부동산을 계약해제 전에 가압류 집행한 자는 계약해제시 보호되는 제3자에 해당한다.

77 (○) 건물을 매수한 자는 토지매매를 기초로 새로운 이해관계를 맺은 자가 아니므로 보호되는 제3자에 해당되지 않는다.

78 (×) 가등기의 경우에는 본등기의 순위가 가등기의 순위로 소급한다는 점에서 보호되는 제3자에 해당한다.

79 (○) 소유권이전의무, 대금지급의무를 불가분으로 하는 특약이 없는 한 자신의 지분에 관하여 매매계약을 해제할 수 있다.

80 (○) 합의해제의 의사표시는 명시적 또는 묵시적으로도 가능하다.

정답 76 (×), 77 (○), 78 (×), 79 (○), 80 (○)

81 | 공인중개사 2015년

계약이 합의해제된 경우, 특약이 없는 한 반환할 금전에 그 받은 날로부터 이자를 붙여 지급할 의무가 없다. ( )

82 | 공인중개사 2021년

당사자 쌍방은 자기 채무의 이행제공 없이 합의에 의해 계약을 해제할 수 있다. ( )

83 | 공인중개사 2021년

계약이 합의해제된 경우 다른 사정이 없는 한, 합의해제시에 채무불이행으로 인한 손해배상을 청구할 수 있다. ( )

84 | 공인중개사 2021년

합의해제의 소급효는 법정해제의 경우와 같이 제3자의 권리를 해하지 못한다. ( )

85 | 공인중개사 2016년

해지의 의사표시가 상대방에게 도달하면 이를 철회하지 못한다. ( )

---

81 (○) 합의해제는 계약의 일종이므로 해제에 관한 민법규정은 적용되지 않는다. 따라서 금전을 반환할 때 이자를 지급할 의무가 당연히 인정되는 것은 아니다.

82 (○) 합의해제는 계약이므로 쌍방 채무의 이행제공 없이 해제할 수 있다.

83 (×) 계약이 합의해제된 경우 다른 약정이 없는 한 채무불이행으로 인한 손해배상책임도 없다.

84 (○) 합의해제도 제3자 보호를 위하여 제3자의 권리를 해하지 못한다는 규정은 적용된다.

정답 81 (○), 82 (○), 83 (×), 84 (○), 85 (○)

 **매매와 교환**

01 | 공인중개사 2015년

지상권은 매매의 대상이 될 수 없다. ( )

02 | 공인중개사 2017년

매매의 일방예약은 물권계약이다. ( )

03 | 공인중개사 2017년

매매의 일방예약은 상대방이 매매를 완결할 의사를 표시하는 때에 매매의 효력이 생긴다. ( )

04 | 공인중개사 2017년

예약완결권은 행사기간 내에 행사하였는지에 관해 당사자의 주장이 없다면 법원은 이를 고려할 수 없다. ( )

05 | 공인중개사 2017년

매매예약이 성립한 이후 상대방의 예약완결권 행사 전에 목적물이 전부 멸실되어 이행불능이 된 경우에도 예약완결권을 행사할 수 있다. ( )

---

01 (×) 지상권도 재산권의 일종이므로 매매의 대상이 될 수 있다.
02 (×) 예약은 장래에 본계약을 체결할 의무를 지는 계약으로서 언제나 채권계약이다.
03 (○) 매매의 일방예약은 일방에게 예약완결권이 있으므로 상대방이 매매를 완결할 의사를 표시하는 때에 매매의 효력이 생긴다.
04 (×) 예약완결권은 제척기간이므로 법원의 직권조사사항이다. 따라서 당사자의 주장여부와 관계없이 법원이 이를 고려하여 판단하여야 한다.
05 (×) 상대방이 예약완결권을 행사하기 전에 목적물이 전부 멸실되어 이행불능이 된 경우에는 예약완결권을 행사할 수 없다.

정답 01 (×), 02 (×), 03 (○), 04 (×), 05 (×)

06 | 공인중개사 2017년

예약완결권은 당사자 사이에 그 행사기간을 약정하지 않은 경우 그 예약이 성립한 날로부터 5년 내에 이를 행사하여야 한다. ( )

07 | 공인중개사 2022년

甲은 그 소유의 X부동산에 관하여 乙과 매매의 일방예약을 체결하면서 예약완결권은 乙이 가지고 20년 내에 행사하기로 약정하였다. 乙이 예약완결권을 행사하더라도 甲의 승낙이 있어야 비로소 매매계약은 그 효력이 발생한다. ( )

08 | 공인중개사 2018년

甲과 乙 사이의 매매계약이 무효이거나 취소되더라도 계약금계약의 효력은 소멸하지 않는다. ( )

09 | 공인중개사 2017년

계약금을 포기하고 행사할 수 있는 해제권은 당사자의 합의로 배제할 수 있다. ( )

10 | 공인중개사 2017년

계약금을 위약금으로 하는 당사자의 특약이 있으면 계약금은 위약금의 성질이 있다. ( )

11 | 공인중개사 2015년

매매해약금에 관한 민법 규정은 임대차에도 적용된다. ( )

---

06 (×) 예약완결권은 형성권이므로 그 행사기간에 관하여 약정이 있으면 그 기간 내에, 약정이 없으면 그 예약이 성립한 때로부터 10년 이내에 이를 행사하여야 한다.

07 (×) 예약완결권은 형성권이므로 상대방의 승낙이 필요없다.

08 (×) 계약금계약은 종된 계약이므로 주된 계약인 매매계약이 무효이거나 취소되면 효력을 상실한다.

09 (○) 계약금은 다른 약정이 없는 한 해약금으로 추정하는 것이므로 당사자 사이의 합의로 해제권을 배제할 수 있다.

10 (○) 계약금은 보통 해약금으로 추정한다. 그러나 당사자 사이에 계약금을 위약금으로 하기로 하는 특약이 있으면, 손해배상액의 예정으로 추정된다.

11 (○) 유상계약에는 매매에 대한 규정이 준용되므로 매매계약금에 관한 규정이 적용된다.

정답 06 (×), 07 (×), 08 (×), 09 (○), 10 (○), 11 (○)

12 | 공인중개사 2020년

甲은 자신의 X토지를 乙에게 매도하는 계약을 체결하고 乙로부터 계약금을 수령하였다. 만약 乙이 甲에게 약정한 계약금의 일부만 지급한 경우, 甲은 수령한 금액의 배액을 상환하고 계약을 해제할 수 없다. ( )

13 | 공인중개사 2015년

해약금에 기해 계약을 해제하는 경우에는 원상회복의 문제가 생기지 않는다. ( )

14 | 공인중개사 2017년

계약금 포기에 의한 계약해제의 경우, 상대방은 채무불이행을 이유로 손해배상을 청구할 수 없다. ( )

15 | 공인중개사 2015년

토지거래허가구역 내 토지에 관한 매매계약을 체결하고 계약금만 지급한 상태에서 거래허가를 받은 경우, 다른 약정이 없는 한 매도인은 계약금의 배액을 상환하고 계약을 해제할 수 없다. ( )

16 | 공인중개사 2015년

계약금만 수령한 매도인이 매수인에게 계약의 이행을 최고하고 매매잔금의 지급을 청구하는 소송을 제기한 경우, 다른 약정이 없는 한 매수인은 계약금을 포기하고 계약을 해제할 수 있다. ( )

---

12 (○) 계약금 계약은 계약금 전부를 지급해야 성립하므로 일부만 지급한 경우에는 해약금에 의한 해제권을 행사할 수 없다.

14 (○) 계약금 포기에 의한 계약해제는 해약금에 의한 해제권 행사이고, 채무불이행으로 인한 경우가 아니므로 상대방은 손해배상을 청구할 수 없다.

15 (×) 토지거래허가를 받은 것은 이행에 착수한 것으로 보지 않으므로 계약금의 배액을 상환하고 계약을 해제할 수 있다.

16 (○) 계약금을 수령한 매도인이 매매잔금의 지급을 청구하는 소송을 제기한 것만으로는 이행에 착수한 것으로 보지 않으므로 다른 약정이 없는 한 매수인은 계약금을 포기하고 계약을 해제할 수 있다.

정답 12 (○), 13 (○), 14 (○), 15 (×), 16 (○)

17 공인중개사 2019년

매수인이 이행기 전에 중도금을 지급한 경우, 매도인은 특별한 사정이 없는 한 계약금의 배액을 상환하여 계약을 해제할 수 없다. ( )

18 공인중개사 2019년

매도인이 계약금의 배액을 상환하여 계약을 해제하는 경우, 그 이행의 제공을 하면 족하고 매수인이 이를 수령하지 않더라도 공탁까지 할 필요는 없다. ( )

19 공인중개사 2014년

2014. 5. 1. 甲이 그의 건물을 乙에게 매도하면서 같은 해 5. 10. 계약금을, 그로부터 2개월 후에 중도금 및 잔금을 지급받기로 하였다. 乙이 2014. 7. 10. 중도금과 잔금을 지급하였으나 甲이 소유권이전등기를 해주지 않으면 乙은 매매계약을 해제할 수 있다. ( )

20 공인중개사 2015년

매매비용을 매수인이 전부 부담한다는 약정은 특별한 사정이 없는 한 유효하다. ( )

21 공인중개사 2015년

매매목적물의 인도와 동시에 대금을 지급할 경우, 그 인도장소에서 대금을 지급하여야 한다. ( )

---

17 (○) 이행기 전에 착수할 수 없다는 특약이 없는 한, 이행의 착수에 해당하므로 해약금에 의한 해제권은 행사할 수 없다.

18 (○) 해약금에 의한 해제권 행사는 해제의 의사표시만으로는 부족하고, 수령자는 계약금의 배액을 제공하여야 한다. 다만, 이행을 제공하면 충분하고 매수인이 이를 수령하지 않더라도 공탁까지 할 필요는 없다.

19 (○) 중도금과 잔금을 지급한 이후에는 해약금에 의한 해제는 불가능하나, 채무불이행을 이유로 한 해제권 행사는 가능하다. 따라서 매도인 甲이 소유권이전등기를 해주지 않은 것은 채무불이행에 해당하므로 매수인 乙은 매매계약을 해제할 수 있다.

20 (○) 매매계약에 관한 비용은 특별한 사정이 없으면 당사자 쌍방이 균분하여 분담하는 것이 원칙이나, 특약은 가능하다.

정답 17 (○), 18 (○), 19 (○), 20 (○), 21 (○)

22 | 공인중개사 2015년

매매목적물이 인도되지 않고 대금도 완제되지 않은 경우, 목적물로부터 생긴 과실은 매도인에게 속한다. ( )

23 | 공인중개사 2014년

당사자 일방에 대한 의무이행의 기한이 있는 때에는 상대방의 의무이행에 대하여도 동일한 기한이 있는 것으로 추정한다. ( )

24 | 공인중개사 2019년

甲은 그 소유의 X토지에 대하여 乙과 매매계약을 체결하였다. X토지가 인도되지 않고 대금도 완제되지 않은 경우, 특별한 사정이 없는 한 乙은 인도의무의 지체로 인한 손해배상을 청구할 수 없다. ( )

25 | 공인중개사 2019년

甲은 그 소유의 X토지에 대하여 乙과 매매계약을 체결하였다. 乙이 대금지급을 거절할 정당한 사유가 있는 경우, X토지를 미리 인도받았더라도 그 대금에 대한 이자를 지급할 의무는 없다. ( )

26 | 공인중개사 2014년

매매의 목적이 된 권리가 타인에게 속한 경우에는 매도인은 그 권리를 취득하여 매수인에게 이전하여야 한다. ( )

---

22 (○) 매매목적물에 대한 과실수취권은 인도 전에는 매도인에게 속하나, 인도 전이라도 매수인이 대금을 완납한 경우에는 매수인에게 속한다.

24 (○) 매매계약의 경우 매도인의 목적물 인도의무는 매수인의 대금지급의무와 동시이행관계에 있다. 매수인 乙이 대금을 지급하지 않으면 매도인 甲도 목적물의 인도를 거절할 수 있으므로 매수인 乙은 인도의무의 지체로 인한 손해배상을 청구할 수 없다.

25 (○) 매수인의 대금지급의무는 매도인의 소유권이전의무와 동시이행관계에 있다. 매수인 乙이 목적물을 미리 인도받았더라도 매도인 甲이 소유권이전등기 절차에 협력하지 않는 한 대금지급을 거절할 정당한 사유가 있으므로 그 대금에 대한 이자를 지급할 의무는 없다.

26 (○) 매매계약은 채권행위이므로 무권리자도 할 수 있다. 다만 매도인은 매매의 목적이 된 권리를 취득하여 매수인에게 이전하여야 한다.

정답 22 (○), 23 (○), 24 (○), 25 (○), 26 (○)

27 | 공인중개사 **2015년**

타인의 권리를 매도한 자가 그 전부를 취득하여 매수인에게 이전할 수 없는 경우, 악의의 매수인은 계약을 해제할 수 없다. ( )

28 | 공인중개사 **2015년**

매매목적인 권리의 전부가 타인에게 속하여 권리의 전부를 이전할 수 없게 된 경우, 매도인은 선의의 매수인에게 신뢰이익을 배상하여야 한다. ( )

29 | 공인중개사 **2015년**

권리의 일부가 타인에게 속한 경우, 선의의 매수인이 갖는 손해배상청구권은 계약한 날로부터 1년 내에 행사되어야 한다. ( )

30 | 공인중개사 **2017년**

부동산매매계약이 수량지정매매인데, 그 부동산의 실제면적이 계약면적에 미치지 못한 경우, 담보책임에 대한 권리행사기간은 매수인이 그 사실을 안 날로부터 1년 이내이다. ( )

31 | 공인중개사 **2021년**

수량을 지정한 매매란 특정물이 일정한 수량을 가지고 있다는 데 주안을 두고 대금도 그 수량을 기준으로 정한 경우를 말한다. ( )

---

27 (×) 매매계약을 체결하였으나, 권리의 전부가 타인에게 속한 경우, 매수인은 선의, 악의를 불문하고 계약을 해제할 수 있다.

28 (×) 매매계약을 체결하였으나, 권리의 전부가 타인에게 속한 경우, 선의의 매수인만 손해배상을 청구할 수 있으며, 이때는 이행이익을 배상하여야 한다.

29 (×) 매매계약을 체결하였으나, 권리의 일부가 타인에게 속한 경우, 선의의 매수인은 손해배상을 청구할 수 있다. 이때 제척기간의 기산점은 그 사실을 안 날로부터 1년 이내이다.

30 (○) 수량을 지정한 부동산 매매계약에서 수량이 부족한 경우, 선의의 매수인만 매도인의 담보책임을 물을 수 있으므로 제척기간은 그 사실을 안 날로부터 1년 이내이다.

정답 27 (×), 28 (×), 29 (×), 30 (○), 31 (○)

32 | 공인중개사 2017년

부동산매매계약이 수량지정매매인데, 그 부동산의 실제면적이 계약면적에 미치지 못한 경우, 미달부분의 원시적 불능을 이유로 계약체결상의 과실책임에 따른 책임의 이행을 구할 수 없다. ( )

33 | 공인중개사 2015년

매매목적 부동산에 전세권이 설정된 경우, 계약의 목적달성 여부와 관계없이, 선의의 매수인은 계약을 해제할 수 있다. ( )

34 | 공인중개사 2014년

담보책임의 면책특약이 있는 경우, 매도인은 알면서 고지하지 않은 하자에 대해서도 그 책임을 면한다. ( )

35 | 공인중개사 2015년

저당권이 설정된 부동산의 매수인이 저당권의 행사로 그 소유권을 취득할 수 없는 경우, 악의의 매수인은 특별한 사정이 없는 한 계약을 해제하고 손해배상을 청구할 수 있다.
( )

36 | 공인중개사 2017년

건축의 목적으로 매수한 토지에 대해 법적 제한으로 건축허가를 받을 수 없어 건축이 불가능한 경우, 이는 매매목적물의 하자에 해당한다. ( )

---

32 (○) 계약체결상의 과실책임에 따른 책임의 이행은 원시적으로 전부 불능인 경우에 청구할 수 있으므로 일부 수량이 부족한 경우에는 청구할 수 없다.

33 (×) 매매목적 부동산에 전세권이 설정된 경우, 그 전세권으로 인하여 계약의 목적을 달성할 수 없는 경우에 한하여 선의의 매수인만 계약을 해제할 수 있다.

34 (×) 매도인의 담보책임을 배제하거나 경감하는 특약은 가능하다. 다만 매도인이 하자가 있음을 알면서 고지하지 않은 경우에는 책임을 면하지 못한다.

35 (○) 저당권이 설정된 부동산의 매수인이 저당권의 행사로 그 소유권을 취득할 수 없는 경우, 매수인은 선의, 악의를 불문하고 계약을 해제하고 손해배상을 청구할 수 있다.

36 (○) 법률상의 제한이나 장애가 있는 것은 권리의 하자가 아니라 물건의 하자로 본다.

정답 32 (○), 33 (×), 34 (×), 35 (○), 36 (○)

37 | 공인중개사 2017년

하자담보책임으로 발생하는 매수인의 계약해제권 행사기간은 제척기간이다. ( )

38 | 공인중개사 2017년

하자담보책임에 기한 매수인의 손해배상청구권도 소멸시효의 대상이 될 수 있다. ( )

39 | 공인중개사 2017년

매도인의 담보책임은 무과실책임이므로 하자의 발생 및 그 확정에 가공한 매수인의 잘못을 참작하여 손해배상범위를 정할 수 없다. ( )

40 | 공인중개사 2020년

불특정물의 하자로 인해 매도인의 담보책임이 성립한 경우, 매수인은 완전물급부청구권을 가진다. ( )

41 | 공인중개사 2018년

乙명의로 소유권이전등기청구권보전의 가등기가 마쳐진 甲소유의 X건물에 대하여 丙이 경매를 신청하였다. 그 경매절차에서 매각대금을 완납한 丁명의로 X건물의 소유권이전등기가 마쳐졌고, 매각대금이 丙에게 배당되었다. X건물 자체에 하자가 있는 경우, 丁은 甲에게 하자담보 책임을 물을 수 없다. ( )

---

37 (○) 매수인의 계약해제권 행사기간은 제척기간이다. 다만 출소기간은 아니라는 것이 판례의 입장이다.

38 (○) 매도인의 담보책임에 기한 손해배상청구권은 제척기간의 적용이 있으나, 채권의 소멸시효에 관한 규정의 적용이 배제되는 것은 아니라는 것이 판례의 입장이다. 이때 다른 특별한 사정이 없는 한 매수인이 매매 목적물을 인도받은 때부터 소멸시효가 진행한다고 해석한다.

39 (×) 매도인의 담보책임은 매도인의 고의나 과실을 요건으로 하지 않는 무과실책임이다. 그러나 그 물건의 소유권이 매도인에게 속하지 않는다는 것을 매수인이 알지 못하였으나 이에 과실이 있었다면 손해배상범위를 정할 때 매수인의 과실을 참작할 수 있다.

40 (○) 매수인은 계약해제권과 손해배상청구권을 행사하는 대신 하자가 없는 완전한 물건의 급부를 청구할 수 있다.

41 (○) 경매로 인한 담보책임은 권리의 하자에 대해서만 인정되고, 물건 자체의 하자로 인한 담보책임은 인정되지 않는다.

정답 37 (○), 38 (○), 39 (×), 40 (○), 41 (○)

42 | 공인중개사 2018년

乙명의로 소유권이전등기청구권보전의 가등기가 마쳐진 甲소유의 X건물에 대하여 丙이 경매를 신청하였다. 그 경매절차에서 매각대금을 완납한 丁명의로 X건물의 소유권이전등기가 마쳐졌고, 매각대금이 丙에게 배당되었다. 경매절차가 무효인 경우, 丁은 甲에게 손해배상을 청구할 수 있다. ( )

43 | 공인중개사 2018년

乙명의로 소유권이전등기청구권보전의 가등기가 마쳐진 甲소유의 X건물에 대하여 丙이 경매를 신청하였다. 그 경매절차에서 매각대금을 완납한 丁명의로 X건물의 소유권이전등기가 마쳐졌고, 매각대금이 丙에게 배당되었다. 丁이 소유권을 취득한 후 乙이 가등기에 기한 본등기를 마친 경우, 丁은 X건물에 관한 계약을 해제할 수 있다. ( )

44 | 공인중개사 2018년

乙명의로 소유권이전등기청구권보전의 가등기가 마쳐진 甲소유의 X건물에 대하여 丙이 경매를 신청하였다. 그 경매절차에서 매각대금을 완납한 丁명의로 X건물의 소유권이전등기가 마쳐졌고, 매각대금이 丙에게 배당되었다. 丁이 소유권을 취득한 후 乙이 가등기에 기한 본등기를 마친 경우, 丁은 甲이 자력이 없는 때에는 丙에게 배당금의 반환을 청구할 수 있다. ( )

45 | 공인중개사 2016년

환매특약은 매매계약과 동시에 하여야 한다. ( )

---

42 (×) 경매로 인하여 목적물의 소유권이 이전된 경우에도 그 권리에 하자가 있으면 경락인을 보호하기 위하여 경매의 채무나자 채권자의 담보책임을 인정한다. 그러나 경매절차 자체가 무효로 된 경우에는 담보책임이 인정될 여지가 없다.

43 (○) 가등기의 목적이 된 부동산을 취득한 丁은 가등기권자인 乙이 본등기를 마치면 소유권을 상실하게 된다. 이는 저당권 등의 실행으로 인한 담보책임 규정이 준용되므로 丁은 선의, 악의를 불문하고 계약을 해제할 수 있다.

44 (○) 채무자가 무자력인 경우에는 경락인은 배당받은 채권자에 대하여 그 대금 전부나 일부의 반환을 청구할 수 있다.

45 (○) 환매특약은 매매계약과 동시에 하여야 하고, 매매계약 이후에 하는 것은 재매매예약에 해당한다.

정답 42 (×), 43 (○), 44 (○), 45 (○)

46 | 공인중개사 2022년

매매계약이 취소되어 효력을 상실하면 그에 부수하는 환매특약도 효력을 상실한다. ( )

47 | 공인중개사 2016년

부동산에 대한 매매등기와 동시에 환매권 보류를 등기하지 않더라도 제3자에게 대항할 수 있다. ( )

48 | 공인중개사 2016년

부동산에 대한 환매기간을 7년으로 정한 때에는 5년으로 단축된다. ( )

49 | 공인중개사 2019년

환매기간을 정한 때에는 다시 이를 연장하지 못한다. ( )

50 | 공인중개사 2022년

환매기간을 정한 경우, 환매권의 행사로 발생한 소유권이전등기청구권은 특별한 사정이 없는 한 그 환매기간 내에 행사하지 않으면 소멸한다. ( )

51 | 공인중개사 2022년

환매 시 목적물의 과실과 대금의 이자는 특별한 약정이 없으면 이를 상계한 것으로 본다. ( )

52 | 공인중개사 2016년

환매등기가 경료된 나대지에 건물이 신축된 후 환매권이 행사된 경우, 특별한 사정이 없는 한, 그 건물을 위한 관습상의 법정지상권은 발생하지 않는다. ( )

---

47 (×) 환매특약이 있는 경우 부동산에 대한 소유권이전등기와 동시에 환매특약의 등기를 하지 않으면 제3자에게 대항할 수 없다

48 (○) 부동산에 대한 환매기간은 5년을 넘지 못한다. 5년을 넘는 경우에는 5년으로 단축된다.

50 (×) 환매권의 행사로 발생한 소유권이전등기청구권은 채권적 청구권이므로 10년의 소멸시효에 걸린다.

52 (○) 환매등기가 마쳐진 후에 환매권이 행사되면 제3자의 제한물권은 말소된다는 점에서 대지소유자는 환매권이 행사될 경우 건물이 철거될 것을 예상할 수 있다. 따라서 환매권 등기가 마쳐진 나대지에 건물을 신축한 대지소유자는 보호할 이유가 없으므로 그 건물을 위한 관습상의 법정지상권은 발생하지 않는다.

정답 46 (○), 47 (×), 48 (○), 49 (○), 50 (×), 51 (○), 52 (○)

53 | 공인중개사 2016년

특별한 약정이 없는 한, 환매대금에는 매수인이 부담한 매매비용이 포함된다. ( )

54 | 공인중개사 2019년

매매등기와 환매특약등기가 경료된 이후, 그 부동산 매수인은 그로부터 다시 매수한 제3자에 대하여 환매특약의 등기사실을 들어 소유권이전등기절차 이행을 거절할 수 없다.
( )

55 | 공인중개사 2019년

매도인이 환매기간 내에 환매의 의사표시를 하면 그는 그 환매에 의한 권리취득의 등기를 하지 않아도 그 부동산을 가압류 집행한 자에 대하여 권리취득을 주장할 수 있다. ( )

56 | 공인중개사 2021년

甲은 자기 소유 X토지를 3억 원에 乙에게 매도하면서 동시에 환매할 권리를 보유하기로 약정하고 乙이 X토지에 대한 소유권 이전등기를 마쳤다. 만일 甲의 환매등기 후 丁이 X토지에 乙에 대한 채권을 담보하기 위하여 저당권을 설정하였다면, 甲이 적법하게 환매권을 행사하여 X토지의 소유권이전등기를 마친 경우 丁의 저당권은 소멸한다. ( )

57 | 공인중개사 2016년

甲과 乙의 교환계약은 서면의 작성을 필요로 하지 않는다. ( )

---

53 (○) 특별한 약정이 없는 한, 환매특약은 매매대금과 매수인이 부담한 매매비용을 반환하고 환매권을 행사할 수 있다.

54 (○) 환매특약의 등기가 있어도 처분을 금지하는 효력은 없다. 매수인으로부터 다시 그 부동산을 매수한 전득자는 환매권자에게 대항할 수는 없으나, 매수인이 환매특약의 등기사실을 들어 전득자에 대한 소유권이전등기절차 이행을 거절할 수는 없다.

55 (×) 환매특약의 등기를 마친 이후에 매수인으로부터 부동산을 매수한 자는 환매권자에게 대항할 수 없다. 그러나 환매권자가 환매기간 내에 환매의 의사표시를 하더라도 환매에 의한 권리취득의 등기를 하지 않으면 제3자에 대항할 수 없으므로 환매특약등기를 마친 후 가압류한 자에 대하여 권리취득을 주장하려면 등기를 마쳐야 한다.

56 (○) 환매등기 후 설정된 저당권은 환매권 행사로 인한 소유권이전등기를 마치면 제3자의 제한물권은 소멸한다.

57 (○) 교환계약은 불요식 계약이므로 서면의 작성을 필요로 하지 않는다.

정답 53 (○), 54 (○), 55 (×), 56 (○), 57 (○)

58 | 공인중개사 2021년

부동산의 교환계약의 경우, 다른 약정이 없는 한 각 당사자는 목적물의 하자에 대해 담보책임을 부담한다. ( )

59 | 공인중개사 2017년

甲은 자신의 X건물을 乙소유 Y토지와 서로 교환하기로 합의하였다. 교환계약체결 후 甲의 귀책사유 없이 X건물이 멸실되더라도 위험부담의 법리는 적용되지 않는다. ( )

60 | 공인중개사 2021년

부동산의 교환계약의 경우, 일방이 금전의 보충지급을 약정한 경우 그 금전에 대하여는 매매대금에 관한 규정을 준용한다. ( )

61 | 공인중개사 2021년

부동산의 교환계약의 경우, 당사자가 자기 소유 목적물의 시가를 묵비하여 상대방에게 고지하지 않은 경우, 특별한 사정이 없는 한 상대방의 의사결정에 불법적인 간섭을 한 것이다. ( )

62 | 공인중개사 2017년

甲은 자신의 X건물을 乙소유 Y토지와 서로 교환하기로 합의하면서 가액차이로 발생한 보충금의 지급에 갈음하여 Y토지에 설정된 저당권의 피담보채무를 이행인수하기로 약정하였다. 甲이 보충금을 제외한 X건물의 소유권을 乙에게 이전하면 특별한 사정이 없는 한 계약상의 의무를 한 것이 된다. ( )

---

58 (○) 매도인의 담보책임규정은 다른 쌍무계약에 준용하므로 교환계약에 대해서도 적용된다.

59 (×) 계약체결 후 채무자 귀책사유 없이 ×건물이 멸실된 것은 후발적으로 전부 불능이 된 경우이므로 위험부담의 법리가 적용된다.

60 (○) 교환계약의 대상물 가격에 차이가 있는 경우 일방이 지급하는 보충금 지급을 약성한 경우, 그 금선에 대하여는 매매대금에 관한 규정을 준용한다.

61 (×) 교환계약의 일방이 시가에 대한 고지의무가 있는 것은 아니므로 자기 소유 목적물의 시가를 묵비한 경우에도 특별한 사정이 없는 한 상대방의 의사결정에 불법적인 간섭을 한 것은 아니다.

62 (○) 甲은 보충금에 갈음하여 피담보채무를 인수하기로 하였으므로 그 금액을 제외한 나머지 재산권을 이전하면 계약상의 의무를 이행한 것이 된다.

정답 58 (○), 59 (×), 60 (○), 61 (×), 62 (○)

63 | 공인중개사 **2017년**

甲은 자신의 X건물을 乙소유 Y토지와 서로 교환하기로 합의하면서 가액차이로 발생한 보충금의 지급에 갈음하여 Y토지에 설정된 저당권의 피담보채무를 이행인수하기로 약정하였다. 甲이 피담보채무의 변제를 게을리하여 저당권이 실행될 염려가 있어 乙이 그 피담보채무를 변제하였더라도 乙은 교환계약을 해제할 수 없다. ( )

64 | 공인중개사 **2014년**

甲은 자신의 2억 원 상당 건물을 乙의 토지와 교환하는 계약을 체결하면서 乙로부터 1억 원을 보충하여 지급받기로 하였다. 乙의 보충금 1억 원의 미지급은 교환계약의 해제사유에 해당된다. ( )

65 | 공인중개사 **2014년**

甲은 자신의 2억 원 상당 건물을 乙의 토지와 교환하는 계약을 체결하면서 乙로부터 1억 원을 보충하여 지급받기로 하였다. 보충금의 지급기한을 정하지 않았다면, 乙은 건물을 인도받은 날부터 지급하지 않은 보충금의 이자를 甲에게 지급해야 한다. ( )

66 | 공인중개사 **2013년**

경매를 통해 X건물을 매수한 甲은 매각대금을 완납하지 않고 X건물을 乙소유의 Y임야와 교환하기로 乙과 약정하였다. 甲과 乙 사이의 교환계약은 유효하게 성립한다. ( )

---

63 (×) 피담보채무를 인수한 甲이 변제를 게을리하여 부득이 乙이 그 피담보채무를 변제하였다면 갑의 채무불이행으로 볼 수 있으므로 乙은 교환계약을 해제할 수 있다.

64 (○) 乙의 보충금 1억 원의 미지급은 이행지체에 해당하므로 교환계약의 해제사유에 해당된다.

65 (○) 보충금에 대해서는 매매에 관한 규정이 준용되므로 건물의 인도 받은 후에도 보충금을 지급하지 않으면 乙은 인도 받은 날로부터 보충금의 이자를 甲에게 지급해야 한다.

66 (○) 교환계약은 채권계약이므로 무권리자가 체결한 경우에도 유효하게 성립한다.

정답 63 (×), 64 (○), 65 (○), 66 (○)

핵심테마 15 임대차

01 | 공인중개사 2021년

乙이 甲으로부터 건물의 소유를 목적으로 X토지를 10년간 임차하여 그 위에 자신의 건물을 신축한 경우, 특별한 사정이 없는 한 甲이 X토지의 소유자가 아닌 경우에도 임대차 계약은 유효하게 성립한다. ( )

02 | 공인중개사 2021년

乙이 甲으로부터 건물의 소유를 목적으로 X토지를 10년간 임차하여 그 위에 자신의 건물을 신축한 경우, 甲과 乙 사이에 반대약정이 없으면 乙은 甲에 대하여 임대차등기절차에 협력할 것을 청구할 수 있다. ( )

03 | 공인중개사 2021년

乙이 甲으로부터 건물의 소유를 목적으로 X토지를 10년간 임차하여 그 위에 자신의 건물을 신축한 경우, 乙이 현존하는 지상건물을 등기해도 임대차를 등기하지 않은 때에는 제3자에 대해 임대차의 효력이 없다. ( )

04 | 공인중개사 2015년

토지임대차가 묵시적으로 갱신된 경우, 임차인은 언제든지 해지통고 할 수 있으나, 임대인은 그렇지 않다. ( )

---

01 (○) 임대차의 목적물은 반드시 임대인의 소유이어야 하는 것은 아니고, 적법하게 임대할 권한이 있으면 성립할 수 있다.

02 (○) 임대차계약은 채권계약이므로 등기하지 않아도 성립하지만 제3자에게 대항하기 위하여 등기할 수 있다. 이 경우 임차인은 임대인에게 등기절차에 협력할 것을 청구할 수 있다.

03 (×) 건물 소유를 목적으로 한 토지 임차인이 토지임대차에 대하여 등기하지 않더라도 지상건물을 등기하면 제3자에 대해 임대차의 효력이 생긴다.

04 (×) 임대차가 묵시적으로 갱신되면 존속기간은 약정이 없는 것으로 보기 때문에 양 당사자는 언제든지 해지통고를 할 수 있다. 다만 임대인이 한 경우에는 6개월 후, 임차인이 한 경우에는 1개월 후에 효력을 발생한다.

정답 01 (○), 02 (○), 03 (×), 04 (×)

05 | 공인중개사 2020년

임차물의 일부가 임차인의 과실 없이 멸실되어 사용·수익할 수 없는 경우, 임차인은 그 부분의 비율에 의한 차임의 감액을 청구할 수 있다. ( )

06 | 공인중개사 2020년

경제사정변동에 따른 임대인의 차임증액청구에 대해 법원이 차임증액을 결정한 경우, 그 결정 다음날부터 지연손해금이 발생한다. ( )

07 | 공인중개사 2020년

여럿이 공동으로 임차한 경우, 임차인은 연대하여 차임지급의무를 부담한다. ( )

08 | 공인중개사 2020년

연체차임액이 1기의 차임액에 이르면 건물임대인이 차임연체로 해지할 수 있다는 약정은 무효이다. ( )

09 | 공인중개사 2015년

임차물에 필요비를 지출한 임차인은 임대차 종료 시 그 가액증가가 현존한 때에 한하여 그 상환을 청구할 수 있다. ( )

10 | 공인중개사 2016년

유익비상환청구권은 임대차 종료 시에 행사할 수 있다. ( )

---

06 (×) 경제사정변동에 따른 임대인의 차임증액청구에 대해 법원이 차임증액을 결정한 경우, 차임은 증액청구의 의사표시를 한 때에 소급하여 그 효력이 생기는 것이므로, 특별한 사정이 없는 한 증액청구의 의사표시가 상대방에게 도달한 때부터 지연손해금이 발생한다.

08 (○) 차임연체와 해지에 관한 규정은 편면적 강행규정이므로 임차인에게 불리한 것은 효력이 없다.

09 (×) 필요비는 지출한 즉시 청구할 수 있으며, 가액증가의 현존유무는 고려하지 않는다. 유익비는 임대차 종료 시 그 가액증가가 현존한 때에 한하여 그 상환을 청구할 수 있다.

10 (○) 유익비는 임대차 종료 시 그 가액증가가 현존한 때에 한하여 그 상환을 청구할 수 있다.

정답 05 (○), 06 (×), 07 (○), 08 (○), 09 (×), 10 (○)

11 | 공인중개사 2018년

건물임차인이 자신의 비용을 들여 증축한 부분을 임대인 소유로 하기로 한 약정이 유효한 때에도 임차인의 유익비상환청구가 허용된다. ( )

12 | 공인중개사 2014년

임차인의 비용상환청구권은 일시사용을 위한 임대차에서도 인정된다. ( )

13 | 공인중개사 2019년

임차인 甲이 임대인 乙에게 지상물매수청구권을 행사하는 경우, 甲은 매수청구권의 행사에 앞서 임대차계약의 갱신을 청구할 수 없다. ( )

14 | 공인중개사 2019년

임차인 甲이 임대인 乙에게 지상물매수청구권을 행사하는 경우, 甲의 매수청구가 유효하려면 乙의 승낙을 요한다. ( )

15 | 공인중개사 2019년

임차인 甲이 임대인 乙에게 지상물매수청구권을 행사하는 경우, 건축허가를 받은 건물이 아니라면 甲은 매수청구를 하지 못한다. ( )

---

11 (×) 건물임차인이 자신의 비용을 들여 증축한 부분을 임대인 소유로 하기로 한 약정은 비용상환청구권을 배제하는 특약으로 볼 수 있으므로 이러한 경우에는 임차인의 유익비상환청구가 허용되지 않는다.

12 (○) 일시사용을 위한 임대차에도 임차인의 비용상환청구권에 관한 규정이 준용된다. 다만 편면적 강행규정에 해당하는 규정은 적용되지 않는다.

13 (×) 지상물매수청구권은 임차인의 갱신요구가 거절된 경우에 비로소 청구할 수 있다.

14 (×) 지상물매수청구권은 형성권이므로 임대인 乙의 승낙이 없어도 지상물에 관한 매매계약이 성립한다.

15 (×) 무허가건물도 매수청구를 할 수 있다. 다만 토지의 임대목적에 반하여 축조되고 임대인이 예상할 수 없을 정도의 고가의 것이라는 등의 특별한 사정이 있으면 그러하지 아니하다.

정답 11 (×), 12 (○), 13 (×), 14 (×), 15 (×)

16 | 공인중개사 2019년

임차인 甲이 임대인 乙에게 지상물매수청구권을 행사하는 경우, 甲 소유 건물이 乙이 임대한 토지와 제3자 소유의 토지위에 걸쳐서 건립된 경우, 甲은 건물 전체에 대하여 매수청구를 할 수 있다. ( )

17 | 공인중개사 2019년

임차인 甲이 임대인 乙에게 지상물매수청구권을 행사하는 경우, 임대차가 甲의 채무불이행 때문에 기간 만료 전에 종료 되었다면, 甲은 매수청구를 할 수 없다. ( )

18 | 공인중개사 2019년

임차인의 부속물매수 청구권은 토지 내지 건물의 임차인에게 인정된다. ( )

19 | 공인중개사 2016년

부속된 물건이 임차물의 구성부분으로 일체가 된 경우 특별한 약정이 없는 한, 부속물매수청구의 대상이 된다. ( )

20 | 공인중개사 2016년

유익비상환청구권은 임대인이 목적물을 반환받은 날로부터 1년 내에 행사하여야 한다.
( )

---

16 (×) 임차인 甲 소유 건물이 임대인 乙의 토지와 제3자 소유의 토지위에 걸쳐서 건립된 경우에는 임대인 소유의 토지위에 있는 건물부분이 구분소유의 객체가 될 수 있는 부분에 한하여 매수청구권을 행사할 수 있다.

17 (○) 임차인의 채무불이행을 이유로 토지임대차계약이 해지되거나 토지임대차의 목적에 반하여 설치된 건물인 경우에는 임차인 甲은 매수청구를 할 수 없다.

18 (×) 임차인의 부속물매수청구권은 건물 또는 공작물의 임차인에게만 인정되는 것이고, 토지임차인에게는 인정되지 않는다.

19 (×) 부속된 물건이 임차물의 구성부분으로 일체가 된 경우에는 유익비상환청구권의 대상이 되고, 독립한 물건이면 부속물매수청구의 대상이 된다.

20 (×) 유익비상환청구권은 임대인이 목적물을 반환받은 날로부터 6개월 이내에 행사하여야 한다.

정답 16 (×), 17 (○), 18 (×), 19 (×), 20 (×)

21 | 공인중개사 2015년

건물소유를 목적으로 한 토지임대차의 기간이 만료된 경우, 임차인은 계약갱신의 청구 없이도 매도인에게 건물의 매수를 청구할 수 있다. ( )

22 | 공인중개사 2018년

부속물은 임차인이 임대인의 동의를 얻어 부속하거나 임대인으로부터 매수한 것이어야 한다. ( )

23 | 공인중개사 2015년

건물임차인이 그 사용의 편익을 위해 임대인으로부터 부속물을 매수한 경우, 임대차 종료 전에도 임대인에게 그 매수를 청구할 수 있다. ( )

24 | 공인중개사 2018년

임차인의 지위와 분리하여 부속물매수청구권만을 양도할 수 없다. ( )

25 | 공인중개사 2016년

일시사용을 위한 것임이 명백한 임대차의 임차인은 부속물의 매수를 청구할 수 있다. ( )

26 | 공인중개사 2018년

임대차계약이 임차인의 채무불이행으로 해지된 경우, 부속물매수청구권은 인정되지 않는다. ( )

---

21 (×) 건물소유를 목적으로 한 토지임대차의 기간이 만료된 경우, 임차인의 지상물매수청구권은 임차인의 갱신 요구가 거절된 경우에 비로소 청구할 수 있다.

23 (×) 건물임차인이 그 사용의 편익을 위해 임대인으로부터 부속물을 매수한 경우, 부속물매수청구권은 임대차가 종료한 때에 행사할 수 있다.

25 (×) 일시사용을 위한 임대차는 부속물매수청구권이 인정되지 않는다.

정답 21 (×), 22 (○), 23 (×), 24 (○), 25 (×), 26 (○)

27 | 공인중개사 2016년

임대차 기간 중에 부속물매수청구권을 배제하는 당사자의 약정은 임차인에게 불리하더라도 유효하다. ( )

28 | 공인중개사 2019년

오로지 임차인의 특수목적을 위해 부속된 물건은 매수 청구의 대상이 아니다. ( )

29 | 공인중개사 2018년

임대인의 동의 없이 임차권을 양도할 수 있도록 하는 임대인과 임차인 사이의 약정은 유효하다. ( )

30 | 공인중개사 2019년

적법한 전차인에게도 부속물매수청구권은 인정된다. ( )

31 | 공인중개사 2015년

건물임대인 甲의 동의를 얻어 임차인 乙이 丙과 전대차계약을 체결하고 그 건물을 인도해 주었다. 전대차 종료 시에 丙은 건물 사용의 편익을 위해 乙의 동의를 얻어 부속한 물건의 매수를 甲에게 청구할 수 있다. ( )

32 | 공인중개사 2015년

건물임대인 甲의 동의를 얻어 임차인 乙이 丙과 전대차계약을 체결하고 그 건물을 인도해 주었다. 甲과 乙의 합의로 임대차계약이 종료되어도 丙의 권리는 소멸하지 않는다. ( )

---

27 (×) 부속물매수청구권은 임차인을 보호하기 위한 편면적 강행규정이므로 이를 배제하는 당사자의 약정은 무효이다.

31 (×) 적법한 전대차의 경우에는 부속물매수청구권이 인정되므로 임대인에게 청구할 수 있다. 다만 임대인의 동의를 얻거나 임대인으로부터 매수한 부속물에 한정되고, 임차인의 동의를 얻어 부속한 물건은 이에 해당하지 않는다.

32 (○) 임대인의 동의를 얻은 전대차 계약은 적법한 것이므로 임대인과 임차인의 합의로 임대차계약이 종료되어도 전차인 丙의 권리는 소멸하지 않는다.

정답 27 (×), 28 (○), 29 (○), 30 (○), 31 (×), 32 (○)

33 | 공인중개사 2015년

건물임대인 甲의 동의를 얻어 임차인 乙이 丙과 전대차계약을 체결하고 그 건물을 인도해 주었다. 임대차와 전대차 기간이 모두 만료된 경우, 丙은 건물을 甲에게 직접 명도해도 乙에 대한 건물명도의무를 면하지 못한다. ( )

34 | 공인중개사 2015년

건물임대인 甲의 동의를 얻어 임차인 乙이 丙과 전대차계약을 체결하고 그 건물을 인도해 주었다. 乙의 차임연체액이 2기의 차임액에 달하여 甲이 임대차계약을 해지하는 경우, 甲은 丙에 대해 그 사유의 통지 없이도 해지로써 대항할 수 있다. ( )

35 | 공인중개사 2017년

임차인이 임대인의 동의 없이 X건물에 대한 임차권을 양도한 경우, 임차인은 양수인에게 임대인의 동의를 받아 줄 의무가 있다. ( )

36 | 공인중개사 2017년

임대인의 동의 없이 X건물에 대한 임차권을 양도한 경우, 임차인과 양수인 사이의 임차권 양도계약은 유동적 무효이다. ( )

37 | 공인중개사 2017년

임대인의 동의 없이 X건물에 대한 임차권을 양도한 경우라 하더라도 임대인은 임차인에게 차임의 지급을 청구할 수 있다. ( )

---

33 (×) 임대차와 전대차 기간이 모두 만료된 경우에는 전차인 丙은 임대인 甲에게 직접 건물을 명도하면 임차인 乙에 대한 건물명도의무를 면한다.

34 (○) 차임연체액이 2기에 달하여 임대차계약을 해지하는 경우에는 임대인 甲은 전차인 丙에 대해 그 사유의 통지 없이도 해지로써 대항할 수 있다. 그러나 해지통고로 인한 경우에는 전차인 丙에게 통지해야 대항할 수 있다.

35 (○) 임대인의 동의 없이도 임차인과 양수인 사이의 양도계약은 유효이지만, 임차인은 임대인의 동의를 받아 줄 의무가 있다.

36 (×) 양도인과 양수인 사이의 임차권 양도계약은 채권계약으로서 확정적으로 유효이다. 다만 임대인에게 대항할 수 없다.

37 (○) 임대인과 임차인 사이의 임대차계약은 유효하므로 임대인은 임차인에게 차임의 지급을 청구할 수 있다.

정답 33 (×), 34 (○), 35 (○), 36 (×), 37 (○)

38 | 공인중개사 2017년

甲은 자신의 X건물을 乙에게 임대하였고, 乙은 甲의 동의 없이 X건물에 대한 임차권을 丙에게 양도하였다. 만약 丙이 乙의 배우자이고 X건물에서 동거하면서 함께 가구점을 경영하고 있다면, 甲은 임대차계약을 해지할 수 없다. ( )

39 | 공인중개사 2017년

임차인이 임대인의 동의를 받아 임차권을 양도하였다면, 이미 발생된 임차인의 연체차임채무는 특약이 없는 한 전차인에게 이전되지 않는다. ( )

40 | 공인중개사 2016년

특별한 사정이 없는 한, 임대인은 무단전대를 이유로 임대차계약을 해지할 수 있다. ( )

41 | 공인중개사 2016년

임대인의 동의 없이 전대한 경우, 임차인은 전차인에게 건물을 인도하여 전차인이 사용·수익할 수 있도록 할 의무가 있다. ( )

42 | 공인중개사 2016년

甲소유의 건물을 임차하고 있던 乙이 甲의 동의 없이 이를 다시 丙에게 전대하였다. 乙과 丙의 전대차계약에도 불구하고 甲과 乙의 임대차관계는 소멸하지 않는다. ( )

---

38 (○) 임차권자가 같이 동거하고 있는 배우자에게 임차권을 양도한 것은 임대인에 대한 배신행위로 볼 수 없다고 하여 임대인이 임대차계약을 해지할 수 없다는 것이 판례의 입장이다.

39 (○) 임대인의 동의를 받아 임차권을 적법하게 양도하였더라도 이미 발생된 임차인의 연체차임채무는 특약이 없는 한 전차인에게 이전되지 않는다.

40 (○) 임차인의 채무불이행이 있으므로 임대인은 임대차계약을 해지할 수 있다.

41 (○) 임대인의 동의가 없더라도 임차인과 전차인 사이에서는 계약이 유효하므로 건물을 인도하여 사용·수익할 수 있도록 할 의무가 있다.

42 (○) 임차인이 무단으로 전대하더라도 임대인이 계약을 해지하지 않으면 임대차계약은 그대로 존속한다.

정답 38 (○), 39 (○), 40 (○), 41 (○), 42 (○)

43 | 공인중개사 2016년

甲소유의 건물을 임차하고 있던 乙이 甲의 동의 없이 이를 다시 丙에게 전대하였다. 임대차계약이 존속하는 동안에는 甲은 丙에게 불법점유를 이유로 한 차임상당의 손해배상을 청구할 수 없다. ( )

44 | 공인중개사 2022년

임대차계약에서 보증금을 지급하였다는 사실에 대한 증명책임은 임차인이 부담한다. ( )

45 | 공인중개사 2022년

임대차계약이 종료하지 않은 경우, 특별한 사정이 없는 한 임차인은 보증금의 존재를 이유로 차임의 지급을 거절할 수 없다. ( )

46 | 공인중개사 2022년

임대차 종료 후 보증금이 반환되지 않고 있는 한, 임차인의 목적물에 대한 점유는 적법점유이므로 임차인이 목적물을 계속하여 사용·수익하더라도 부당이득 반환의무는 발생하지 않는다. ( )

---

43 (○) 임대차계약이 존속하는 동안에는 임대인 甲에게 손해가 발생하지 않으므로 전차인 丙에게 불법점유를 이유로 한 차임상당의 손해배상을 청구할 수 없다.

46 (×) 임대차 종료 후 보증금이 반환되지 않고 있는 한, 임차인의 목적물에 대한 점유는 적법점유이다. 그러나 임차인이 목적물을 계속하여 사용·수익하는 것은 부당이득에 해당하므로 그 반환의무가 발생한다.

정답 43 (○), 44 (○), 45 (○), 46 (×)

 MEMO

CHAPTER 04

민사특별법

2014년	2015년	2016년	2017년	2018년	2019년	2020년	2021년	2022년
6문	6문	6문	6문	6문	5문	6문	6문	6문

핵심테마 16 | 주택임대차보호법
핵심테마 17 | 상가건물 임대차보호법
핵심테마 18 | 집합건물의 소유 및 관리에 관한 법률
핵심테마 19 | 가등기 담보 등에 관한 법률
핵심테마 20 | 부동산 실권리자 명의 등기에 관한 법률

 # 주택임대차보호법

01 | 공인중개사 **2016년**
적법한 임대권한을 가진 자로부터 임차하였으나 임대인이 주택소유자가 아닌 경우 주택임대차보호법의 적용대상이 된다. ( )

02 | 공인중개사 **2016년**
임차주택이 미등기인 경우에도 주택임대차보호법의 적용대상이 된다. ( )

03 | 공인중개사 **2016년**
사무실로 사용되던 건물이 주거용 건물로 용도 변경된 경우 주택임대차보호법의 적용대상이 된다. ( )

04 | 공인중개사 **2013년**
주택의 전부를 일시적으로 사용하기 위한 임대차인 것이 명백한 경우에도 「주택임대차보호법」이 적용된다. ( )

05 | 공인중개사 **2021년**
임차인이 타인의 점유를 매개로 임차주택을 간접점유하는 경우에도 대항요건인 점유가 인정될 수 있다. ( )

---

01 (○) 임차주택의 소유자가 반드시 임대인이어야 하는 것은 아니므로 적용된다.
02 (○) 주택임대차보호법은 실제용도를 기준으로 주거용인 경우에 적용된다. 임차주택이 미등기인 경우나 무허가건물인 경우에도 적용된다.
03 (○) 계약을 체결할 당시 주거용 건물인 경우에는 적용된다.
04 (×) 「주택임대차보호법」은 일시사용하기 위한 임대차임이 명백한 경우에는 적용하지 않는다.
05 (○) 「주택임대차보호법」상의 대항력은 주택의 인도와 주민등록을 마치면 인정된다. 다만 이 경우 주택을 인도받아 점유하는 것은 간접점유도 포함된다.

정답 01 (○), 02 (○), 03 (○), 04 (×), 05 (○)

06 | 공인중개사 2015년

주민등록의 신고는 행정청이 수리한 때가 아니라, 행정청에 도달한 때 효력이 발생한다.
( )

07 | 공인중개사 2021년

임차인이 가족과 함께 임차주택의 점유를 계속하면서 가족의 주민등록은 그대로 둔 채 임차인의 주민등록만 일시적으로 옮긴 경우 대항력을 상실하지 않는다. ( )

08 | 공인중개사 2021년

주민등록을 마치고 거주하던 자기 명의의 주택을 매도한 자가 매도와 동시에 이를 다시 임차하기로 약정한 경우, 매수인 명의의 소유권 이전등기 여부와 관계없이 대항력이 인정된다. ( )

09 | 공인중개사 2021년

임차인이 지위를 강화하고자 별도로 전세권 설정등기를 마친 후 「주택임대차보호법」상의 대항요건을 상실한 경우, 「주택임대차보호법」상의 대항력을 상실한다. ( )

10 | 공인중개사 2022년

다가구용 단독주택 일부의 임차인이 대항력을 취득하였다면, 후에 건축물 대장상으로 다가구용 단독주택이 다세대 주택으로 변경되었다는 사정만으로는 이미 취득한 대항력을 상실하지 않는다. ( )

11 | 공인중개사 2015년

임차권보다 선순위의 저당권이 존재하는 주택이 경매로 매각된 경우, 경매의 매수인은 임대인의 지위를 승계한다. ( )

---

06 (×) 주민등록의 신고는 수리를 요하는 신고에 해당하므로 행정청이 수리한 때 효력을 발생한다.
07 (○) 공동으로 거주하는 가족 중에서 1인의 주민등록이 남아있는 경우에는 대항력이 존속된다.
08 (×) 주민등록을 마치고 거주하던 자기 명의의 주택을 매도한 자가 매도와 동시에 이를 다시 임차하기로 약정한 경우, 이미 주민등록과 주택의 인도가 있다 하더라도 매수인 명의의 소유권 이전등기를 마쳐야 임차인의 지위를 가지게 되는 것이므로 소유권이전등기를 마친 다음 날 오전 영시부터 대항력이 인정된다.
09 (○) 「주택임대차보호법」상의 대항요건은 효력발생요건이면서 존속요건이므로 상실한다.
11 (×) 임차권보다 선순위의 저당권이 경매로 매각되면 후순위의 임차권은 소멸하는 것이므로 경락인이 임대인의 지위를 승계하는 것은 아니다.

정답 06 (×), 07 (○), 08 (×), 09 (○), 10 (○), 11 (×)

12 | 공인중개사 2022년

임차인이 대항력을 가진 후 그 임차주택의 소유권이 양도되어 양수인이 임차보증금반환채무를 부담하게 되었더라도, 임차인이 주민등록을 이전하면 양수인이 부담하는 임차보증금반환채무는 소멸한다. ( )

13 | 공인중개사 2020년

임차주택 양도 전 발생한 연체차임채권은 특별한 사정이 없는 한 임차주택 양수인에게 승계되지 않는다. ( )

14 | 공인중개사 2020년

임대인이 채권담보를 목적으로 임차주택을 제3자에게 양도한 경우, 임대인은 특별한 사정이 없는 한 보증금반환의무를 면한다. ( )

15 | 공인중개사 2020년

임차주택 양도 전 보증금반환채권이 가압류된 경우, 임차주택 양수인은 제3채무자의 지위를 승계한다. ( )

16 | 공인중개사 2017년

선순위 담보권 등이 없는 주택에 대해 대항요건과 확정일자를 갖춘 임차인이 경매절차에서 해당 주택의 소유권을 취득한 경우, 임대인에 대하여 보증금반환을 청구할 수 있다.

( )

---

12 (×) 임차인이 대항력을 가진 후 그 임차주택의 소유권이 양도되면 양수인이 임대인의 지위를 승계하므로 임차인이 주민등록을 이전하더라도 양수인이 부담하는 임차보증금반환채무는 소멸하지 않는다.

13 (○) 임대인의 지위가 양수인에게 승계되었으므로 임차주택을 양도하기 전에 발생한 연체차임채권은 따로 채권양도의 요건을 갖추지 않는 한 양수인에게 승계되지 않는다.

14 (×) 채권담보를 목적으로 임차주택을 양도한 경우, 양수인에게 사용, 수익권이 없고, 소유권도 확정적으로 귀속되는 것이 아니므로 임대인이 보증금반환의무를 부담한다.

15 (○) 임차주택의 양수인 丙은 임대인의 지위를 승계하므로 가압류채권에 대하여 제3채무자의 지위를 승계한다.

16 (×) 대항력을 갖춘 임차권이 있으면 임차주택의 양수인은 임대인의 지위를 승계한다. 임차인이 경매절차에서 소유권을 취득하면 임차인이 임대인의 지위를 승계하므로 종전 임대인의 보증금반환채무는 소멸한다.

정답 12 (×), 13 (○), 14 (×), 15 (○), 16 (×)

17 | 공인중개사 2015년

주택임차인의 우선변제권은 대지의 환가대금에는 미치지 않는다. ( )

18 | 공인중개사 2022년

우선변제권 있는 임차인은 임차주택과 별도로 그 대지만이 경매될 경우, 특별한 사정이 없는 한 그 대지의 환가대금에 대하여 우선변제권을 행사할 수 있다. ( )

19 | 공인중개사 2015년

소액임차인은 경매신청의 등기 전까지 임대차계약서에 확정일자를 받아야 최우선변제권을 행사할 수 있다. ( )

20 | 공인중개사 2015년

등기명령의 집행에 따라 주택 전부에 대해 타인 명의의 임차권등기가 끝난 뒤 소액보증금을 내고 그 주택을 임차한 자는 최우선변제권을 행사할 수 없다. ( )

21 | 공인중개사 2020년

임차권등기명령의 집행에 따른 임차권등기를 마친 경우, 임차인은 임차권등기의 비용을 임대인에게 청구할 수 있다. ( )

22 | 공인중개사 2020년

임차권등기명령의 집행에 따른 임차권등기를 마친 후, 임차인이 다른 곳으로 이사한 경우, 대항력을 잃는다. ( )

---

17 (×) 주택임차인의 우선변제권은 대지의 환가대금에도 미친다.

19 (×) 소액임차인의 최우선변제권은 대항요건만 갖추면 되고, 확정일자까지 받아야 하는 것은 아니다.

20 (○) 법원의 임차권등기명령에 의한 임차권등기는 기존 임차인의 보증금을 확보하기 위한 것이므로 임차권등기가 끝난 뒤 그 주택을 임차한 자는 소액보증금에 해당하는 경우라 하더라도 최우선변제권을 행사할 수 없다.

22 (×) 임차권등기명령에 의한 임차권등기가 있으면 이미 효력을 발생하고 있던 대항력과 우선변제권은 유지된다.

정답 17 (×), 18 (○), 19 (×), 20 (○), 21 (○), 22 (×)

23 | 공인중개사 2020년

임차권등기명령의 집행에 따른 임차권등기를 마친 이후에 경매가 개시되어 임차주택이 매각된 경우, 임차인이 배당요구를 하지 않으면 우선변제를 받을 수 없다. ( )

24 | 공인중개사 2018년

주택임차인은 임대차가 끝나기 전에 임차주택의 소재지를 관할하는 법원에 임차권등기명령을 신청할 수 있다. ( )

25 | 공인중개사 2019년

甲이 그 소유의 X주택에 거주하려는 乙과 존속기간 1년의 임대차계약을 체결한 경우, 乙은 2년의 임대차 존속기간을 주장할 수 있다. ( )

26 | 공인중개사 2019년

甲이 그 소유의 X주택에 거주하려는 乙과 존속기간 1년의 임대차계약을 체결한 경우, 乙은 1년의 존속기간이 유효함을 주장할 수 있다. ( )

27 | 공인중개사 2019년

주택임차인이 2기의 차임액에 달하도록 차임을 연체한 경우, 묵시적 갱신이 인정되지 아니한다. ( )

28 | 공인중개사 2019년

임대차계약이 묵시적으로 갱신된 경우, 임차인은 언제든지 임대인에게 계약해지를 통지할 수 있다. ( )

---

23 (×) 임차권등기명령에 의하여 임차권등기를 한 임차인은 일반 채권자와 달리 배당요구를 하지 않아도 배당 받을 수 있다.

24 (×) 임차권등기명령은 임대차가 종료되고 임대인이 보증금을 반환하지 않는 경우에 신청할 수 있다.

25 (○) 주택에 관해서는 「주택임차보호법」이 「민법」에 우선 적용되므로 기간을 정하지 않거나 2년 미만으로 정한 임대차는 그 기간을 2년으로 본다.

26 (○) 존속기간에 관한 규정은 편면적 강행규정이므로 임차인 乙은 본래 계약대로 1년을 주장할 수도 있다.

27 (○) 임차인이 2기의 차임액에 달하도록 차임을 연체하거나 그 밖에 임차인으로서의 의무를 현저히 위반한 경우에는 법정갱신은 인정되지 않는다.

정답 23 (×), 24 (×), 25 (○), 26 (○), 27 (○), 28 (○)

29 | 공인중개사 2019년

임차주택의 경매로 인한 환가대금에서 임차인이 보증금을 우선변제받기 위해서 임차주택을 양수인에게 인도할 필요가 없다. ( )

30 | 공인중개사 2021년

주택임대차보호법상 임차인의 계약갱신요구권은 임대차기간이 끝나기 6개월 전부터 2개월 전까지의 기간에 행사해야 한다. ( )

31 | 공인중개사 2021년

주택임대차보호법상 임차인의 계약갱신요구권은 임대차의 조건이 동일한 경우 여러 번 행사할 수 있다. ( )

32 | 공인중개사 2021년

주택임대차보호법상 임차인의 계약갱신요구권은 임차인이 임대인의 동의 없이 목적 주택을 전대한 경우 임대인은 계약갱신요구를 거절하지 못한다. ( )

---

29 (×) 임차인이 경매로 인한 환가대금에서 보증금을 우선변제받기 위해서는 임차주택을 인도하여야 한다.
31 (×) 「주택임대차보호법」은 1회에 한하여 갱신요구가 가능하다.
32 (×) 임차인이 임대인의 동의 없이 목적 주택을 전대한 경우, 임대인은 계약갱신요구를 거절할 수 있다.

정답 29 (×), 30 (○), 31 (×), 32 (×)

핵심테마 17 상가건물 임대차보호법

01 | 공인중개사 **2021년**

甲은 2021년 2월 1일 서울특별시에 위치한 乙 소유 X상가건물에 대하여 보증금 5억 원, 월차임 5백만 원으로 임대차계약을 체결한 경우, 확정일자 부여 등에 대해 규정하고 있는 「상가건물 임대차보호법」 제4조의 규정이 적용된다. ( )

02 | 공인중개사 **2021년**

甲은 2021년 2월 1일 서울특별시에 위치한 乙 소유 X상가건물에 대하여 보증금 5억 원, 월차임 5백만 원으로 임대차계약을 체결한 경우, 甲이 임차건물의 일부를 중과실로 파손한 경우 계약갱신요구를 거절할 수 없다. ( )

03 | 공인중개사 **2016년**

사업자등록의 대상이 되지 않는 건물에 대해서는 상가건물 임대차보호법이 적용되지 않는다. ( )

04 | 공인중개사 **2016년**

임차인이 대항력을 갖추기 위해서는 임대차계약서상의 확정일자를 받아야 한다. ( )

---

01 (×) 「상가건물 임대차보호법」은 서울 지역에서는 환산보증금이 9억 이하인 경우에 적용된다. 다만 대항력, 권리금, 3기 연체로 인한 해지, 갱신요구권 규정은 환산보증금을 초과하더라도 적용된다. 여기서 환산보증금은 10억이고[5억 + (500만 원 × 100) = 10억] 확정일자 부여 규정은 예외사유에 해당하지 않으므로 적용되지 않는다.

02 (×) 보증금이 초과하더라도 갱신요구권에 대한 규정은 적용되므로 임차인 甲이 임차건물의 일부를 고의 또는 중과실로 파손한 경우 임대인은 계약갱신요구를 거절할 수 있다.

03 (○) 대항요건은 건물의 인도와 사업자등록이므로 사업자등록의 대상이 되지 않는 건물에 대해서는 이 법은 적용되지 않는다.

04 (×) 임차인이 대항력을 갖추기 위해서는 건물의 인도와 사업자등록이 있으면 된다. 확정일자는 대항력 발생요건이 아니라 우선변제를 받기 위한 추가적 요건에 해당한다.

정답 01 (×), 02 (×), 03 (○), 04 (×)

05 | 공인중개사 2020년

乙은 甲소유의 X상가건물을 甲으로부터 임차하고 인도 및 사업자등록을 마쳤다. 乙이 폐업한 경우에도 제3자에 대하여 효력이 있다. ( )

06 | 공인중개사 2020년

乙은 甲소유의 X상가건물을 甲으로부터 임차하고 인도 및 사업자등록을 마쳤다. 丙이 乙로부터 X건물을 적법하게 전차하여 직접 점유하면서 丙명의로 사업자등록을 하고 사업을 운영하는 경우 제3자에 대하여 효력이 있다. ( )

07 | 공인중개사 2019년

임대차계약을 체결하려는 자는 임대인의 동의 없이도 관할 세무서장에게 해당 상가건물의 임대차에 관한 정보제공을 요구할 수 있다. ( )

08 | 공인중개사 2016년

기간을 정하지 아니하거나 기간을 2년 미만으로 정한 임대차는 그 기간을 2년으로 본다. ( )

09 | 공인중개사 2019년

임대차계약이 묵시적으로 갱신된 경우, 임차인의 계약해지의 통고가 있으면 즉시 해지의 효력이 발생한다. ( )

---

05 (×) 사업자등록은 대항력의 효력발생요건이면서 존속요건이므로 임차인 乙이 폐업한 경우에는 대항력을 상실한다.

06 (○) 임차인의 대항력과 우선변제권이 유지되기 위해서는 적법하게 전차한 전차인이 자신의 명의로 사업자등록을 하여야 한다.

07 (×) 임대차계약을 체결하려는 자는 임대인의 동의를 받아 관할 세무서장에게 해당 상가건물의 임대차에 관한 정보제공을 요청할 수 있다.

08 (×) 「상가건물 임대차보호법」이 적용되는 상가건물의 최단 존속기간은 1년이다. 따라서 기간의 정함이 없거나 1년 미만으로 정한 경우에는 1년으로 본다.

09 (×) 상가건물 임대차계약이 묵시적으로 갱신된 경우, 그 존속기간은 1년으로 보지만, 임차인은 언제든지 계약해지의 통고를 할 수 있다. 다만 해지통고 즉시 효력을 발생하는 것이 아니라 임대인이 통고를 받은 날부터 3개월이 지나면 효력을 발생한다.

정답 05 (×), 06 (○), 07 (×), 08 (×), 09 (×)

10 | 공인중개사 2019년

임차인은 임대인에게 계약갱신을 요구할 수 있으나 전체 임대차기간이 7년을 초과해서는 안된다. ( )

11 | 공인중개사 2018년

임차인이 주선한 신규임차인이 되려는 자가 보증금을 지급할 자력이 없는 경우, 상가임대인이 그의 임차인이 주선한 신규임차인으로 되려는 자와 임대차계약의 체결을 거절할 수 있다. ( )

12 | 공인중개사 2018년

임대목적물인 상가건물을 6개월 동안 영리목적으로 사용하지 아니한 경우, 상가임대인이 그의 임차인이 주선한 신규임차인으로 되려는 자와 임대차계약의 체결을 거절할 수 있다. ( )

13 | 공인중개사 2019년

임대차가 종료한 후 보증금이 반환되지 않은 때에는 임차인은 관할 세무서에 임차권등기명령을 신청할 수 있다. ( )

14 | 공인중개사 2019년

임차인이 임차한 건물을 중대한 과실로 전부 파손한 경우, 임대인은 권리금회수의 기회를 보장할 필요가 없다. ( )

---

10 (×) 임차인이 계약갱신요구권을 행사한 경우 최초의 임대차 기간을 포함하여 전체 임대차기간이 10년을 초과할 수 없다.

11 (○) 임차인이 주선한 신규임차인이 되려는 자가 보증금을 지급할 자력이 없는 경우에는 거절사유에 해당한다.

12 (×) 임대차목적물인 상가건물을 1년 6개월 동안 영리목적으로 사용하지 아니한 경우에는 체결을 거절할 수 있으므로 6개월 동안 사용하지 않은 것은 그러하지 아니하다.

13 (×) 임차권등기명령은 관할 세무서가 아니라 임차건물의 소재지를 관할하는 지방법원, 지방법원지원 또는 시·군법원에 신청할 수 있다.

14 (○) 임차인에게 계약갱신거절사유가 있으면 임대인은 권리금회수의 기회를 보장할 필요가 없다. 임차인이 임차한 건물을 중대한 과실로 전부 파손한 경우는 계약갱신을 거절할 수 있는 사유에 해당한다.

정답 10 (×), 11 (○), 12 (×), 13 (×), 14 (○)

15 | 공인중개사 2016년

권리금회수의 방해로 인한 임차인의 임대인에 대한 손해배상청구권은 그 방해가 있은 날로부터 3년 이내에 행사하지 않으면 시효의 완성으로 소멸한다. ( )

16 | 공인중개사 2016년

상가건물 전차인의 차임연체액이 2기의 차임액에 달하는 경우, 전대인은 전대차계약을 해지할 수 있다. ( )

---

15 (×) 권리금회수의 방해로 인한 임차인의 임대인에 대한 손해배상청구권의 소멸시효의 기산점은 방해가 있은 날이 아니라 임대차가 종료된 날이다.

16 (×) 「상가건물 임대차보호법」상 해지요건은 차임연체가 3기에 달하는 경우이다. 전차인의 차임연체액이 2기의 차임액에 달하는 경우, 전대인은 전대차계약을 해지할 수 없다.

정답 15 (×), 16 (×)

 ## 핵심테마 18 집합건물의 소유 및 관리에 관한 법률

01 | 공인중개사 2016년
전유부분은 구분소유권의 목적인 건물부분을 말한다. ( )

02 | 공인중개사 2021년
구분건물이 객관적·물리적으로 완성되더라도 그 건물이 집합건축물대장에 등록되지 않는 한 구분소유권의 객체가 되지 못한다. ( )

03 | 공인중개사 2019년
구분소유건물의 공용부분에 관한 물권의 득실변경은 등기가 필요하지 않다. ( )

04 | 공인중개사 2018년
일부의 구분소유자만이 공용하도록 제공되는 것임이 명백한 공용부분은 그들 구분소유자의 공유에 속한다. ( )

05 | 공인중개사 2015년
집합건물의 공용부분은 시효취득의 대상이 될 수 없다. ( )

06 | 공인중개사 2015년
공용부분의 사용과 비용부담은 전유부분의 지분비율에 따른다. ( )

---

02 (×) 구분건물의 구조상, 이용상 독립성이 있고, 구분의 의사가 있으면 성립하고, 집합건축물대장에 등록은 성립요건이 아니다.
03 (○) 구분건물의 공용부분은 전유부분의 득실변경과 일체성을 가지므로 따로 등기를 하여야 하는 것이 아니다.
05 (○) 집합건물의 공용부분은 전유부분과 분리하여 따로 시효취득의 대상이 될 수 없다.
06 (×) 공용부분의 사용과 수익은 용도에 따라 사용하고, 비용부담은 전유부분의 지분비율에 따른다.

정답 01 (○), 02 (×), 03 (○), 04 (○), 05 (○), 06 (×)

07 | 공인중개사 2015년

관리인 선임 여부와 관계없이 공유자는 단독으로 공용부분에 대한 보존행위를 할 수 있다. ( )

08 | 공인중개사 2022년

관리위원회를 둔 경우에도 규약에서 달리 정한 바가 없으면, 관리인은 공용부분의 보존행위를 함에 있어 관리위원회의 결의를 요하지 않는다. ( )

09 | 공인중개사 2022년

관리단집회 결의나 다른 구분소유자의 동의 없이 구분소유자 1인이 공용부분을 독점적으로 점유·사용하는 경우, 다른 구분소유자는 공용부분의 보존행위로서 그 인도를 청구할 수 있다. ( )

10 | 공인중개사 2018년

공유자가 공용부분에 관하여 다른 공유자에 대하여 가지는 채권은 그 특별승계인에 대하여도 행사할 수 있다. ( )

11 | 공인중개사 2021년

집합건물 구분소유권의 특별승계인이 그 구분소유권을 다시 제3자에게 이전한 경우, 관리규약에 달리 정함이 없는 한, 각 특별승계인들은 자신의 전(前)구분소유자의 공용부분에 대한 체납관리비를 지급할 책임이 있다. ( )

12 | 공인중개사 2014년

공용부분 관리비에 대한 연체료는 특별승계인에게 승계되는 공용부분 관리비에 포함되지 않는다. ( )

---

07 (○) 공용부분은 구분건물 소유자의 공유에 속하는 것이므로 보존행위는 관리인 선임 여부와 관계없이 단독으로 할 수 있다.

08 (×) 관리위원회를 둔 경우에는 보존행위를 하는 경우에도 관리위원회의 결의가 있어야 한다.

09 (×) 공유물의 소수지분권자는 공유물의 보존행위로서 그 인도를 청구할 수 없다는 법리는 집합건물의 구분소유자에 대해서도 마찬가지로 적용된다.

11 (○) 구분소유권의 특별승계인들은 관리규약에 달리 정함이 없는 한, 자신의 전(前)구분소유자의 공용부분에 대한 체납관리비를 지급할 책임이 있다. 다만 체납관리비에 대한 연체금은 승계하지 않는다.

정답 07 (○), 08 (×), 09 (×), 10 (○), 11 (○), 12 (○)

13 | 공인중개사 2016년

대지사용권은 구분소유자가 전유부분을 소유하기 위하여 건물의 대지에 대하여 가지는 권리를 말한다. ( )

14 | 공인중개사 2016년

대지 위에 구분소유권의 목적인 건물이 속하는 1동의 건물이 있을 경우, 대지의 공유자는 그 건물의 사용에 필요한 범위의 대지에 대하여 분할을 청구하지 못한다. ( )

15 | 공인중개사 2015년

구분소유자는 규약 또는 공정증서로써 달리 정하지 않는 한 그가 가지는 전유부분과 분리하여 대지사용권을 처분할 수 없다. ( )

16 | 공인중개사 2014년

전유부분에 설정된 저당권의 효력은 특별한 사정이 없는 한 대지사용권에 미친다. ( )

17 | 공인중개사 2022년

구분소유자가 10인 이상일 때에는 관리단을 대표하고 관리단의 사무를 집행할 관리인을 선임하여야 한다. ( )

18 | 공인중개사 2019년

관리인은 구분소유자가 아니더라도 무방하다. ( )

19 | 공인중개사 2022년

규약에서 달리 정한 바가 없으면, 관리인은 관리위원회의 위원이 될 수 있다. ( )

---

14 (○) 공유자는 공유물의 분할을 자유롭게 청구할 수 있는 것이 원칙이나, 구분건물의 대지에 대한 공유자는 그 건물의 사용에 필요한 범위의 대지에 대하여 분할을 청구하지 못한다.

15 (○) 대지사용권은 전유부분 소유자가 건물을 소유하기 위하여 필요한 권리이므로 전유부분과 분리해서 처분할 수 없다. 다만 규약 또는 공정증서로써 달리 정할 수 있다.

16 (○) 대지사용권은 전유부분과 분리하여 처분할 수 없는 것이 원칙이므로 전유부분에 저당권이 설정되면 대지사용권에도 미친다.

18 (○) 관리단은 구분소유자 전원으로 구성되지만, 관리인은 구분소유자가 아니더라도 무방하다.

19 (×) 규약에서 달리 정한 바가 없으면, 관리인은 관리위원회의 위원이 될 수 없다.

정답 13 (○), 14 (○), 15 (○), 16 (○), 17 (○), 18 (○), 19 (×)

20 | 공인중개사 2018년

관리인의 대표권 제한은 선의의 제3자에게 대항할 수 없다. ( )

21 | 공인중개사 2016년

구분소유자 전원의 동의로 소집된 관리단집회는 소집절차에서 통지되지 않은 사항에 대해서도 결의할 수 있다. ( )

22 | 공인중개사 2014년

관리단집회는 구분소유자 전원이 동의하면 소집절차를 거치지 않고 소집할 수 있다.
( )

23 | 공인중개사 2018년

관리인은 매년 회계연도 종료 후 3개월 이내에 정기 관리단집회를 소집하여야 한다. ( )

24 | 공인중개사 2022년

규약에서 달리 정한 바가 없으면, 관리위원회 위원은 부득이한 사유가 없더라도 서면이나 대리인을 통하여 의결권을 행사할 수 있다. ( )

25 | 공인중개사 2019년

규약 및 관리단집회의 결의는 구분소유자의 특별승계인에 대하여도 효력이 있다. ( )

26 | 공인중개사 2016년

건물의 시공자가 전유부분에 대하여 구분소유자에게 지는 담보책임의 존속기간은 사용승인일부터 기산한다. ( )

27 | 공인중개사 모의문제

분양자는 원칙적으로 전유부분을 양수한 구분 소유자에 대하여 담보책임을 지지 않는다.
( )

---

24 (×) 관리위원회 위원은 질병, 해외체류 등 부득이한 사유가 있는 경우 외에는 서면이나 대리인을 통하여 의결권을 행사할 수 없다.
26 (×) 전유부분에 대한 담보책임의 존속기간은 건물을 인도받은 날로부터 기산하고, 공용부분에 대해서는 사용승인일로부터 기산한다.
27 (×) 시공자나 분양자는 현재 전유부분을 양수한 구분 소유자에 대하여 담보책임을 진다.

정답 20 (○), 21 (○), 22 (○), 23 (○), 24 (×), 25 (○), 26 (×), 27 (×)

28 | 공인중개사 2019년

재건축 결의는 구분소유자 및 의결권의 각 5분의 4 이상의 결의에 의한다. ( )

29 | 공인중개사 2019년

재건축 결의 후 재건축 참가 여부를 서면으로 촉구받은 재건축반대자가 법정기간 내에 회답하지 않으면 재건축에 참가하겠다는 회답을 한 것으로 본다. ( )

> 29 (×) 재건축 결의 후 재건축 참가 여부를 서면으로 촉구받은 재건축반대자가 법정기간 내에 회답하지 않으면 재건축에 참가하지 않겠다는 회답을 한 것으로 본다.
>
> 정답 28 (○), 29 (×)

 가등기 담보 등에 관한 법률

01 | 공인중개사 2015년

공사대금채무를 담보하기 위한 가등기에도 「가등기담보 등에 관한 법률」이 적용된다.
( )

02 | 공인중개사 2022년

채무자가 아닌 제3자는 가등기담보권의 설정자가 될 수 없다. ( )

03 | 공인중개사 2019년

가등기가 담보가등기인지, 청구권보전을 위한 가등기인지의 여부는 등기부상 표시를 보고 결정한다. ( )

04 | 공인중개사 2022년

가등기담보권자는 특별한 사정이 없는 한 가등기담보권을 그 피담보채권과 함께 제3자에게 양도할 수 있다. ( )

05 | 공인중개사 2021년

가등기의 피담보채권은 당사자의 약정과 관계없이 가등기의 원인증서인 매매예약서상의 매매대금의 한도로 제한된다. ( )

---

01 (×) 「가등기담보 등에 관한 법률」은 소비대차 계약으로 인한 금전채권을 담보하기 위한 경우에 적용되는 것이고, 공사대금채무를 담보하기 위한 가등기에는 적용되지 않는다.

02 (×) 채무자가 아닌 제3자도 물상보증인으로서 가등기담보권의 설정자가 될 수 있다.

03 (×) 가등기담보의 경우 등기원인에 담보가등기인지, 청구권보전을 위한 가등기인지의 여부가 기재되지 않으므로 등기부상으로는 구별할 수 없다.

04 (○) 가등기담보권도 담보물권이므로 피담보채권과 함께 양도할 수 있다.

05 (×) 가등기의 원인증서인 매매예약서상의 매매대금은 가등기절차의 편의상 기재하는 것에 불과하고 가등기의 피담보채권이 그 한도로 제한되는 것은 아니다(판례).

정답 01 (×), 02 (×), 03 (×), 04 (○), 05 (×)

06 | 공인중개사 2015년

담보가등기 후의 저당권자는 청산기간 내라도 저당권의 피담보채권의 도래 전에는 담보목적 부동산의 경매를 청구할 수 없다. ( )

07 | 공인중개사 2015년

가등기담보의 채무자는 귀속정산과 처분정산 중 하나를 선택할 수 있다. ( )

08 | 공인중개사 2019년

청산금은 담보권실행의 통지 당시 담보목적부동산의 가액에서 피담보채권액을 뺀 금액이며, 그 부동산에 선순위담보권이 있으면 위 피담보채권액에 선순위담보로 담보한 채권액을 포함시킨다. ( )

09 | 공인중개사 2019년

통지한 청산금액이 객관적으로 정확하게 계산된 액수와 맞지 않으면, 채권자는 정확하게 계산된 금액을 다시 통지해야 한다. ( )

10 | 공인중개사 2019년

채권자가 담보권실행을 통지함에 있어서, 청산금이 없다고 인정되면 통지의 상대방에게 그 뜻을 통지하지 않아도 된다. ( )

11 | 공인중개사 2021년

가등기담보부동산의 예약 당시 시가가 그 피담보채무액에 미달하는 경우에는 청산금평가액의 통지를 할 필요가 없다. ( )

---

06 (×) 담보가등기 후의 실행된 후순위 저당권자는 청산기간에 한하여 저당권의 피담보채권의 변제기가 도래하기 전이라도 담보목적 부동산의 경매를 청구할 수 있다.

07 (×) 가등기담보권의 실행방법에는 권리취득에 의한 귀속정산과 경매를 통한 처분정산이 있다. 그 선택권은 채권자에게 있다.

09 (×) 채권자가 실행통지한 금액에는 구속력이 인정되므로 채권자는 다시 통지할 수 없다.

10 (×) 채권자가 담보권실행을 통지하는 경우, 청산금이 없어도 그 뜻을 채무자 등에게 통지하여야 한다.

11 (○) 가등기담보부동산의 예약 당시 시가가 그 피담보채무액에 미달하는 경우에는 이 법이 적용되지 않으므로 이 법에 따른 청산절차를 할 필요가 없다.

정답 06 (×), 07 (×), 08 (○), 09 (×), 10 (×), 11 (○)

12 | 공인중개사 2016년

후순위담보권자의 피담보채권액은 채권자가 담보목적 부동산의 소유권을 취득하기 위하여 채무자에게 실행통지를 할 때 밝히지 않아도 된다. ( )

13 | 공인중개사 2015년

가등기담보의 채무자의 채무변제와 가등기 말소는 동시이행관계에 있다. ( )

14 | 공인중개사 2017년

甲은 乙에게 빌려준 1,000만 원을 담보하기 위해 乙소유의 X토지(시가 1억 원)에 가등기를 마친 경우, 甲이 청산기간이 지나기 전에 가등기에 의한 본등기를 마치면 그 본등기는 무효이다. ( )

15 | 공인중개사 2014년

甲은 乙의 X토지에 대하여 가등기담보권을 취득하였으나, 乙은 변제기에 채무를 이행하지 않고 있다. 청산기간 전에 乙의 다른 채권자의 강제경매로 제3자가 X토지의 소유권을 취득한 경우에도 甲은 가등기에 기한 본등기를 청구할 수 있다. ( )

16 | 공인중개사 2019년

채권자가 채무자에게 담보권실행을 통지하고 난 후부터는 담보목적물에 대한 과실수취권은 채권자에게 귀속한다. ( )

---

12 (○) 청산금이란 통지 당시의 담보목적부동산의 가액에서 그 채권액을 뺀 금액이다. 이때 선순위담보액은 채권액에 포함되나, 후순위 담보액은 포함되지 않으므로 밝힐 필요가 없다.

13 (×) 가등기담보의 채무자의 채무변제는 가등기 말소의무에 대하여 선이행의무의 관계에 있다.

14 (○) 담보가등기의 실행방법 중에서 본등기를 하는 방식은 청산금 지급과 동시에 본등기를 할 수 있으므로 청산기간이 지나기 전에 마친 본등기는 무효이다.

15 (×) 경매가 실행된 경우 가등기담보권은 저당권으로 보기 때문에 제3자가 경매로 인하여 소유권을 취득하면 甲의 가등기담보권은 소멸하므로 가등기에 기한 본등기를 청구할 수 없다.

16 (×) 담보목적물의 과실수취권은 채무자에게 있으나, 청산금을 지급한 이후에는 채권자에게 귀속된다. 담보권 실행을 통지한 이후가 아니다.

정답 12 (○), 13 (×), 14 (○), 15 (×), 16 (×)

17 | 공인중개사 2021년

채무자가 청산기간이 지나기 전에 한 청산금에 관한 권리의 양도는 이로써 후순위권리자에게 대항하지 못한다. ( )

18 | 공인중개사 2015년

청산금을 지급할 필요 없이 청산절차가 종료한 경우, 그때부터 담보목적물의 과실수취권은 채권자에게 귀속한다. ( )

19 | 공인중개사 2022년

가등기담보권자는 담보목적물에 대한 경매를 청구할 수 없다. ( )

20 | 공인중개사 2021년

담보가등기를 마친 부동산에 대하여 강제경매가 된 경우 담보가등기권리는 그 부동산의 매각에 의해 소멸한다. ( )

21 | 공인중개사 2018년

乙은 甲으로부터 1억 원을 빌리면서 자신의 X토지(시가 3억 원)을 양도담보로 제공하고 甲명의로 소유권이전등기를 마쳤다. 그 후 丙은 X토지를 사용·수익하던 乙과 임대차계약을 맺고 그 토지를 인도받아 사용하고 있다. 甲은 피담보채권의 변제기 전에도 丙에게 임료 상당을 부당이득으로 반환 청구할 수 있다. ( )

---

17 (○) 채무자가 청산기간이 지나기 전에 한 청산금에 관한 권리의 양도나 그 밖의 처분은 이로써 후순위권리자에게 대항하지 못한다. 또한 채권자가 청산기간이 지나기 전에 청산금을 지급한 경우 또는 실행통지를 하지 아니하고 청산금을 지급한 경우에도 대항하지 못한다.

18 (○) 담보목적물의 소유권과 점유권은 채무자에게 있으므로 과실수취권은 채무자에게 있다. 그러나 청산금을 지급한 이후에는 채권자에게 귀속된다. 다만 청산금을 지급할 여지가 없는 때에는 청산금을 지급하지 않더라도 청산절차가 종료한 때 채권자에게 귀속한다.

19 (×) 가등기담보권자는 담보목적물에 대한 경매를 청구할 수 있다.

20 (○) 담보가등기를 마친 부동산에 대하여 강제경매가 된 경우, 담보가등기권리는 저당권으로 보기 때문에 그 부동산의 매각에 의해 소멸한다.

21 (×) 양도담보의 경우 담보물의 점유와 사용·수익권은 담보권설정자인 乙에게 있다. 피담보채권의 변제기 전에는 담보권자인 甲에게 손해가 없으므로 임차인 丙에게 임료 상당의 부당이득 반환을 청구할 수 없다.

정답 17 (○), 18 (○), 19 (×), 20 (○), 21 (×)

22 | 공인중개사 **2018년**

乙은 甲으로부터 1억 원을 빌리면서 자신의 X토지(시가 3억 원)을 양도담보로 제공하고 甲명의로 소유권이전등기를 마쳤다. 그 후 丙은 X토지를 사용·수익하던 乙과 임대차계약을 맺고 그 토지를 인도받아 사용하고 있다. 甲은 특별한 사정이 없는 한 담보권실행을 위하여 丙에게 X토지의 인도를 청구할 수 있다. ( )

23 | 공인중개사 **2018년**

乙은 甲으로부터 1억 원을 빌리면서 자신의 X토지(시가 3억 원)을 양도담보로 제공하고 甲명의로 소유권이전등기를 마쳤다. 만약 甲이 선의의 丁에게 X토지를 매도하고 소유권이전등기를 마친 경우, 乙은 丁에게 소유권이전등기의 말소를 청구할 수 없다. ( )

24 | 공인중개사 **2020년**

乙은 甲에 대한 1억 원의 차용금채무를 담보하기 위해 자신의 X건물(시가 2억 원)에 관하여 甲명의로 소유권이전등기를 마쳤다. 甲은 X건물의 화재로 乙이 취득한 화재보험금청구권에 대하여 물상대위권을 행사할 수 없다. ( )

---

22 (○) 양도담보권자는 담보권의 실행을 위하여 담보채무자가 아닌 제3자에 대하여도 담보물의 인도를 청구할 수 있다. 양도담보권자 甲은 임차인 丙에 대하여 담보물의 인도를 청구할 수 있다.

23 (○) 양도담보의 경우 선의의 제3자에게 대항할 수 없다.

24 (×) 양도담보권은 저당권의 효력을 가지므로 물상대위가 인정된다. 목적물이 화재로 소실되어 채무자 乙이 화재보험청구권을 취득하면 그 화재보험청구권에 대하여 담보권자인 甲은 양도담보권에 기한 물상대위권을 행사할 수 있다.

정답 22 (○), 23 (○), 24 (×)

부동산 실권리자 명의 등기에 관한 법률

01 | 공인중개사 2015년

소유권 이외의 부동산 물권의 명의신탁은 부동산 실권리자명의 등기에 관한 법률의 적용을 받지 않는다. ( )

02 | 공인중개사 2015년

채무변제를 담보하기 위해 채권자가 부동산 소유권을 이전받기로 하는 약정은 동 법률의 명의신탁약정에 해당한다. ( )

03 | 공인중개사 2020년

甲은 법령상의 제한을 회피하기 위해 2019. 5. 배우자 乙과 명의신탁약정을 하고 자신의 X건물을 乙명의로 소유권이전등기를 마쳤다. 甲은 소유권에 의해 乙을 상대로 소유권이전등기의 말소를 청구할 수 있다. ( )

04 | 공인중개사 2020년

甲은 법령상의 제한을 회피하기 위해 2019. 5. 배우자 乙과 명의신탁약정을 하고 자신의 X건물을 乙명의로 소유권이전등기를 마쳤다. 甲은 乙에게 명의신탁해지를 원인으로 소유권이전등기를 청구할 수 없다. ( )

---

01 (×) 소유권 이외의 부동산 물권에 대한 명의신탁에 대해서도 이 법률은 적용된다.
02 (×) 채무변제를 담보하기 위해 채권자가 부동산 소유권을 이전받기로 하는 약정은 양도담보에 해당하므로 「가등기 담보에 관한 법률」이 적용된다. 이 법률이 적용되는 명의신탁약정은 아니다.
03 (○) 법령상 제한을 회피하기 위하여 배우자 명의로 소유권이전등기를 마친 명의신탁은 무효이므로 소유권은 甲에게 있다. 甲은 소유권에 근거하여 乙을 상대로 소유권이전등기의 말소를 청구할 수 있다.
04 (○) 무효인 명의신탁은 해지를 원인으로 한 소유권이전등기를 청구할 수 없다.

정답 01 (×), 02 (×), 03 (○), 04 (○)

05 | 공인중개사 **2020년**

甲은 법령상의 제한을 회피하기 위해 2019. 5. 배우자 乙과 명의신탁약정을 하고 자신의 X건물을 乙명의로 소유권이전등기를 마쳤다. 乙이 소유권이전등기 후 X건물을 점유하는 경우, 乙의 점유는 타주점유이다. ( )

06 | 공인중개사 **2020년**

甲은 법령상의 제한을 회피하기 위해 2019. 5. 배우자 乙과 명의신탁약정을 하고 자신의 X건물을 乙명의로 소유권이전등기를 마쳤다. 乙이 丙에게 X건물을 증여하고 소유권이전등기를 해 준 경우, 丙은 특별한 사정이 없는 한 소유권을 취득한다. ( )

07 | 공인중개사 **2020년**

甲은 법령상의 제한을 회피하기 위해 2019. 5. 배우자 乙과 명의신탁약정을 하고 자신의 X건물을 乙명의로 소유권이전등기를 마쳤다. 乙이 丙에게 X건물을 적법하게 양도하였다가 다시 소유권을 취득한 경우, 甲은 乙에게 소유물반환을 청구할 수 있다. ( )

08 | 공인중개사 **2017년**

甲은 조세포탈·강제집행의 면탈 또는 법령상 제한의 회피를 목적으로 하지 않고, 배우자 乙과의 명의신탁약정에 따라 자신의 X토지를 乙명의로 소유권이전등기를 마쳐주었다. 乙은 甲에 대해 X토지의 소유권을 주장할 수 없다. ( )

---

05 (○) 명의신탁에 의한 점유는 타주점유에 해당한다.

06 (○) 명의신탁 약정과 그에 따른 등기에 의한 물권변동은 무효이나 제3자에게 대항하지 못하므로 丙은 소유권을 취득하는 것이 원칙이다. 다만, 적극가담행위에 해당하여 반사회질서 행위로서 무효가 되는 경우에는 그러하지 아니하다.

07 (×) 丙이 적법하게 건물의 소유권을 취득한 이후 다시 乙이 소유권을 취득한 것은 명의신탁약정과는 무관하므로 소유권은 乙에게 있다. 따라서 甲은 乙에게 소유물반환을 청구할 수 없다.

08 (○) 조세포탈 등의 목적이 없는 배우자 간의 명의신탁약정은 유효이다. 이 경우 내부적으로 소유권은 신탁자인 甲에게 있으므로 수탁자 乙은 甲에 대해 소유권을 주장할 수 없다.

정답 05 (○), 06 (○), 07 (×), 08 (○)

09 | 공인중개사 **2017년**

甲은 조세포탈·강제집행의 면탈 또는 법령상 제한의 회피를 목적으로 하지 않고, 배우자 乙과의 명의신탁약정에 따라 자신의 X토지를 乙명의로 소유권이전등기를 마쳐주었다. 甲이 X토지를 丙에게 매도한 경우, 이를 타인의 권리매매라고 할 수 없다. ( )

10 | 공인중개사 **2017년**

甲은 조세포탈·강제집행의 면탈 또는 법령상 제한의 회피를 목적으로 하지 않고, 배우자 乙과의 명의신탁약정에 따라 자신의 X토지를 乙명의로 소유권이전등기를 마쳐주었다. 丁이 X토지를 불법점유하는 경우, 甲은 직접 丁에 대해 소유물반환청구권을 행사할 수 있다. ( )

11 | 공인중개사 **2017년**

甲은 조세포탈·강제집행의 면탈 또는 법령상 제한의 회피를 목적으로 하지 않고, 배우자 乙과의 명의신탁약정에 따라 자신의 X토지를 乙명의로 소유권이전등기를 마쳐주었다. 乙로부터 X토지를 매수한 丙이 乙의 甲에 대한 배신행위에 적극가담한 경우, 乙과 丙사이의 계약은 무효이다. ( )

12 | 공인중개사 **2014년**

甲은 친구 乙과 명의신탁약정을 하였다. 그 후 甲은 丙소유의 X토지를 매수하면서 丙에게 부탁하여 乙명의로 소유권이전등기를 하였고, X토지는 현재 甲이 점유하고 있다. 乙은 甲에게 X토지의 반환을 청구할 수 없다. ( )

---

09 (○) 명의신탁약정이 유효인 경우, 신탁자는 부동산을 사실상 처분할 수 있고, 법률상으로도 정당한 권원이 있으므로 甲이 X토지를 丙에게 매도한 것은 타인의 권리매매라고 할 수 없다.

10 (×) 명의신탁약정이 유효인 경우라도 외부적으로는 수탁자가 소유권자이다. 제3자 丁이 대상토지를 불법점유하면 신탁자 甲은 수탁자 乙을 대위하여 소유물반환청구권을 행사할 수 있다.

12 (○) 乙명의로 소유권이전등기는 중간생략등기로서 무효이다. 따라서 乙은 소유권자가 아니므로 甲에게 토지의 반환을 청구할 수 없다.

정답 09 (○), 10 (×), 11 (○), 12 (○)

13 | 공인중개사 2014년

갑은 친구 乙과 명의신탁약정을 하였다. 그 후 甲은 丙소유의 X토지를 매수하면서 丙에게 부탁하여 乙명의로 소유권이전등기를 하였고, X토지는 현재 甲이 점유하고 있다. 甲은 丙에게 X토지의 소유권이전을 청구할 수 없다. ( )

14 | 공인중개사 2014년

갑은 친구 乙과 명의신탁약정을 하였다. 그 후 甲은 丙소유의 X토지를 매수하면서 丙에게 부탁하여 乙명의로 소유권이전등기를 하였고, X토지는 현재 甲이 점유하고 있다. 丙은 乙에게 X토지의 소유권이전등기말소를 청구할 수 없다. ( )

15 | 공인중개사 2014년

갑은 친구 乙과 명의신탁약정을 하였다. 그 후 甲은 丙소유의 X토지를 매수하면서 丙에게 부탁하여 乙명의로 소유권이전등기를 하였고, X토지는 현재 甲이 점유하고 있다. 甲은 乙에게 부당이득반환을 원인으로 소유권이전등기를 청구할 수 있다. ( )

16 | 공인중개사 2014년

갑은 친구 乙과 명의신탁약정을 하였다. 그 후 甲은 丙소유의 X토지를 매수하면서 丙에게 부탁하여 乙명의로 소유권이전등기를 하였고, X토지는 현재 甲이 점유하고 있다. 甲은 乙에게 부당이득반환청구권을 피담보채권으로 하여 유치권을 주장할 수 있다. ( )

17 | 공인중개사 2015년

3자간 등기명의신탁의 경우 수탁자가 자진하여 신탁자에게 소유권이전등기를 해주더라도, 그 등기는 무효이다. ( )

---

13 (×) 甲과 丙 사이의 매매계약은 유효하므로 매수인 甲은 매도인 丙에게 X토지의 소유권이전을 청구할 수 있다.

14 (×) 중간생략형 명의신탁의 경우, 소유권은 여전히 매도인 丙에게 있으므로 乙에게 소유권이전등기말소를 청구할 수 있다.

15 (×) 매수인 甲은 매도인 丙에게 등기청구권을 행사할 수 있으므로 부당이득이 성립하지 않고, 수탁자 乙 명의의 소유권이전등기는 무효이므로 수탁자 乙을 상대로 소유권이전등기를 청구할 수도 없다.

16 (×) 甲은 손해가 발생한 것이 없으므로 乙에 대한 부당이득반환청구권이 없다. 따라서 이를 근거로 하여 유치권을 주장할 수 없다.

17 (×) 3자간 등기명의신탁의 경우, 명의신탁약정은 무효가 되지만 수탁자가 자진하여 신탁자에게 소유권이전등기를 해준 경우에는 그 등기는 유효이다.

정답 13 (×), 14 (×), 15 (×), 16 (×), 17 (×)

18 | 공인중개사 2014년

甲은 친구 乙과 계약명의신탁을 약정하였다. 그 사실을 알고 있는 丙은 명의수탁자 乙과의 매매계약에 따라 乙명의로 X토지의 소유권을 이전해 주었다. 乙은 X토지에 대한 소유권을 취득한다. ( )

19 | 공인중개사 2014년

甲은 친구 乙과 계약명의신탁을 약정하였다. 그 사실을 알고 있는 丙은 명의수탁자 乙과의 매매계약에 따라 乙명의로 X토지의 소유권을 이전해 주었다. 甲은 丙에 대하여 X토지에 대한 소유권이전등기를 청구할 수 있다. ( )

20 | 공인중개사 2014년

甲은 친구 乙과 계약명의신탁을 약정하였다. 그 사실을 알고 있는 丙은 명의수탁자 乙과의 매매계약에 따라 乙명의로 X토지의 소유권을 이전해 주었다. 乙이 X토지의 소유권이전등기를 말소하지 않더라도 丙은 乙의 매매대금반환청구를 거절할 수 없다. ( )

21 | 공인중개사 2014년

甲은 친구 乙과 계약명의신탁을 약정하였다. 그 사실을 알고 있는 丙은 명의수탁자 乙과의 매매계약에 따라 乙명의로 X토지의 소유권을 이전해 주었다. 乙이 X토지를 丁에게 매도하여 소유권이전등기를 해준 경우, 丁은 X토지의 소유권을 취득한다. ( )

---

18 (×) 계약명의신탁의 경우 수탁자와 매도인의 매매계약은 유효인 것이 원칙이나, 매도인이 악의인 경우에는 무효가 된다.

19 (×) 계약명의신탁에서 매도인이 악의인 경우, 소유권은 매도인 丙에게 있으며, 매수인의 지위가 甲에게 승계되는 것이 아니므로 甲은 丙에 대하여 X토지에 대한 소유권이전등기를 청구할 수 없다.

20 (×) 乙과 丙사이의 매매계약은 무효이므로 丙은 소유권에 근거하여 乙명의 소유권이전등기의 말소를 청구할 수 있다. 이때 乙의 소유권이전등기말소의무와 丙의 대금반환채무는 동시이행관계에 있으므로 乙이 소유권이전등기를 말소하지 않으면 대금지급청구를 거절할 수 있다.

21 (○) 명의신탁약정이 무효라는 이유로 제3자에게 대항하지 못한다. 이 경우 제3자는 선의·악의를 불문하고 목적물의 소유권을 취득한다.

정답 18 (×), 19 (×), 20 (×), 21 (○)

22 | 공인중개사 2014년

甲은 친구 乙과 계약명의신탁을 약정하였다. 그 사실을 알고 있는 丙은 명의수탁자 乙과의 매매계약에 따라 乙명의로 X토지의 소유권을 이전해 주었다. 乙이 X토지를 선의의 丁에게 매도하여 소유권이전등기를 해준 경우, 乙의 행위는 丙의 소유권에 대한 침해행위가 아니다. ( )

23 | 공인중개사 2021년

계약명의신탁의 경우 매도인이 매매계약 체결 당시 그 명의신탁약정이 있다는 사실을 몰랐다면, 그 후 명의신탁약정 사실을 알게 되었어도 명의수탁자인 매수인은 부동산의 소유권을 취득한다. ( )

24 | 공인중개사 2021년

계약명의신탁의 경우 명의수탁자가 부동산의 소유권을 취득한 경우, 명의신탁자는 명의수탁자에게 제공한 부동산의 매수자금 상당액을 부당이득으로 반환청구할 수 있다. ( )

25 | 공인중개사 2015년

명의신탁약정의 무효는 악의의 제3자에게 대항할 수 있다. ( )

26 | 공인중개사 2015년

명의수탁자와 명의신탁 사실을 아는 매도인이 매매계약에 따른 법률효과를 직접 명의신탁자에게 귀속시킬 의도로 계약을 체결한 사정이 인정된다면, 3자간 등기명의신탁으로 보아야 한다. ( )

---

22 (×) 계약명의신탁에서 매도인이 악의인 경우, 소유권은 매도인 丙에게 있으므로 乙의 행위는 丙의 소유권에 대한 침해행위가 된다.

23 (○) 계약명의신탁에서 매도인의 선의는 계약 당시를 기준으로 한다.

25 (×) 명의신탁약정의 무효는 제3자에게 대항할 수 없다. 이 경우 제3자는 선악을 불문하므로 악의의 제3자라 하더라도 대항할 수 없다.

26 (○) 계약명의신탁인지, 3자간 등기명의신탁(=중간생략형 명의신탁)인지 여부는 계약의 당사자를 기준으로 하는 것이 원칙이다. 따라서 매수인 명의를 수탁자로 한 경우에는 매도인이 그 사실을 알고 있었다 하더라도 계약명의신탁이 되는 것이 원칙이다. 그러나 매도인이 매매계약에 따른 법률효과를 직접 신탁자에게 귀속시킬 의도로 계약을 체결한 사정이 인정되는 경우에는 3자간 등기명의신탁이라는 것이 판례의 입장이다.

정답 22 (×), 23 (○), 24 (○), 25 (×), 26 (○)

27 | 공인중개사 2018년

부동산경매절차에서 丙소유의 X건물을 취득하려는 甲은 친구 乙과 명의신탁약정을 맺고 2018. 5. 乙명의로 매각허가결정을 받아 자신의 비용으로 매각대금을 완납하였다. 그 후 乙명의로 X건물의 소유권이전등기가 마쳐졌다. 甲은 乙에 대하여 X건물에 관한 소유권이전등기말소를 청구할 수 있다. ( )

28 | 공인중개사 2018년

부동산경매절차에서 丙소유의 X건물을 취득하려는 甲은 친구 乙과 명의신탁약정을 맺고 2018. 5. 乙명의로 매각허가결정을 받아 자신의 비용으로 매각대금을 완납하였다. 그 후 乙명의로 X건물의 소유권이전등기가 마쳐졌다. 丙이 甲과 乙사이의 명의신탁약정이 있다는 사실을 알았더라도 乙은 X건물의 소유권을 취득한다. ( )

29 | 공인중개사 2022년

甲은 조세포탈의 목적으로 친구인 乙과 명의신탁약정을 맺고 乙은 이에 따라 甲으로부터 매수자금을 받아 丙 소유의 X토지를 자신의 명의로 매수하여 등기를 이전받았다. 만일 乙이 丁에게 X토지를 양도한 경우, 丁이 명의신탁 약정에 대하여 단순히 알고 있었다면 丁은 X토지의 소유권을 취득하지 못한다. ( )

---

27 (×) 수탁자 乙명의로 매각허가결정을 받아 乙명의로 ×건물의 소유권이전등기가 마쳐진 것은 계약명의신탁에 해당한다. 이 경우 건물의 소유권은 경락인 乙에게 있으므로 신탁자 甲은 乙에 대하여 ×건물에 관한 소유권이전등기말소를 청구할 수 없다.

28 (○) 계약명의신탁의 경우 매도인이 악의인 경우에는 乙명의의 소유권이전등기는 무효가 되지만, 경매로 인한 경우에는 선악을 불문하고 유효가 되므로 乙은 ×건물의 소유권을 취득한다.

29 (×) 명의수탁자 乙로부터 양수한 丁은 선악을 불문하고 소유권을 취득한다. 다만 적극가담한 경우에는 이중매매의 법리가 유추적용되어 무효가 될 수 있으나 단순히 알고 있었다는 것은 적극가담이 아니다.

정답 27 (×), 28 (○), 29 (×)

이 현

연세대학교 법과대학 법학과 졸업
공인중개사
한양대학교, 동국대학교, 대전 지방국세청, 감사교육원, 경기도 인재개발원, 강동구청, 송파구청 특강
베리타스, 한국법학원, 태학관(사시, 행시)
국가공무원 학원(공무원)
현) 모두공인 공인중개사 민법 및 민사특별법·부동산공시법 강사

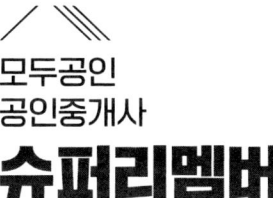

모두공인 공인중개사 슈퍼리멤버
1차 | 부동산학개론 · 민법 및 민사특별법

초판발행 2023년 5월 20일
저자 이현 · 깨알연구소
발행인 이종은
발행처 신조사
등록번호 제1994-000070호
전화 02-713-0402
팩스 02-713-0403
이메일 sinjosa@sinjosa.co.kr
ISBN 979-11-86377-94-9
정가 21,000원

이 책은 도서출판 신조사가 저작권자와의 계약에 따라 발행하였으며,
인지는 상호 협의 하에 첨부를 생략합니다.
본사의 허락 없이는 어떠한 형태나 수단으로도 이 책의 내용을 이용하지 못합니다.
잘못된 책은 구입처에서 교환해 드립니다.